孩子的路
让他自己走

养出
独立自信的
好孩子

不是未来等待孩子
是孩子走进未来

边宝翌

著

上海交通大学出版社
SHANGHAI JIAO TONG UNIVERSITY PRESS

内容提要

本书是一部中国母亲的育儿手记,作者系统、客观地梳理了孩子从出生到走向独立人生的过程。本书既是一部孩子的成长史,同时也是母亲优质教育理念与教育方法的集中展现,对养育孩子的过程中遇到的现实性问题提供了指导,对培养孩子健全人格、帮助孩子实现人生价值提供了有益的借鉴。

本书适合关注孩子教育的父母和教育研究工作者阅读、参考。

图书在版编目(CIP)数据

孩子的路让他自己走:养出独立自信的好孩子/ 边宝翌著. —上海:上海交通大学出版社,2019
ISBN 978 - 7 - 313 - 21287 - 0

Ⅰ.①孩… Ⅱ.①边… Ⅲ.①家庭教育 Ⅳ.①G78

中国版本图书馆 CIP 数据核字(2019)第 091540 号

孩子的路让他自己走
——养出独立自信的好孩子

著　　者:边宝翌
出版发行:上海交通大学出版社　　　　地　　址:上海市番禺路 951 号
邮政编码:200030　　　　　　　　　　电　　话:021 - 64071208
印　　制:常熟市文化印刷有限公司　　经　　销:全国新华书店
开　　本:710 mm×1000 mm　1/16　印　　张:18.25
字　　数:239 千字
版　　次:2019 年 7 月第 1 版　　　　　印　　次:2019 年 7 月第 1 次印刷
书　　号:ISBN 978 - 7 - 313 - 21287 - 0/G
定　　价:49.00 元

版权所有　侵权必究
告读者:如发现本书有印装质量问题请与印刷厂质量科联系
联系电话:0512 - 52219025

谨以此书献给

我尊敬的父亲边剑英与母亲纪荣珍

序

当前,教育几乎是所有家庭头等重要的事。怎样使孩子独立自信,未来成才,许多父母为之费心、尽心乃至忧心。各种培训班如雨后春笋,对家长和孩子的心理辅导成为热门话题,各种教养孩子的图书也有很大市场。在这样的形势下,边宝翌女士的这本精心之作为读者提供了新的视角。

我和边女士是忘年之交。早在 20 世纪 90 年代初,我们一起参加一项欧美同学会关于留学生的调研课题而相识。边女士的丈夫戴先生 20 世纪 80 年代毕业于上海交通大学机械工程系,是我的校友,本书的主人公洁(化名)是他们的独生女。

第一次见到洁时她五岁,忽闪着大眼睛非常可爱。洁在中国读了四个月小学后,跟随母亲到美国和父亲团聚。之后我每次到美国,无论出差还是探亲,都会和他们多次见面并在他们家小住。有一年上海欧美同学会举办国际研讨会,我是组委会秘书长,有大量接待和文书工作,在美国读高中的洁正好回上海度暑假,帮我们做了许多工作,受到中外代表和工作人员的赞誉。可以说,我是洁成长的见证人之一。

洁到美国后,在洛杉矶公立学校读书至高中毕业,然后进入常青藤名校康奈尔大学工程学院电子计算机科学工程专业学习,本科毕业后进入纽约华尔街从事金融投资工作。工作八年后辞去投资银行工作,进入创业领域。

我本人是教师,在中国和美国都学习访问过,从教五十多年,自己也有两个儿子,接触过无数青少年。以我的观察,洁的天赋并不过人,既不是智力超常的"学霸",也不是偏科发展的"怪才",她是一个智力正常、性格开朗、全面发展的阳光女孩。尽管目前她还很年轻,但是从发展情况看,未来不可限量;从她作出的成绩看,很不寻常。我觉得她的成长过程的确值得研究,她父母教育孩子的理念和做法,值得教育工作者和家长借鉴参考。

洁正如本书副标题所说,是一个"独立自信的好孩子"。作为一位独立自信好孩子,她有哪些特质? 她的父母在孩子成长中起过哪些作用? 我想谈几点看法。

洁的优点很多,给我留下深刻印象的有下面几条。

第一是坚持不懈。

无论是儿时开始学习游泳,大学阶段对电子工程与计算机技术的刻苦钻研,还是在华尔街投资银行面对金融危机中的职业风险,洁对认准的方向从不动摇,遇到挫折屡败屡战,直至成功。她自知天赋不高,于是虚心好学和坚持不懈就成为她性格的组成部分,正是坚持和努力使她在金融危机中获得研发保险价格计算程序软件的灵感,从工作困境中脱颖而出,逆势而上。

第二是团结友爱的团队精神。

洁始终给人留下"快乐女孩"的印象,她待人真诚,在每个年龄段都受到同龄人喜爱。她先后在小学和初、高中学校竞选中,被选为学生会领导,在康奈尔大学被选为年级学生会主席,并在老师和学生无记名投票中获得"杰出学生贡献奖""杰出学生领袖奖"等荣誉。和有些优秀孩子不同,洁并不孤芳自赏,而是非常冷静地认识自己,她对比自己聪明的人,不仅无嫉妒之心,反而愿意去交朋友,她的表现获得广大同学的拥戴与老师的支持,使得她多次在学校竞选中胜出并当选学生干部。进入职场后洁依然如此,由于金融风暴初入职场就面临失业风险,洁集合年轻伙伴每天上班后聚在一起分析经济形势,商量对策,最后通过自己的专业特长研发出新的投资计算工具,为自己和伙伴们创造了上岗机会,一起渡过了风险难关。

第三是爱憎分明。

洁一方面充满爱心,另一方面从小就表现出天生的正义感。从幼儿园老师对小朋友过多"训斥",到反抗中学校园的课堂"霸凌",再到工作单位面对自己研发成果被抄袭,对这些情况洁既不是熟视无睹,更不是忍气吞声。在不同年龄时期,她都有自己的表达方式。比如向幼儿园园长提意见、用"法律"对抗课堂"霸凌"、面对抄袭者用技巧指出对方错误后又进行沟通善后。洁既能批评不良现象,又能妥善解决问题。被洁批评的中学老师不仅未记恨,还推荐她为学生会副主席;曾经抄袭她工作成果的年轻同事向她道歉后,不仅成为洁的朋友,甚至称洁是她"崇拜的英雄"。

第四是全面发展。

我觉得洁的全面发展有两重含意。一方面,她在德智体美诸方面都有追求。前面三个优点多为德育和智育的反映,而她在游泳、水球和铁人三项运动的成就和钢琴学习的进步,则有助于坚韧意志的培养和情操的陶冶。另一方面,洁非常注重校外的学习和实践,在中学阶段已经有丰富的工作经历。如到百货公司和服装店打工、到社区图书馆当辅导员、到游泳池当救生员、到柯达公司实习、参加媒体专业课程外出采访报道等等;在大学阶段,洁到梅西百货公司、惠普电子公司和华尔街大投行这样的一流企业实习。这些经历为她认识社会、学习待人接物、适应不同场合变化、应对困难都注入了正能量。

洁的这些优点并不是天生的。在她的成长过程中父母的作用不可或缺。读者可以从正文和后记中充分体会,这里不必重复赘言。我只是想提印象深刻的两点,与读者分享。

一是父母始终和孩子平等对话,从幼儿开始就保护她的好奇心。对孩子的缺点,例如婴儿时期拒吃母乳、幼儿时期的"要赖"、高中竞选中流露的骄傲,家长并不姑息,但也不是打骂,而是循循善诱,让孩子自己明白道理,接受教训。

二是当孩子遇到挫折,如小学做错习题、中学竞选失败、高中毕业被斯坦福大学拒绝时,父母并不越俎代庖,也不埋怨指责,而是认真倾听，和孩子沟通，引导孩子独立思考从而正确对待和处理。

这里我还想强调一下父母言传身教的重要性。本书作者边女士是洁的母亲，她的言行在书中已有充分体现。洁的父亲在文中提及不多，实际上他也起到重要的身教作用。戴先生工作极其认真负责，在工作中未出现过一次差错，长期积累的经验帮助他解决了很多机械工程技术难题，并在行业内建立了很好的工作质量信用。21世纪初，他和朋友创业，专攻微型永磁机械制造，成绩斐然。戴先生的工程师思维方式和踏踏实实工作态度，无疑深深影响着洁。平日戴先生的话语不多，在对女儿的教育上，他和边女士配合默契，我每次造访他们家，都为一家三口其乐融融的气氛所感染。

2015年我应邀参加香港各界纪念抗日战争胜利70周年大会，大会期间洁正好也在香港出差。相聚时我问起洁金融投资工作之事，令人惊讶的是，洁更关心的是绿色地球环保。进入而立之年，洁毅然辞去驾轻就熟的投资银行家工作转向创业领域，她想为改变地球第二大污染源的时尚产业做努力。她通过自己职场上的切身体会，希望改变职业女性服装中华而不实的部分，让职业女性服装不仅舒适美观，更能突出女性职场服装的实用性、专业性和权威性，同时从设计、取材、加工制作各个环节上实行环保生产，保护地球和女性的身体。她的创新理念产品问世后很快受到国际业界和新闻媒体关注。

边女士的书告诉我们，尽管洁的成长历程和国内大多青少年不同，中美的国情也有很大差异，但青少年的培养教育还是有很多相通之处。

顺便指出，本书并不是介绍美国教育的专著，既没有长篇大论的理论，也不是浮光掠影的见闻。而是通过洁的成长，很接地气地描述了美国学校的各个片段，对于我国教育工作者也会有所裨益。

向隆万

上海交通大学数学系教授，东京审判研究中心名誉主任

前言

不是未来等待孩子，是孩子走进未来。

这是一个真实的故事，讲述了一名普通智商的孩子从新生儿到大学毕业成长中，如何在家长引领下，按照自然成长规律，实现心灵自由飞翔、独立自信个性渐现，至工作后展现出优秀综合素质能力。

洁，故事中的女孩是我女儿。从她大学毕业工作开始，周围常有年轻家长问：你孩子如此独立，不需要操一点心是怎么教的？

有中年家长问：她通过什么技巧申请进入美国名校？用什么技巧申请到华尔街大银行工作？能否介绍经验帮助我们孩子？

问的人多了，令我思索如何告诉大家洁真实的成长过程。我知道洁智商普通，学习成绩没有"学神""学霸"表现，家长也没有远见和洞察力去为她构思人生规划，帮助她预设职场和职业发展目标。到底是什么样的勇气让年轻的洁不畏惧挑战独闯世界？是什么样的热情让她敢去实践和父母不同的人生，不让自己的青春留遗憾？

作为孩子母亲，我要客观真实地说明洁长大的过程：那是父母从孩子新生儿阶段开始，耐心等待孩子心智发育至成熟独立的成人过程；是孩子由小及大认知能力由弱变强中学会负责任和有担当的过程；是伴随跟头挫折成长的日子里，自己学会独立反省、独立思考、独立判断、独立决定的过程；也是孩子无拘无束天生心灵随着年龄增长,逐渐扩大眼界、打开胸怀、认识大千世界的过程。

年龄认知能力,是与孩子自然生理年龄相匹配的智力、体力能力。新生儿从睁开眼睛懵懂看人开始,到心智启蒙的少年期,至独立生活的青年期,认知能力在全面、缓慢积累中成长,没有飞跃。

成长过程中,洁没有"起跑线上"的学业竞争压力,没有特意营造"快乐成长"的氛围环境,她在真实社会环境和正常家庭环境里慢慢长大。父母在孩子成长过程中的做法是:按照孩子年龄认知能力鼓励孩子直面所遇困难,自己想办法克服困难、解决问题、积累经验。父母的责任是保护孩子与生俱来的优良天性,发现孩子心灵中优秀的一面给予鼓励,对天性中弱势的一面,创造机会让孩子拥有更好的经验去克服自身弱点。

婴儿在自然发育中日复一日慢慢长大,成为小幼儿、小学童、小少年、独立青年。他们在年龄与认知能力增长的过程中懂得了自己和他人;在挫折中学会克服自身弱点、发展自我控制能力;在学习中保持好奇心,获得收获知识的愉悦;在困境中保持积极的心态,养成乐观开朗、锲而不舍的个性。这些不属于天生智商方面的内容需要日积月累一点一滴融入孩子心灵。普通孩子非智商的"第二天性"在年龄认知能力的发展中渐渐形成。大学毕业进入职场,曾经的懵懂孩子成长为一名具有责任感和担当力,并且身心健康、乐观开朗、自律坚韧、独立自信、热爱挑战、踏实努力的年轻人。

本书是孩子独立走进未来的成长记录。作为妈妈我想说,养育孩子就是让普通孩子按照年龄认知能力的发展规律,培育除了天生智商之外的第二天性的过程,然后,放开手,让孩子一步一脚印地走向独立自信、心灵自由、自主负责的人生。

目录

第一部 迎接新生命

第二部　心智渐醒的少儿时代

第三部　高中至大学准独立时代

第四部　走向独立人生

第一部

迎接新生命

感觉器官开始工作

一个小生命在呱呱哭声中来到人间，妈妈观察到，新生儿与外部世界有与生俱来的敏感反应。看似无意识的笑容和蹙眉表情是生理、心理舒适与否的表现，抑扬顿挫、轻重缓急的哭声是孩子和身边人最初的交流语言。婴儿不经意的肢体摆动和咿呀声音，耳眼鼻舌皮肤对外界刺激的反应，已经向新世界传递自己的情绪，向父母透露未来个性倾向的蛛丝马迹。

妈妈发现，父母关注孩子的行为和天性倾向要从刚到人间的新生儿开始。

纠正偏食味觉

1986 年洁来到人间。出生第四天她被发现罹患新生儿黄疸病，主要病理指标触碰痴呆儿数据线。医生说这是新生儿败血症，需要隔离治疗。

两个星期后的一天上午，爸爸把治愈的孩子抱回家。襁褓中的孩子小脸蜡黄，正熟睡着。

两个多小时后孩子醒来，张开双眼安静凝视空中某处，妈妈抱起她准备哺喂回家后的第一顿饭，她对妈妈保留的母乳没有感激表现，用小嘴和小舌头使劲顶住，完全抗拒过去生命中没有品尝几次的食物。

"嗨，你才多大就已经有味觉了，小脑瓜还能记住吃的味道和医院的不一样啊?"不管她听得懂听不懂,我看着她的眼睛,笑意盈盈地对她说。

洁开始扭动小脑袋寻找对口味的奶瓶,只要感觉是母乳,立刻用小舌头毫不犹豫地顶出来。

"行啊,如果不吃就过吃饭时间了,下次吃饭是三个小时以后了。"我继续轻柔地对她说。

小婴儿没有哭闹,小眼睛开始转动,嗫着小嘴,小脑袋上下左右寻找吃的,但是依然抗拒母乳。

新生儿再次安静入睡。两个星期的住院治疗,病房婴儿的哭闹声似乎使孩子没有好好休息,回家在无干扰环境中,生存本能让她感觉睡觉比吃饭更重要,于是她补觉了。

房间静悄悄,新爸爸妈妈等她醒来。三个小时后她终于睁开眼睛发出微弱哭声,我再次喂她母乳,小婴儿刚吃一口立刻就停下来了。她的小嘴像鸟嘴一样张合,只要用母乳喂她,新生儿敏感的嗅觉和味觉立刻分辨出这顿饭和日常食物不同,便坚决把奶嘴顶出来,把头扭开。她的行为表现向爸爸妈妈传递清晰信息:这个口味宝宝不喜欢。

"怎么办?"新妈妈问新爸爸。

"少吃两顿饿不死,再等等,她真饿了一定会吃。"新爸爸回答。

不一会儿,固执己见的新生儿拒绝两顿饭后再次入睡。我们面面相觑,这孩子再不吃东西,我们就要投降了。

天色已黑,孩子回家已经十个小时,除了睡觉就是醒来弱弱哭几声,并固执于绝食行动。一整天,孩子滴水不进,坚持绝食绝水,累了以后继续睡觉。

又是一觉睡醒。孩子眼睛转向灯光,接着转向妈妈。

"饿了吧? 是不是该吃东西了?"不管她是不是听得懂,刚当上妈妈的我,再次微笑着轻柔地对刚到人间不久的孩子说话。孩子平静的眼神穿过我的脸,看着我不知道的地方。

我再次把母乳送到她嘴边,小家伙坚持紧闭小嘴,她的头不再扭动,面对嘴边的食物,她犹豫了。

　　几秒钟没有任何反应，她似乎在考虑是否接受嘴边不熟悉的食品。接着好像想明白了，眼光从远处收回在奶瓶上，接着猛一口咬住奶嘴，停顿两秒钟后开始狠狠嘬起来。

　　从早上九点回家到晚上七点，整整一个白天拒绝进食。初为父母的我们守住"吃是天生本能需求"的底线，战胜初来人间就开始偏食的小家伙。她进食了。

　　从医院进食牛奶到回家进食母乳的过程中，我们看到不足月的新生儿已有明显的嗅觉、味觉记忆。不仅如此，新生儿本能还会固守已有记忆，保护已形成的口味和父母进行抗争。这个发现帮助我们在她后来进食中注意安排各类食物，让她学会享受不同口味的日常饮食，避免出现挑食偏食的毛病。

　　洁养成不偏食、不挑食的饮食习惯，不但使她拥有健康身体，也形成了不慌不忙、举止得当的餐桌礼貌表现。长大后的洁在餐饮中，无论中餐还是西餐，荤食还是素食，简餐还是正餐，高级餐厅或街边排档，都让人感受到她愉快用餐的表情和心情，并且为她后来走进不同族群、欣赏不同民族的饮食文化助了力。

训练触觉、视觉和听觉

　　新生儿满月后，一位医生朋友来看她。

　　洁正醒着，朋友和她打招呼，用手指在她嘴角边轻轻触摸，洁对此毫无反应。朋友告诉我，这样的嘴角触摸，小婴儿应该本能张开小嘴寻找可能是奶嘴的东西，

　　接着朋友在她眼前一米高处慢慢挥动手掌，小婴儿两眼穿过运动中的手掌，焦距凝固在空气中某个我们不知道地方。朋友挥动的手向她眼睛靠近，再靠近，孩子对眼前晃动的手掌似乎不见，没有一点本能的眨眼和逃避。

　　朋友接着在她的耳边弹响指，小婴儿好像什么都听不见，仍面无表情定睛看着空气中某个地方。

　　朋友对我说，黄疸败血症好像对婴儿的大脑和神经发育有影

响,妈妈要注意这个问题了。

朋友走后,我开始观察小婴儿。

她实在太小了,很难看出是否是痴呆儿。我想,无论怎样,我要启发训练小婴儿的触觉、视觉、听觉反应,我希望她的感觉器官敏锐起来。

吃奶的时间到了。我不把奶嘴直接放到她嘴里,我觉得用饭来张嘴的方法喂孩子会让她变懒惰,懒惰让人变得不敏感。我要让她有敏感反应,我要在她能力范围内,让她自己找饭吃。

我把奶嘴放在她嘴角边等反应。小家伙确实懒惰,我都能闻到奶香味,但她一动不动,只张开小嘴等我把奶嘴送到她嘴里。我不理她等饭自动入口的要求,把奶嘴换到另一边嘴角引诱她,她依然不动。我再换方向,接着再换。

一次又一次刺激,终于等到小家伙条件反射,她明白今天张嘴等吃的自动入口不行了,于是眼睛开始转向我的脸,接着小脑袋开始略有动作,在嘴角连续不断的刺激中,表情出现反应。小家伙很快判断出奶嘴的移动节奏和位置,接着迅速转脸准确咬住奶嘴,而且咬得紧紧的。她眼睛转过来看着我,表情严肃认真,好像对我说:别逗我,我会玩这个!接着放松牙床开始吮吸起来。原来她对触碰的频率位置有正常反应。

此后,小婴儿闻到奶香会转动脑袋寻找,能快速捕捉嘴边的奶瓶嘴,两个月大的婴儿对触觉的反应,敏感而准确了。

对孩子听觉和视觉的训练,让我想到另一个游戏。

朋友离开后,我脱下手腕上的机械手表放在耳朵上听,我的耳朵在静悄悄的室内捕捉到指针发出轻微"咔嚓,咔嚓"的声音。我把手表放在小婴儿耳朵上给她听,她没有反应,换个耳朵再给她听,还是没有反应。

我不着急,这么精细的动静对成人来说也需要安静下来才能清楚听到,何况刚到人间才两个月的孩子,新妈妈有足够耐心等待孩子条件反射。

接下来几天我和孩子玩听手表"咔嚓"声音的游戏。

三天后，当我再一次把手表放在她耳边，发现她的小眼珠子转动起来，眼睛转向有声音的方向，小脑袋也配合起来，她似乎听到声音了。我慢慢把手表从这边耳朵移开，沿着她头顶转到另一边耳朵。小家伙停顿一下，经过短暂思考，小眼睛接着转向有声音的一边，小脑袋也跟着声音移动过去。我再把手表换过来，她跟着轻微的"咔嚓"声把脑袋再次转过来。

可以确定，她听到声音了！

我继续给她听"咔嚓，咔嚓"，她变得好奇了。当我在她头顶上移动手表时，她的头开始后仰，想听听走远的声音。看着孩子睁大好奇的眼睛，可以感觉孩子小脑袋想知道那个奇妙的"咔嚓，咔嚓"声音来自什么东西。

随着声音渐渐远去，我把手表慢慢提起来移到她正前方，让她看清楚手表。接着在她的注视下慢慢把手表移动到她耳边，两个耳朵不断交换，然后再给她看手表。

她的眼睛协调地跟着声音转动，她终于明白了，耳朵听见的声音是眼前看见的东西。那时候小婴儿不会有意识地微笑，但是我看见她明亮的眼睛和兴奋抻动的胳膊腿，婴儿微小变化的表情动作向妈妈传递经过自己努力寻找后，发现结果的快乐。

只用很短时间，简单小游戏的训练激发了她触觉、听觉和视觉神经系统功能，医生朋友让我注意孩子的情况不久后，小婴儿已经对轻微触觉有了准确反应，对声音有了正确的方向感，眼睛能够观察身边的事物，是个对身外世界好奇的小家伙了。

触觉、嗅觉、味觉、听觉和视觉，是人类认识客观世界的重要感官途径。朋友的提醒使我发现训练婴儿感觉器官的小游戏，这些简单小游戏促进了婴儿对身外事物作出敏锐反应。

促进婴儿理解语言

婴儿对成人语言能否理解？

新生儿回家第一天我就训练孩子听大人说话，学习语言交流。

只要小婴儿醒着,我就用充满笑意的温和声音和缓慢语速对她说话。任何话我都以"妈妈说"或者"妈妈告诉你"开始,说妈妈我指着自己,说你我指她,说爸爸指爸爸。

两个月后,凡是她目光注意到的东西,我会拿过来或者抱她过去指认并准确告诉她所关注东西的名字。

经过从看东西开始到注意我说话的嘴形,她想学说话了。

我发现孩子常常关注一个彩色塑胶小鸭子,于是每天拿起小鸭子和她玩游戏。我捏一下小鸭子,然后模仿鸭子叫声慢慢说:"嘎——嘎。"又捏一下,再慢慢说:"嘎——嘎。"她的小眼睛看看小鸭子,又看看我的嘴,自己张着小嘴想模仿我的声音,但是她的发声器官还不能让她有效地模仿发声。

孩子五个月了,那天爸爸抱着她站在桌边,桌上放着她非常熟悉的塑胶小鸭子。突然我们听到一个甜美细嫩奶声奶气的婴儿声:"嘎——嘎。"

我吃惊了,我看到孩子清澈的小眼睛认真看着桌上塑胶小鸭子开口说话。我赶紧指着塑胶小鸭子对她说:"再说一遍。"

她理解了我"再说一遍"的意思,又一次甜美细嫩的声音从她小嘴里冒出来:"嘎——嘎。"

我拿起小鸭子问她:"这是什么?"

她先看看小鸭子,又看看我急切等待她说话的眼神,明白我眼睛和脸上表达的意思,清晰地对我说:"嘎——嘎。"

只有五个月的小家伙开口说话了!这是她第一次意识清晰的语言表达,虽然不是叫妈妈爸爸,但是,孩子复述出她所认识的物件,向我们传递出想与爸爸妈妈语言交流的信息。

六个月时,她学会了叫"妈——妈,爸——爸"。她不仅有很好的触觉反应,在视觉和听觉方面反应正常,还有,她的好奇心和注意力在父母耐心训练后得到了培养和提升。

这个曾经罹患败血病并触碰痴呆线的婴儿,六个月后,我认为其大脑和神经系统发育正常,接下来家长要做的事情,是让孩子身心健康地慢慢长大了。

2 幼儿家长的重要功课

孩子成长有不同阶段,进小学之前属于幼儿阶段。这段时间家长的重要工作,是培育和发展孩子的自律能力和健康心理。

幼儿学习生活经验不需要大道理。幼儿的思考能力达不到真正理解成人说的抽象道理。家庭教导幼儿最好的方法,是针对孩子的特点创造一些独特的游戏,用游戏引导、教育孩子,让孩子在游戏中明白道理。

教孩子学习快乐与分享

在独生孩子的成长中,妈妈要扮演多重角色,既要当称职的好妈妈,又要成为孩子的第一位老师,还要是孩子的姐姐和玩伴。

小家伙一天天长大,我发现她是一个安静、不爱笑、胆小、表情严肃的女孩。给她洗澡,她会惊恐到全身发抖;周边出现陌生人立刻嘴角下撇哭声响起;大一点带她去公园,她会紧抓大人衣服,胆怯的表情告诉我们,她害怕不熟悉的人和环境。

孩子胆小不合群的表现让我担心她的未来。我希望作为独生子女的她快乐、开朗、合群、健康,不要那么严肃,情绪要轻松愉快。无论作为妈妈,还是老师、姐姐、玩伴,首要的责任是帮助她成为快乐活泼的女孩子。

每天下班回家,不管孩子是否听得懂,我满脸笑容用愉快的语调和她说笑话,拿玩具和她一起玩。我要让孩子听到大人轻松愉快的语音声调,看见大人充满快乐的笑脸。我相信孩子会模仿看到的爸爸妈妈如何表达自己情绪时的表现。

孩子到一岁多,出现明显的自我占有意识。我希望她满足个人欲望时能想到别人的感受,于是和她抢玩具玩。第一次我们抢夺玩具,我抓住玩具不放手,她很快明白别人和她一样抓到东西不愿放手。看她想哭的样子,我大笑着把玩具给她,她成功抢到玩具时,我依然很开心。

她常常抢玩具成功,我告诉她,你玩一会儿应该给我玩。她不愿意,我做出离开的样子,她很快发现不和妈妈分享玩具就只有她一个人孤独地玩,她哈哈大笑后开始让我玩,我玩一会儿再还给她,几次经历后孩子懂了,分享快乐才会更快乐。

我不想让独生子女有"小皇帝"特权,买来任何好吃的东西不会让她一人享用,于是家里常有分果果游戏:"想吃苹果的请举手。"我满脸笑容第一个举手,爸爸笑着响应。孩子一脸懵懂看着我们笑着举手,不知道玩什么游戏,也模仿我们表情动作,满脸期待,笑着把手举过头顶。我告诉她:有一个大苹果我们三人平分。一个分果果游戏给一家人带来快乐时光。

两次分果果游戏后小家伙明白了,好吃的东西大家一起分享才是令人愉快的事情。

公园里,爸爸鼓励刚会走路的女儿像男孩一样攀登高架,鼓励她自己爬滑梯,带她去湖中划船。

为了让孩子学会快乐,我们夫妻每天在家开开心心、兴致勃勃地互相逗笑,营造家庭和睦快乐的轻松气氛,让孩子渐渐产生了根植于内心的、牢固的安全感,她学会心情愉快时哈哈大笑、兴致勃勃投入游戏、脸露微笑面对陌生人了。

我们知道眼前不到一米高的小幼儿有一天会进入成人社会,幼年在原生家庭耳濡目染轻松快乐的和谐气氛,会根植于她的脑海深处,成为她未来的生活态度。家庭环境中养育出来的愉快开朗的情绪、与人和睦相处的能力和分享意识,会成为她走向独立生活的人生经验。

分清"需要"和"想要"

家长帮助孩子身心健康成长的另一项重要工作,是为孩子提供物质生活条件。提供物质生活条件中,有一个概念很重要:什么是"需要"?什么是"想要"?

事情看似简单,却关系到孩子长大成人后对物质世界的看法和生活习性。

生存中不可或缺的物品是"需要","需要"面对的选择范围是"想要"。家长明智分清"需要"和"想要",不仅满足孩子当下所需,同时未雨绸缪,考虑未来孩子独立生活的条件和消费习惯。

比如饮食,为提供孩子营养全面、安全健康的食品是社会和家长的责任与义务,提供普通的健康食品还是昂贵奢侈的食品,则是选择。再说穿着,提供符合孩子年龄特点、季节变化的衣着是需要,是否提供高价名牌就是选择。

现实生活中可以发现,有人物质占有欲强烈,有人过度压抑物质需求;有人大胆炫耀挥霍财富,有人敛财不敢花费。其原因大都可以追溯到孩童时期,成长中经历过的生活境况和经验。很多影视剧里描述犯罪人物对物质需求出现的心态和行为偏差,谈到一个原因就是成长中因生活"需要"匮乏造成内心对生存的不安全感,一旦权力在手,开始巧取豪夺满足物质欲望。这是对成长环境和个人经历做的形象说明。

英国著名作家杰克·伦敦在《热爱生命》一书中,生动描述了由于生存"需要"严重匮乏导致的不正常心态的行为表现。两位主人公背着淘来的金沙穿越沙漠,面临食物匮乏,生命危在旦夕的绝境,其中一位要黄金不要命,最后饥渴劳累死在沙漠;另一位丢弃黄金,命悬一线时被探险船救起。船上为他提供了丰富的水和食物,生存无后顾之忧,但是对生存的恐惧依然延续。那位存活者在船上一直鬼鬼祟祟不停窃取食品,哪怕发霉发臭不可食用,依然掖藏于枕下床下决不放弃。在船员眼中,他就是精神病人。经过船上无生存威胁的长时间生活,他的变态行为才渐渐恢复正常,登岸时变回原来的样子。

经典故事提醒家长乃至社会都要明智和理性地对待孩子乃至成人生存需要的"必需品"和安全感问题。

孩子生存所需获得保障,生命不受衣食匮乏威胁,这时候孩子的注意力不会放在物质条件的攀比上,不会想这群人和那群人有什么不同,不会崇拜成人社会热衷追求的奢侈品牌,不会在意物欲横流的世界流行什么东西。他们的注意力会集中在探索身边世界去发现自己有兴趣的事情,孩子单纯的心灵会坦然淡定。

家长提供孩子生长必需品的同时,一定不要让生存条件的艰难困顿、与人攀比的洋洋得意或者自卑压抑情绪让孩子去承担。无论在城市还是乡村,让孩子在自然真实的环境中正常生活,享受没有虚荣攀比压力的快乐。这种环境下长大的孩子更容易把注意力放在探索世界上,未来成人后,面对眼花缭乱虚荣攀比的社会风气时,更容易做到坦然自信。

我用这种观念养育自己的孩子,我们让孩子生活需要得到满足的同时,为她选择大众化的消费标准。

如今我们的孩子长大成人独立生活并结婚,只要时间许可都赶回家做饭,享受他们自己的简单晚餐和轻松温馨的聊天时间。他们小家庭的收入可以享受世俗观念中的奢侈生活,但是两个年轻人的物质生活很少受欲望羁绊,消费观念是只买需要的不买炫耀的。这和孩子从小生活用品有保障,家长对孩子不急不躁不攀比的性格的培养,让孩子在自然年龄中慢慢长大,最后养成从容不迫坦然淡定的生活心态有直接关系。

面对孩子耍无赖的方法

孩子两周岁了。20 世纪 80 年代,为解决生育高峰带来的幼儿入托难问题,居委会组织退休人员成立托儿所,于是我们送她去居委会托儿所。

托儿所聚拢了大胆的、害羞的、活泼的、文静的二十多位小朋友。小朋友们聚在一起相互了解,传递个人和家庭信息,交流各自日常生活内容经验,形成自己的小社会。这么多不同性格、不同家庭背景的小伙伴每天一起生活游戏,孩子的小社会给所在成员带来什么情况呢?

洁每天回家告诉我们新的一天有什么新鲜事情发生了。我们常听到托儿所新闻:丁丁在班级推倒小朋友被阿婆骂了;倩倩不喜欢中午饭哭了;丽莉妈给大家发点心了,等等。这些琐碎小事对幼儿来说都是日常生活中的大事,两岁孩子的世界变大了。

但是托儿所有个问题很难解决,担当保育员的工厂退休人员不具备管教众多幼儿的专业知识和经验,她们在托儿所教育孩子就像在自家对待孩子一样:一吼、二训、三迁就。

对于传统家长粗糙的管教方法,幼儿并不陌生。有些孩子在父母的吼骂中萌生了小智慧来反抗大人意志,并把小智慧带进托儿所小社会对付老阿姨的管教。进入托儿所两个月后,孩子的表现让我看到了幼儿社会的真实情况。

那天晚餐后孩子提出吃糖,她的要求被拒绝了。平时拒绝孩子,只要爸妈讲清理由,孩子会听话放弃要求。这一次不同了。面对父母拒绝,她变得勇敢起来。平时快乐的小脸此时表情严肃,她眼神坚定地正视我们,等待我们对她的要求作出反应。几秒钟等待没有结果,接着毫不迟疑"扑棱噔"一声仰天倒地,蹬着小腿放声哭闹起来。看着躺地大声哭嚎的孩子,我虽然对她的表现感觉陌生,但没有吃惊。我眼前出现托儿所闹哄哄小社会中的孩子上演此闹剧的情景。反抗经验丰富的孩子对付老阿姨家长式的管教,带动一群孩子聚众哭闹,老阿姨面对此起彼伏失控号哭的场面,往往头昏脑胀,举手投降,最后让满地打滚撒泼的孩子达到目的,赢得抗争。

我的孩子作为一名幼儿社会上演"真人秀"与大人战斗到底直至胜利的旁观者或者参与者,跟着聪明任性的孩子学会对付大人管教,达到个人目的的方法了。她从托儿所实战中学的这套速战速决战术,习而效之回家来挑战父母权威。

幼儿和大人的斗争手段是逐步形成的。最初,婴儿用哭声索求生理所需,哭声很快获得大人服务,哭声越急促响亮,大人服务越迅速到位,他们从抑扬顿挫的哭声中感悟大人的服务质量,本能地把握了大人心理,这些简单生活经验的自然选择,随着孩子的年龄增长发展出满地打滚、哭天抢地、撕扯大人、让大人当众出丑而不得不让步等方法满足个人欲望。只是幼儿还无法明白,他们的索要方式一旦成为习惯,将会影响成人后的个人行为表现。

面对孩子躺地撒大泼,我没有简单训斥她。我知道孩子只是用自己认为最好的方法和爸爸妈妈谈判,而我们的态度和行为却关系到她从中学到的经验。我们要让她懂得,撒泼胡闹行为并不能达到目的,我们要让她这种谈判方法"失败",通过失败获得经验去纠正行为。

我悄悄拉着先生,以正常脚步从蹬着小腿哭嚎的孩子身边走出房间,并以正常响声关上房门。我们用夸张的脚步声告诉她,爸爸妈妈已经渐渐远离了她,我们不会在意她用这样的方法对我们展开"斗智斗勇"谈判。

接着我们轻轻返回,站在门外静静等候她的反应。

里面哭声依旧,小腿还在蹬着地板。五分钟后哭声轻下来,接着蹬腿也停住了。我可以想象,躺在地上的她正转着小脑袋张着眼睛到处找发泄对象呢。

我们没有理她。不一会儿,哭声又响起来,只是之前坚定又自信的哭声变弱,两分钟后,哭声又停了。

我们继续在门外等待,不理她。

又过了一会儿,哭声再次响起来,声音更弱时间更短了。一次次哭泣,一次次停止,从我们离开房间到这个时候过了十多分钟。

房间里安静极了。没有一点声音。

这段安静时间对孩子来说是反思"闹事"最重要的阶段,一番哭闹之后,没有取得预期胜利的她正用小脑瓜反省所制造的事件呢! 我们需要给她安静的空间和思考的时间,让她在没有任何干扰下一个人待一会儿。无论她愿意不愿意,刚才由她采取的撒泼打滚的"闹事"行动会让她思考:为什么爸爸妈妈离开我? 我哪里做错了?

先生心疼孩子,几次想进去都被我拉住。我轻轻"嘘……"着不让他发出声音,也不让他进去。

约莫过了五分钟,从屋里传出"窸窸窣窣"的小声音,接着再次安静下来。孩子既没有跑到门口来呼叫,也没有再哭闹。

门内门外静悄悄,又过了两三分钟,我觉得给她反省思考的时间差不多了,于是开始轻轻敲门,然后轻轻拧开把手,探头查看。

洁正依靠沙发站着,沙发上端端正正摆放着平时抱在怀里的布娃娃。只比沙发高一点儿的洁依偎在沙发旁,两眼祈盼地看着房门,静候爸爸妈妈回来。

她脸上没有泪痕,身上也没有撒大泼之后的衣冠不整,一切都像平常一样。她看着我们移动的身影,表情没有害怕胆怯,以平静的表情和正常的声音指着沙发上娃娃对我们说:"娃娃乖,娃娃不哭。"

我还在为她无赖行为生气呢。孩子清楚知道这一点,眼光跟随着我的身影,又平静地对我说一遍:"娃娃乖,娃娃听话,娃娃不闹。"

我突然明白了,这是她通过娃娃坐在那里平静安详的形象,向我们表达她的道歉、她的思考和反省结果!

我被眼前的小幼儿在父母没有使用任何语言和惩罚行为的教育下所产生的感悟打动了。我感觉,孩子天性中理性的小苗苗似乎在萌动,安静的反省时间让她下意识去判断哪里做错了。

我走到她面前蹲下来,我们眼睛对视着眼睛,她清澈明亮的双眼没有一丝回避和害怕,再一次指着沙发上娃娃,奶声奶气对我说:"娃娃乖,娃娃听话,娃娃不闹。"女儿诚恳地看着我,等我反应。我认真看着她说:"你也乖,你听话,你不闹。"她单纯的小脸表情严肃地对我点点头。

从此以后直到长大,孩子再也没有出现过无理取闹的行为。

这是她第一次要无赖失败后，在反省思考中沉淀的教训给了她深刻经验，并由此发展出很好的自律能力，成长为一名与人相处做到有理、有利、有节地去思考和行动的人。

虽然那时候她才两岁多，但这件事告诉我们，成年人不能以为孩子小不懂事就姑息迁就他们，孩子会从周边人的情绪反应中吸收信息，确定自己的表现能否达到个人目的，是否符合大人要求。孩子从大人的反应中遇到挫折，会下意识调整自己的表现，这是天性本能的学习能力。作为大人看到遇挫后的孩子懂事了，其实是孩子人生经验积累调整自己所致。

保护孩子的好奇心

生存必需品获得保障后，孩子的注意力集中在探索世界、满足好奇心方面。

有一个例子告诉我，孩子对身外世界好奇了。

洁进托儿所不久，保育员老阿姨向我反映，洁不讲卫生，喜欢蹲在墙角旮旯抓地上脏东西放嘴里吃。老阿姨说为了阻止孩子乱吃行为，一定要"骂"她，甚至打她手才能停住。

回到家我观察孩子蹲墙角旮旯的行为。我发现她不仅蹲墙角旮旯，还会绕着墙边仔细看地板缝，蹲着挪动步子。我跟她一起蹲在地上，顺着孩子眼光仔细看她注意的地方，我发现地上有几个不知名的灰色小肉虫正在蠕动，孩子正在兴致勃勃观察爬行中的小虫子。这些几乎和地板同色的小虫，是自然世界中的神秘小生命，站立的大人无法用肉眼发现，只有对世界充满好奇心的孩子才会因为身高接近地面而发现它们，并兴趣盎然地观察虫子行动。

幼儿敏感的观察力激发出我的观察热情，我和她一起兴致勃勃地观察虫子的走向，看虫子怎样爬过地上没有清扫干净的崎岖小沙石地带的细节过程。我同时观察到孩子观察虫子的专注好奇表情，原来孩子在"科学考察"微观世界。她本能地从远观、近看到跟踪一步步深入，去发现之前从来没见过的东西。孩子观察微观事物的步骤令人感到惊奇,这也是我第一次发现幼儿天生就会使用简单的科学观察方法。

最后她认为观察时间已够,开始笨拙地把小虫子捏起来,拿到眼前更仔细观看,接着想把小虫放进嘴里品尝。看来孩子要考察虫子的滋味了,在她吃虫子的时刻我阻止了她,告诉她不卫生的东西吃了肚子疼的简单道理。最后孩子放弃虫子尽兴地站起来拍拍手掌上的灰土,把注意力转向另一个活动。

我用自己的眼睛跟踪孩子的"奇怪"行为,发现与保育员老阿姨的眼睛看见的孩子不同。我认为这是孩子成长中自然萌生好奇心的表现,是孩子探索未知世界和科学知识最重要的原始动力,他们的行为需要保护和支持才对。

第二天到托儿所,我告诉保育员老阿姨昨晚的发现,并希望她理解不寻常行为背后实则蕴含孩子天生对身外世界的好奇心和观察力,作为大人只要做最后一步,不让孩子吃不卫生东西即可。如果简单呵斥并打手阻止,孩子不明白她观察虫子的活动为什么是错误的,无法反省自己错在哪里,只会害怕大人的强势惩罚,对惩罚的恐惧容易导致孩子下意识把天生的好奇心压抑下去。

很多时候,成人认为孩子淘气不听话的行为,很有可能是成人远离了孩子的眼光和视角,又不想去理解孩子眼中的世界。只要细心,家长可以发现孩子的怪异行为或许有他们的理由,说不定那个小不点的怪异行为正在催生未来的科学家呢。

提升孩子的语言理解和沟通能力

幼儿语言学习的重点,在于促进孩子对语言内容的理解、自我表达能力和与人沟通能力的提升。孩子语言训练方法的重点,在于家长和孩子对话中的积极情绪、亲切热情语调、认真倾听及理解后的互动。

洁幼儿时期,我们经常朗读幼儿故事,让她熟悉丰富多彩的生活内容和词汇。同时家庭成员间自然愉快的对话是语言学习的另一个重要课堂。家庭日常聊天中,洁从不被忽略,我们会注意听取她的意见,尊重她幼稚真实的想法和情绪表达,只要没有大差错我们会采纳她的建议。语言沟通中我们所做的一切,是希望她明白我们是一起共同生活的平等成员。

和大多数孩子一样,洁喜欢看电视节目。当年儿童电视节目中有一档《黑猫警长》卡通片很受欢迎,那时候她两岁,非常喜欢看生动灵性的黑猫警长故事,放映时间一到,她自己会专心致志坐在电视机前观看,直到结束音乐响起,才轻舒一口气。

我很好奇洁能否看懂电视片,每次看完,我都会问她问题。我发现,两岁小幼儿对事情已经有了简单理解和概括能力。

开始阶段洁告诉我:"黑猫警长打坏蛋。"

我点着头回答她:"嗯,黑猫警长很厉害啊。"

接着她告诉我:"黑猫警长好,坏蛋坏。"我发现幼儿天生有区分"好"和"坏"的质朴意识了。

我再问:"黑猫警长怎么好? 坏蛋怎么坏?"进一步了解孩子对"好"和"坏"的看法,这时候孩子会使用简单词语引用故事情节说明。

这不是孩子表达有问题,她还没掌握那么多词汇,也没有生活逻辑推理能力,她的小脑瓜在片段记忆状态中,只抓住印象最深刻的部分向我转述。无论孩子能否说清内容,我脸上始终保持认真热情的表情听她讲述,并及时向她传递情绪反应,比如:"哦,是这样啊。""真勇敢!"我不断肯定孩子对观看内容的是非判断,同时以欣赏的口气鼓励孩子表达想法,在鼓励中,孩子努力搜索脑中词汇向我说明她对电视剧内容的理解和看法。

日常生活中,我喜欢和孩子交流她看得见的内容。和育儿书描述两岁多孩子喜欢问大人问题不同,洁好像没有"为什么"来问大人,反而是我问她"为什么"更多。

一天接一天,一个星期接一个星期,一个月接一个月,在我问她答的对话中,孩子围绕问题表达想法越来越清晰。我从不随意打断孩子说话,只在孩子用词犹豫时提示用什么词,引导她顺畅说下去。通过一问一答，我帮助孩子整理了思路，并从孩子的述说中，了解她对问题的本能反应和想法。

我听孩子讲故事的热情和她叙述故事的热情交融在一起。她不断思考我提出的问题，努力回忆故事内容表达给我听。这是一种语言表达和记忆训练，不但促进了语言理解和表达能力，也促进了孩子记忆和思考能力的增长。

美国迪斯尼出品的《米老鼠和唐老鸭》卡通片引进中国，这成为她的最爱。每一次等她看完，我会把自己当成急不可耐听故事的人，请她把看到的内容告诉我。每一次她都会告诉我影片中米老鼠机智勇敢、唐老鸭狡猾笨拙的表现。从片段表达到后来基本完整叙述，这些方法成为她理解语言内涵和提高表达能力的家庭生活内容。

作为孩子妈妈同时也是她的好朋友，我不会一味迁就她。当她对语言较为熟练运用后，我故意挑她说话的漏洞和她争论，她很快调整自己，对表达上的漏洞有时候补充词语解释，有时候反驳我故意错误理解她本意，后来进一步指出我不讲道理的表现。只要她表达意思清楚，我会表示对她的理解，表扬她实话实说。这些家庭日常小游戏，既能让孩子准确大胆表达自己想法，又能启发孩子对他人真实意图的理解。

除了卡通片，洁还喜欢看每晚七点整的央视新闻联播，一个三岁多孩子每天坐在那里认真观看电视新闻，终于让我憋不住想知道她到底看懂多少，于是问她新闻里讲些什么事情？

她记住了重大事件中涉及的高层领导的人名，对事件中不同领导人所持观点向我清晰说明。她的记忆和思维已经能够把很多分开播报的片段联系起来并综合概述重大事件的发展过程，并告诉我她认为的事件发生原因。我问她答中，她的叙述已经不是新闻片段的内容堆砌，她完整看待事件的独特角度及一定的概括能力和使用手势语言辅助说明自己见闻的能力，让我对她的理解和表达能力吃惊到目瞪口呆。

幼儿语言学习和训练有很多方法，我的方法是结合孩子生活的所见所闻，热情专注于和孩子聊天、问答、争辩、探讨问题等家庭成员互动形式。和孩子在新闻报道的重大事件的一问一答中，我发现幼儿的记忆力、综合认知辨析能力和语言表达能力已经可以超过无所用心的成年人，而不是以前所认为的小孩子幼稚无知。

随着孩子认知经验的积累，她的理解能力、表达能力跟随其他能力一起健康成长起来。

孩子"社交"中的快乐和纠纷

小幼儿的"社交"是怎样的情况呢？和大人一样，有快乐也有纠纷。

自从洁两周岁去托儿所后，我把家钥匙交给邻居，傍晚邻居接回洁，她可以在邻居家玩也可以回家玩。在家里，冰箱里有饮料，柜子里有饼干糕点，孩子随意。

那天傍晚下班回家，远远听见家里传出孩子们无拘无束叽叽喳喳的笑闹声，原来整个公寓大楼的幼儿小朋友都聚在我们家了。我进门看见冰箱前放了凳子，洁站在凳上踮着脚尖努力从冷冻室往外拿棒冰。桌上饼干筒倒了，糕饼洒落桌上地上。小朋友快乐的小脸因为有爱吃的食物而绽放笑容，也为没有大人管束的相聚吃喝玩乐而高兴。

这是洁举办的人生第一场私人派对。

看见我回来，邻居孩子开始惊慌，洁满面笑容张开双臂等候我拥抱亲吻。我赶快张开双臂搂抱亲吻她，同时笑着和每一位小朋友打招呼。

洁高兴又得意地对小朋友说："我说过我妈妈不会骂你们的。我说的对吧？"她转身问我。"是的！妈妈喜欢小朋友到家里来玩！"我喜欢洁交朋友，作为独生子女，她没有兄弟姐妹，我希望洁的人生因为有朋友而不落单孤独。我欢迎每一位小朋友来家里做客玩耍。

小朋友吃完喝完离开后，洁告诉我，她喜欢小朋友来家里，喜欢小朋友和她一起吃东西。

"我要有很多很多朋友!"洁双手在空中划了一个大圆圈,表达她希望能有无数朋友的愿望。洁和朋友一起分享个人所有而非个人独享,分享快乐而非独享快乐。我高兴地看到,在轻松愉快的家庭气氛中,洁在婴儿期的胆小羞怯渐渐消退,开朗爱笑、轻松活泼、爱交朋友的倾向开始显现。

洁和小朋友一起快乐玩耍,社交活动日渐活跃。有一天我看见洁社交活动中的另一面表现——损坏玩具发生纠纷的处理。

洁邀请邻居小朋友来家里玩玩具,邻居孩子玩得忘形时损坏了一套朋友从国外带来的新玩具。洁瞪眼看着眼前损坏的玩具没有哭闹,邻居孩子于是扔开损坏的玩具拿起其他玩具继续玩。这时洁果断阻止小朋友继续玩玩具,严肃地告诉小朋友:"你弄坏了我的玩具应该赔我。"邻居小朋友有些吃惊看着她,接着扔下玩具撒腿跑回家了。

洁向我报告玩具被弄坏事情,我问她准备怎么办? 她说:托儿所阿婆说了,损坏东西要赔,小朋友要赔我玩具。

面对孩子认真的表情,我问她:怎么赔啊? 洁告诉我:阿婆说要买新的给人家。我不由笑了起来,同时用肯定的态度告诉她:阿婆说得对,东西是你的,自己去解决吧。

洁一个人走向邻居家,敲门,门不开。小朋友外婆在门内问有什么事,洁说小朋友损坏了她的玩具过来要求赔偿。

小朋友外婆在门内幽默地回答:"你走吧,我家小人吓死掉啦。"

洁喊着小朋友名字,一边继续敲门一边说:"损坏东西要赔。"听到洁坚持不懈敲门和一声声呼唤,邻居屋内变得悄无声息。我没有出面阻止洁,我让她自己独立处理问题。

过了一会儿洁回来告诉我:小朋友不理我。我问洁:"接下来准备怎么办?"洁回答:"等小朋友开门再过去。"

果然,邻居那里传来开门声,洁立刻跑过去径直走进邻居家里,告诉他们损坏玩具要赔。

我把洁的行为当作小儿游戏,我想看看在没有家长参与指导下,一个小幼童对自身利益的关注、追求解决问题的热情能坚持多长时间。我知道邻居对小幼儿的赔偿要求不会在意,洁的索赔得不到她想要的结果。那么,洁最后如何放下这起索赔事件呢。

对洁来说,她非常认真看待人生第一次索赔。只要听到小朋友家门打开,就跑去要求赔偿。邻居外婆哄她回家,洁在邻居家里不退缩不哭闹,只是坚持不懈提出索赔。面对小幼童毫无放弃之念的索赔要求,邻居外婆骂又骂不得吵又吵不了,不胜烦扰又无可奈何。三天后小朋友外婆愁容满面找我打招呼,告诉我原以为洁只是闹闹玩玩,没想到已经三天了,只要他们家门打开她就上门要赔偿。现在他们孩子吓得不敢出门,饭也吃不下,知道自己错了。

我笑着对邻居外婆说:为什么不让孩子自己出面和洁打招呼呢? 试试让小朋友自己解决问题。

同时我告诉洁:赔偿有不同的方式,道歉也是一种方式。再好的东西玩耍中都会有损坏,只要小朋友不是故意损坏玩具,就应该接受别人道歉,原谅别人不当心。你也会有不当心损坏东西的时候,你也应该学会道歉才行。

邻居小朋友在外婆的陪伴下登门向洁道歉。从来没学过如何道歉的小朋友因为要说道歉话,羞涩的小脸涨得通红,害怕地抓着外婆衣服不敢上前。洁站在小朋友和老人面前,既不生气也没有笑容,她看着小朋友,安静等待道歉。在外婆推动下,小朋友终于怯声怯气说:"洁,对不起,我不是故意的,你能原谅我吗?"洁大大方方接受了,客气地说:"没关系!"

看见洁接受道歉后,邻居孩子深舒一口气,小脸表情如释重负,俩孩子对视着,脸上浮现笑容,很快和好如初。

孩子在社交生活中发生的"索赔事件",通过自己的方法终于得到和谐解决。同时她们都学习了一课:朋友交往中要珍惜他人物品,损坏他人东西要道歉并准备赔偿。

这些事情发生在洁幼儿期的日常生活中。有人说小孩子什么都不懂,其实对这些孩子来说,他们成人时期的社交能力和生活态度正是从小幼儿阶段开始逐渐形成。他们在相互交往中熟悉和建立未来成人社会圈子,了解未来成人的想法和习性,练习未来成人社交技巧。对孩子们来说,他们的未来社会群体,正是由眼前所接触的、来自不同家庭的小朋友长大后组成的。

鼓励孩子运动

洁五岁了。邻居告诉我,住家附近的少体校开始招生,社区适龄小朋友都可以报名参加游泳训练,洁可以去报名。

我带洁报了名,通过简单体能测试后,接下来的暑假洁每天和小朋友一起去少体校参加游泳训练。

洁喜欢水中运动,一点不怕水。在一些孩子惧怕水的哭声中洁满脸笑容,轻松快乐。教练带领一百五十多名参加游泳训练的小朋友从水中游戏开始,一个月训练结束只剩七八十人,近一半小朋友不适应水中游戏离开了。之后开始正式训练,孩子们每天练习压脚掌拉韧带,钻水下通道。这时候家长不允许进泳池,只能通过门缝观看。

挑战体能课程让孩子们感到压力,参加训练的孩子在减少,每天都有孩子退出,还有孩子哭求父母别带他们来游泳了。公寓邻居孩子中只有洁和另一位小朋友坚持着。

那天邻居告诉我,她孩子每天回家哭,告诉家长学游泳太苦了,不想学游泳了。第二天,小朋友妈妈告诉我,她的孩子放弃了。得知邻居孩子全部退出游泳训练后,我问洁:“你觉得学游泳苦吗?”洁看着我不说话,我知道她感觉辛苦了,但她没有放弃的想法。

第二天傍晚我到少体校泳池看孩子们训练,发现很多家长焦虑不安地等候在泳池门外,每位家长脸上挂着心疼、忐忑不安又不想放弃的纠结表情。透过更衣室和泳池之间虚掩的门,我看见孩子们一溜坐在泳池边沿,略向后仰的小身子用手支撑着,脚掌和腿抻直做腾空踢腿打水动作。有孩子表情轻松又认真奋力踢打,有孩子表情委屈痛苦,两腿无力摆动。

洁坐在这群孩子中间,敬畏的眼神看着教练严肃的脸庞,一丝不敢懈怠地努力踢动小腿。一分钟、两分钟,教练叫停,让大家放松一下。

孩子们刚喘一口气,教练又喊了起来:预备——!孩子们抬起双腿。一分钟、两分钟,又是一阵同样的踢腿动作。担忧和焦虑的气氛在观看家长中互相传染,心疼孩子艰苦训练的情绪在家长言谈中十分明显。

一小时训练结束,能够表情轻松走出泳池的孩子很少,有的两眼带泪扑向妈妈,更多孩子一头扎在妈妈怀里撒娇。

洁看到我,小跑过来,灿然微笑浮现脸上。

"累不累?"我问。洁点点头。

晚饭后和洁坐沙发上聊天,我问:"坐在岸上打腿是不是很辛苦啊?"洁点头。

"腿是不是又酸又疼呢?"洁挑高眉毛,惊奇我的理解。

"妈妈当然知道你的感觉。"我认真看着她说:"妈妈在乡下当农民挑担时肩膀和腿又酸又疼,感觉和你腿酸是一样的。"

我和洁讲自己的故事。"挑担子是用肩膀扛起一根叫扁担的扁木头,扁担两边有筐,筐里放很多东西,然后用肩膀挑着扁担把东西送到很远的地方。"我向洁解释什么是挑担子。

洁聚精会神地看着我。"妈妈第一次挑担子像大虾米一样弯着腰。一天下来两腿很酸肩膀很疼。就像你现在腿上的感觉。"我带着微笑看着洁。"那时候妈妈想,有比妈妈年纪大的人挑担子可以走很长的路,妈妈应该向他们学习,咬牙学会挑担子。"我做了一个紧咬牙关表情。

"第二天又挑担子,感觉比第一天还辛苦,肩膀皮破了,两条腿很重,走路都迈不开步了。"洁联想到自己训练中双腿也是又酸又疼,双眼盈满泪水。

我笑着说:"妈妈想,嗯,这么多人都能挑担子,妈妈也一定能挑担子,妈妈要争取成为干得最好的那个人呢!你知道吗?第三天妈妈把担子放上肩的时候,发现肩膀不疼了,腿也不酸了,妈妈可以和别人一样挑着担子快快走路了。"

洁认真地看着我。我说:"妈妈一咬牙,再也不怕挑担子了!妈妈知道你现在训练很辛苦,你能咬牙坚持下来吗?"

洁认真点点头。

"妈妈告诉你一个秘密,最疼最累的时候只要咬牙坚持三天就可以了,三天以后就不会那么酸疼了。你和妈妈一样,需要咬着牙坚持三天,你能坚持吗?"

洁点头:"我会咬牙坚持。"

"好!妈妈每天都会问你咬牙没咬牙,别忘了啊。"

洁认真说:"我会咬牙的。"

我毫不含糊,后面三天每天接她回家都问她腿酸疼时有没有咬牙。每次洁认真告诉我:"我腿最酸疼时都紧紧咬牙,就是这样。"她夸张地做了一个使劲咬牙的样子给我看。

"太好了!坚持就能胜利!"我一边亲吻她一边对她说。

第四天我再问她训练打腿疼不疼、累不累的时候,洁笑了,她摇着头开心地告诉我:"妈妈,现在真的不疼不累了,我不怕打腿训练了!我赢了!"

我拥抱着洁亲吻她:"你赢了!"

一年后,洁被少体校游泳班录取在指定小学上课,开始了读书和课后游泳训练相结合的小学生生活。当时一起开始游泳训练的一百多名小朋友已所剩寥寥了。

正常的和平生活环境中,孩子有家长保护,一般来说遭遇独自克服困难、走过难关的机会少之又少,家长不让孩子"吃苦"的事情却很多很多。家长害怕孩子吃苦,孩子自然没有办法获得战胜困难后的自信和快乐,得不到克服软弱后的成就和自豪。

体育运动不仅强壮体能,在洁成长过程中还训练了她的坚韧性和意志力。当年,五岁多孩子的心智无法理解"坚韧性"和"意志力"对人生大有裨益的抽象道理。但在生活过程中,孩子积累完成了对"坚韧意志"抽象道理的最初感觉和理解。这种经历获得的人生经验,在洁未来独自面对困难时,会帮助她建立走过去的信念和勇气。

教幼儿认数

洁对数字认识得很晚。快进小学的洁,每次看邻居小朋友表演背数字,都会很羡慕。

一天晚餐后,我拿五双筷子放桌上从 1 到 10 教洁认数。洁一下子明白嘴上说的数字和桌上实物之间数量关系。我同时把阿拉伯数字从 1 到 10 写在纸上,洁很快记住了阿拉伯数字写法。接着我收起所有筷子,问她桌上现在是什么数字? 她困惑地看着我说什么都没有了。我告诉她:什么都没有的时候,在数字里面就是"零",并且在纸上划了一个 0。她恍然大悟,兴奋地告诉我:数数字是很好玩的游戏。

第二天晚饭后,洁嚷嚷还要玩数数字的游戏。我继续用筷子教她数到 20,她很快掌握了。我摆脱筷子教她从 21 数到 30。数完 30 后她突然两眼放亮,她发现了序数规律,自己从 30、31 一直往上数,数到 99,我告诉她后面是 100。她数完 100,想了一下,再加上 1 成为 101,然后骄傲地告诉我,世界上最大的数字就是她刚刚发现的 101。我因为她"伟大的"发现亲吻着她大笑起来。

科学证明,孩子智力发育有其自然规律。作为普通人,每一位家长都可以观察到自己孩子的成长情况:两岁孩子步履比一岁孩子稳健,表达能力增强;三岁孩子很容易完成两岁孩子的动作,并表现出独立倾向;四岁孩子很容易做好三岁孩子做的事情。但是反过来,让六岁孩子去做八岁孩子才能理解的事情,除非这个六岁孩子智力超常,否则就是大量耗时才能完成的巨大挑战。

比如数学,让普通智力的六岁孩子理解普通智力的八岁孩子理解的数学概念会很累,倒过来让八岁孩子理解六岁孩子理解的数学概念则轻而易举。以洁为例,六岁的她对数数字有兴趣后,两天就掌握了序数 1 到 100 的概念。不用苦口婆心教她,不用背数字,与年龄认知相符的理解能力,让她轻松学习,激发了她最初对数字的兴趣,兴趣成为她后来热爱数学的原因。

我不赞成任何形式的提前课堂书本学习。所谓"让孩子不输在起跑线上"的提前学习文化课的口号,重点在口号掩盖下的商业获利上。科学教育要顺应孩子年龄认知能力的自然发育,关注孩子心理和智力同步成长。家庭和家长是保护孩子顺利成长的第一道防线,如果家长希望自己孩子成年后自信快乐、内心强壮,开始阶段就要遵从普通孩子心智发育规律,尊重孩子理解力是随着"年龄认知能力"增长而变强,避免把孩子对未知世界的快乐探索愿望,变成强迫记住现成结论的痛苦煎熬过程。

孩子们一旦进入学校开始学习文化知识,学习知识将伴随他们一辈子。让孩子永远保持好奇心,一辈子热爱学习,是家长养育孩子的重要责任。

保护天生正义感

洁三岁半,我把她送到工作单位附属的寄宿幼儿园。

想到三岁多孩子没有寄宿幼儿园的生活经验,我提前半年从书店买了一本介绍寄宿幼儿园生活连环画,每天给她讲寄宿幼儿园的故事。洁从故事中了解到不同:小朋友坐在宽敞的教室里听老师讲故事、学唱歌跳舞,在青草地上奔跑,晚上在那里睡觉。老师像大姐姐一样和善可亲,老师爱小朋友,小朋友爱老师。

我一次又一次绘声绘色的描述,令她向往寄宿幼儿园的生活了。她充满热情对我说:"妈妈,我要到书里面的幼儿园去!"

就这样,三岁半的洁满怀幼儿的好奇和热情进入寄宿幼儿园,开始周末回家的生活。

约一个月后的一天,幼儿园园长来机关开会,在办公大楼走廊和我相遇。远远地,园长看着我笑了。

园长对我说:"你知道洁在幼儿园表现吗?"

"不会一直在哭吧?"我担心问。

园长笑了,带着惊叹口气说:"她很好,是小朋友中适应最快的。你知道吗,星期一她到办公室向我告老师状了!她才三岁半啊,这么小就知道老师哪里做得不对,还知道谁有权力管老师了!"

我直觉反应是,老师对告状小朋友不高兴了。

园长看我疑惑焦急的样子,笑着说:"确实是老师有问题。他们班有位小男孩每天哭不停,老师嫌烦,每天训斥男孩,罚他站壁角。这个星期一,男孩到班级又哭了,老师很生气,训斥得很厉害,洁和男孩站在一起,对老师说:你不可以骂他。"

园长描述:"洁告诉老师,男孩因为想妈妈在哭,老师一直骂他,会让他更想妈妈,哭得更厉害。老师对洁也生气了,呵斥洁坐回自己位子,洁不肯,继续对老师说不能因为男孩想妈妈去骂他。老师哪肯听小朋友批评,洁发现和老师说不通,扭头向教室门口走去。"

园长笑着描述她认为很有趣的情景:"老师以为洁遭训斥跑出去玩了,没想到洁到我办公室来告诉我班级正发生的事,叫我马上到教室告诉老师不要再骂小朋友了。"

园长感叹道:"洁说,小朋友想妈妈哭,老师一直骂他。老师越骂,小朋友越想妈妈,哭得越厉害,园长一定要管管老师不能再骂小朋友了。"

园长笑着对我说:"没想到洁这么小就能看清事情原因,还知道谁是幼儿园老大,谁更有权力阻止老师的不当做法。"

园长说的事情让我心里翻腾了。洁懂小朋友的心情,不让老师骂小朋友,但老师不会喜欢顶撞她的小人儿。洁一周六天在幼儿园度过,告老师状会得到怎样对待?我该教孩子什么呢?

星期六傍晚接孩子。看到我在教室门口出现,洁像花蝴蝶一样飞扑过来。她的小脸挂着阳光般灿烂的笑容,表情自信愉快,牵着我的手和没走的小朋友打招呼,向老师挥手告别。

和过去每次来接孩子一样,我和年轻老师打招呼,但老师笑不出来。我能理解由于洁的告状老师依然气恼着。洁的老师从幼儿师范毕业一年多,读书期间是高材生、优秀学生干部,唱歌跳舞等才艺能力拔尖。幼儿园从师范学校招聘了几位年轻人,一年后有位在校时默默无闻的同学，获得所在班全体家长赞扬，小朋友都喜欢那位善良有耐心的大姐姐。当初大家看好的高材生落后了，她工作热情消退，对小朋友也没了耐心。

我领着洁的小手走出幼儿园大门，口气轻松问道："这个星期幼儿园过得怎么样？开心不开心啊？"

洁开始絮絮叨叨说这个星期她的小社会发生的有趣事情，所有事情中没有向园长告老师状的情况。在她的意识中，告诉老师不要训斥小朋友是正常事情，既不有趣也不是生活重点。

我用轻松的口吻继续问道："听说你们班有位小朋友喜欢哭，是吗？"

"是的，他是想妈妈在哭。"洁平静回答。

"你怎么知道他想妈妈？他告诉你的吗？"

"他没有告诉我，我知道他想妈妈。"洁说。

"他想妈妈在哭，你怎么做呢？"我关切地问。

"我站在他旁边。"

"你想告诉他不要哭吗？"我问。

"我叫他不要哭，妈妈会来接他的。"洁说。

"他怎么样呢？"我问。

"他还是哭。"洁有点想哭了。

"小朋友一直哭怎么办呢？"我温和地问。

"老师拉他站壁角，还骂他。"洁看着我说。"我叫老师不要骂他。他哭，因为离开妈妈了，他在想妈妈。老师越骂，他越想妈妈，会一直哭。"

"老师听你话了吗？"我问。

"老师不听我的话。"洁没有胆怯，两眼看着我坦诚地说。

"你怎么办呢？"我问。

"我去找陈园长，叫陈园长告诉苏老师不要骂小朋友了。老师越骂小朋友，小朋友越害怕，会一直哭。"洁认真地告诉我。

"陈园长听你话了吗？"我问。

"陈园长听我话了。陈园长拉着我的手回到教室，她叫苏老师不要骂小朋友了,告诉苏老师小朋友因为想妈妈哭。"

"后来呢?"

"苏老师不骂小朋友了。"洁眼神单纯清亮,说话口气根本没把这当成大事。

"你做得对。小朋友想妈妈哭了,老师骂小朋友会让小朋友害怕,更加想妈妈。你是在帮助他,妈妈喜欢你这样做。"我用平和的口吻对女儿说,就像平常和她说话一样。

洁认真点点头:"苏老师很凶的,她不喜欢小朋友。"洁继续清晰表达自己对老师的感觉。

"苏老师对你凶吗?"我问。

洁摇摇头:"她对我不凶,对哭的小朋友很凶,小朋友不听话的时候也很凶。"洁回答。

"苏老师唱歌跳舞很好,不生气的时候很好看,我喜欢她不生气的样子。"洁补充一句。

"来,让妈妈抱抱。"我张开双臂把女儿拥在怀中。四岁不到的洁已经独立面对生活中发生的情况,自己选择立场了。我在她脑门上用力亲了一下,看着她说:"你帮助小朋友不哭,和大家一起开心玩,是个好孩子! 妈妈喜欢!"

我拥抱亲吻孩子,肯定她做得对,让她的生活和过去一样平静没有变化,让事情过去。

让心灵自由飞翔

幼儿的生活和安全由成年人提供保护,他们本能地明白自己弱小缺乏自我保护能力。幼儿眼中成年人是无所不知、无所不能的权威人物。只是,幼儿的见识和阅历无法理解权威大人也是生活中的普通人,也有和幼儿一样的脾性,有喜欢的和不喜欢的事情,也会任性随意,会说错话,做错事。

如何让孩子面对敬畏的大人? 不被大人的训斥吓倒?

我希望洁长大后能以平和自信的心态对待社会上各式各样的

人,尤其对权威人物,要尊敬但不用害怕。我要保护她还属于幼儿的勇敢之心,对孩子抗争老师没有善待小伙伴引起老师不快的事件,我的做法是尊重并肯定。面对老师我像毫不知情一样,每次接孩子一如既往和老师愉快打招呼,让孩子看到老师对我们打招呼的回应笑脸。

洁进入集体生活后第一个"六一国际儿童节"到来了。

一年一度的儿童节日,大人给孩子举办了各种喜庆活动,并以大人标准给孩子贴上"优、良、中、差"的标签。在大人创造的儿童活动中,不谙人情世故的孩子朦胧感到,自己和同伴们已经被大人分了类。

有的孩子节日里受尽大人宠爱;有的孩子感觉自己被大人冷落。从幼儿开始的各种评比打分,让幼儿在人生初期集体生活中体会到"几人欢乐,几人愁"喜悲交融的生存环境,品味掌声簇拥"成功者",冷眼横看"失败者"情景,领教"热闹"和"落寞""得宠"与"冷遇"的人情滋味。

幼儿园开始准备各种儿童节日庆祝活动,节前两个星期幼儿园张灯结彩一片热闹。洁回家兴奋述说这一切,表演准备登台演出的舞蹈,告诉我评选"好儿童"的消息。

洁喜盈盈说:"我在幼儿园很乖,我会评上好儿童的。老师说评上好儿童的小朋友会有一个大礼物,还有一个大奖状。"洁说着用双手在空中画了一个大圆圈,以示奖状之巨大。

"这一年你在幼儿园学了很多东西,会唱歌,会跳舞,和小朋友团结友爱,对老师有礼貌,回到家整理自己的床,吃饭前帮助放好碗筷,饭也吃得干干净净。妈妈和爸爸都很高兴你有那么多进步!"我笑着对她说,洁快乐的眼睛闪烁着亮光。

六一节前夕在办公大楼走廊,我和陈园长再次相遇。园长远远向我打招呼,对我说:"洁在幼儿园表现很好,大家都很喜欢她。"接着,她略有迟疑说:"嗯,只是这一次幼儿园评选好儿童名额有限,苏老师说班级很多好儿童都没办法评上来,所以没把洁放进去,你不在意吧?"

我不由笑了:"放心,没问题,她会继续努力。"

六一节那天上午我早早来到幼儿园。洁远远看见我奔跑过来拉着我的手说:"妈妈! 和我一起去看小朋友表演吧!"

"今天你不表演吗?"我笑着问她。

"我们班要表演的小朋友太多了,苏老师说有几个小朋友要让出来,叫我让给其他小朋友表演。现在我可以坐在下面看小朋友表演了!"洁开心地笑着对我说。

临登台前失去表演机会,洁自己轻松地把这一变化转化成坐在台下欣赏他人表演的享受。我面带笑意拥抱女儿,亲吻她的小脸蛋:"好啊,妈妈和你坐在一起看小朋友表演。"

"妈妈,我们班好儿童评选出来了。"洁继续兴奋说。

"是吗,都是谁啊?"我像第一次听新闻那样充满轻松好奇的笑容问。

"是跃跃和平平。苏老师说,我做得不够好,还需要继续努力。"洁眼神清澈,看着我认真说。

"好啊,你要向跃跃和平平学习,我们继续努力!"我笑着用力亲吻着这个单纯又勇敢、可爱又正直的孩子。

洁笑了:"我会的! 苏老师说了,明年还有评选,我要继续努力,争取明年做个好儿童!"

在我和孩子轻松的对话中,"六一儿童节"转化为日常生活中的普通一天,成为日历中轻轻滑过的普通日子。

节日后,洁和过去一样,每个星期回家和我聊幼儿园一周的生活内容,绘声绘色地述说小朋友的趣事,还有从苏老师那儿学到的新知识。

当年幼儿园发生的事情在家长豁达的态度和理智的做法中帮助了洁的成长。如今洁在工作中能够坦然自信地面对权威人物,她性格开朗、乐观、包容、坚韧,懂得欣赏身边每位同事朋友的优点和长处,与人相处中情绪平和愉快。同时,洁在个人利益的得失上不会为自己得不到的东西纠结放不下,遇到困难不抱怨,有拿得起放得下的人生态度。

3 孩子独立完成作业、快乐学习

孩子读书学习的原始动力，是内心渴望了解世界的好奇心并由此产生学习知识的愿望。顺应孩子的求知热情，效果事半功倍；"强按牛头喝水"，读书学习就变成煎熬时刻。

什么是快乐学习？如何让学童学会独立、负责任地去学习？我的观点是：家长必须重视孩子读书学习的起步阶段，避开各种外来影响，尽量给孩子一个固定的学习和做功课的时间空间，约束自己不要随便插手孩子的作业，让孩子在单独安静的学习环境中，最后养成独立思考去完成学习任务的习惯。

当孩子做到完全依靠个人能力取得优良成绩时，内心就会产生真正的自信和快乐。

家庭作业责任谁承担

孩子进入小学，普通学校学童生涯正式开始了。

进入小学第一天，洁回家做完作业，蹦跳着拿着作业本子过来让我检查签字。那是数学作业，内容是十以内加法。

我眼睛快速扫了一遍，发现做错了很多题。

"都检查过吗？"我问她。

"都检查过了。"洁看着我轻松回答。

"真的?"我很认真和她确认。

洁表情自信点点头:"是的,都检查过了。"

"好!如果你都检查过了,妈妈就签字了。"面对自信满满的孩子,我不提醒她作业中有错误,拿笔利索签上自己名字。

洁在我身边笑眯眯看我签字,这是她有生以来第一次让妈妈给她学校作业签字,签完字之后,她开心地把作业簿放进书包找邻居小朋友玩去了。

第二天,我回家看到数学本子放在桌上,洁神情有点沮丧。我好像什么事情都没有发生,放下包准备晚餐。

洁走到我身边说:"妈妈,昨天你签字的作业有错的。"

"是吗?"我故作吃惊,表情夸张地说:"我记得我问你是不是检查过了,你说都检查过了呀!"

"可是有好几道题我做错了,妈妈还是签字了。"洁说。

"你让妈妈签字,妈妈就签字了。"我认真地看着她说。

"你看,老师在上面打大红叉了。"女儿递上作业簿,丧气地说。

"是吗?老师让你改正了吗?"我拿过作业簿问。

"老师让我改正了。可是,你应该知道我的作业有错的。"洁委屈地说。

"哦,做对作业是你的工作,不是妈妈的工作啊。妈妈已经提醒你要检查作业了啊。"对女儿埋怨,我一脸无辜表情。

"可是你看到我做错了应该告诉我的。"她不愉快地说。

"我告诉你了。我问你是不是检查了,就是告诉你有错了,接下来需要你自己检查了。你没有查出来是你的事情,不是妈妈的事情啊。"我很坦然。

"可是,班级小朋友都没有做错作业。"女儿有些不平静。

"嗯,说明小朋友都认真做作业了,你要向小朋友学习,也认真仔细做作业。"我鼓励她。

洁看着我沉默了,她想不出更加有说服力的话来说我了。

我看了老师的批改,整个作业有一半用红色墨水打上大叉提示出来,然后在作业下面写着"更正"两个红字。

我先教女儿认识"更正"两字,并解释了意思,洁知道更正是把做错的作业用正确答案再做一遍。

接下来我轻松准备晚餐,然后和女儿开着玩笑用餐。

晚餐后,洁把她刚完成的回家作业送到我手上。簿子上先是更正作业,接着是新作业。作业内容还是变着花样的十以内加法算题,我发现无论"更正"的还是当天的作业都有错。

"你都检查过了吗?"我问洁。

她看着我说:"都检查过了。"

"都对吗?"我问。

洁迟疑地看着我,把作业拿回去快快浏览一遍,自信又回到脸上,微笑着点头对我说:"都对的。"

"好!妈妈就签字了。"说着我大笔一挥,在她做错的作业上再次利索签了我的名字。

又是一天过去了,晚上回家,洁正伏在桌上做作业。

"今天学校好吗?"我一边放背包一边问她。

"今天又错了好几道题。"她抱怨地把作业簿往我站立方向推了一下,一脸不高兴。

"真的吗?今天又错了?"我脸上是夸张的惊愕表情。

"妈妈!你是故意的!你知道我做错了的!"洁生气了。

"那又怎么样?难道是我做错作业了吗?"我收敛了夸张惊愕表情,客气地问道。

"你应该告诉我的。同学爸爸妈妈都告诉他们孩子做错作业的,就是你不告诉你的孩子。"洁既生气又理直气壮地对我说。

"哦?是吗?"惊愕又回到我脸上。我提议:"要不,你到同学家去,让同学爸爸妈妈告诉你错哪了?"

"我不去!"洁一扭身子不看我,生气了。

"你去吧,妈妈不会生气的。"我笑着对她说。

"你坏!"洁说,知道我拿她说笑话玩。

我蹲下身子看着她的眼睛,她的眼睛里满是委屈。我认真对她说:"妈妈希望你明白,将来等你长大了,没有人会来帮你检查作业,你做的每一道题都需要自己独立完成而且不能出错。你现在就要学会做好自己的工作,不要别人帮忙。"

我继续说:"如果你不学会自己一个人做事情,将来长大像妈妈一样去上班怎么办呢?妈妈是不是跟你去上班?你坐在那里等妈妈帮你干活?这样行吗?"

洁认真听完我的话,眼睛眨巴眨巴看着我,她有些困惑,不知如何回答我对她未来状态的描述。

我接着说:"你愿意让妈妈代替你去上班吗?等妈妈做好了你的工作,然后告诉别人:看看吧,那些活都是洁干的,不是我帮她干的!你愿意这样吗?"

"不愿意!"洁摇着头说。

"妈妈认真告诉你,做好自己作业是你的工作,不是妈妈的工作,你要学会自己完成工作,要学会不让自己的工作出错。妈妈会看你的作业是不是做好了,但是不会告诉你哪里错了,只会提醒你检查作业。"

晚餐后,女儿把完成的作业交给我签字。这时候她已经没有前两天轻松的表情了,取而代之的是递作业簿过来时依然检查答案,给我之后两眼认真看着我的表情,她想从我脸上表情变化去发现作业是否有错的样子。面对小学童的探索眼神,我表情丝毫没有变化,对作业中的错误,我不动声色。

依然有错,但是已经从第一次一半错误,现在变成三分之一左右错误。

我还是问她是否检查过,是否认为都对了。

洁不声不响把作业簿拿过去,认真检查了一遍,纠正了一道错题。再次递作业给我时,洁心里非常高兴,她终于能够通过自己检查发现错误,懂得检查作业的真正意思了!

自我检查过的作业还是有错误答案,我问洁是否再查一遍。她的心已经跑出去和小朋友一起游戏了,听妈妈提醒,迫不得已回头接过簿子用三秒钟快速扫一遍,把作业簿递给我,摇着头说没有了。

我微笑着,流利地签上名字。

当然,第二天依然有刺眼的红色大叉在作业簿上。

洁内心很难过。

我没有任何责怪,在她沮丧难过中,继续把前一天妈妈态度的戏码再演一遍。

独立完成作业带来真正的快乐

开学后第一个星期,洁的数学作业从最初有很多错误,经过努力,每天在减少错误,但每天还是有做错的题目。

小学生涯第一个星期结束时,我发现一年级数学课内容从二十以内加法,发展到二十以内加减法了。

我指着老师打了红色大叉的错误答案问洁:"你知道这里错了吗?"

"知道。"洁回答。

"你能告诉妈妈正确答案吗?"我问。

洁立刻回答了正确答案。

"嗯,你知道怎么做是对的。可是作业为什么老出错呢?妈妈很想知道,这些做错的题目是因为你不懂瞎猜呢?还是因为粗心大意?"

洁看着我,对回答我的问题有些困惑。她并不理解我说的一个错误答案,会由两种不同原因造成。

"哦,不懂的意思是脑子里真的不知道怎么做,自己去瞎猜答案,粗心大意的意思是脑子里知道怎么做,但是心急慌忙没做对。"我解释两个不同概念。

"嗯,妈妈,我知道怎么做,我是粗心大意。"洁恍然大悟什么是真正的不懂,什么是没有认真仔细做作业。

"好,妈妈希望你不要粗心大意。但是,如果你真的不知道怎么做也没有关系,一定告诉妈妈,妈妈会帮助你。好吗?"我认真对她说。

"好!"女儿回答。

我要搞清楚孩子做错数学题究竟是"不理解"还是"粗心大

意"。普通学校教学大纲课程内容根据孩子年龄认知能力的智力发育设计,符合当龄绝大多数孩子的接受能力。洁智力普通,我要了解课本知识是否属于她正常年龄能力可以掌握的内容。如果洁的心智发育跟不上教学要求,不能理解教学内容,我会耐心启发她对数学的理解,等待她心智成长而不会拔苗助长。对普通孩子来说,拔苗助长不可能让她成为真正的小超人,不可能让她去承担未来更多责任和学术发明创造,只会让她害怕还不理解的课程内容,害怕学习。

接下来一个星期,数学作业已经从二十以内加减法推进到三十以内加减法。但是洁似乎明白了"脑子不懂"和"粗心大意"之间的区别,她努力克服"粗心大意"的毛病,具体表现在写作业时整个神情全部专注于做题上。

小学生活开始后的第二个星期的最后一天,那天我下班回家,洁听到我的脚步声打开家门,一阵银铃般快乐的笑声从门里涌出。在清亮兴奋的童音中,洁高举着手上的数学作业本一边使劲挥动一边向我跑来:"妈妈! 妈妈! 你看! 你快来看! 今天,我的数学作业全部做对了!"

这是成为小学生两个星期后,洁数学作业簿上第一次没有出现让她心里难过的大红叉,每一道题她都做对了! 老师在每道题后面都流畅地打上一个又一个小红勾,整张页面上打了一个大红勾,作业空白处画了一个令人无比自豪的漂亮五角星,还有一张大笑脸。

"哈哈哈! 妈妈! 我都做对了!"洁高兴地围着我转着圈子嚷嚷着,我也非常高兴,和平日一样,我拥着可爱的女儿,亲吻着她的小脸,捏了一把她的小鼻子。我们都大笑起来。

晚餐后,我问洁:"今天你的作业全部对了,还得了五角星和一个大笑脸,高兴吗?"

洁满脸笑容自豪地说:"高兴! 今天老师都表扬我了!"

我继续笑着问她:"想不想每天都这么高兴啊? 想不想让老师每天都给你的作业画上五角星和大笑脸?"

"想!"洁天真的笑脸看着我响亮回答。

"好！你每天都认真仔细做好作业，不出差错。每天老师都会给你五角星和大笑脸，你每天都会像今天一样高兴！"我笑着点着头对她说。

"我会的！我每天都认真做作业，不出错！我要每天都这么高兴！"快乐的洁一蹦一跳地说。

随着第一次无差错完成作业，洁认真仔细意识开始发芽。而家长不插手孩子独立完成作业，使孩子在作业中领会克服自身粗心大意的弱点和独立承担"工作"的责任要求，感受自己独立完成的"工作"能力增长，尝到"工作"不出差错带来的自豪和轻松快乐的感觉，并对"责任心"的抽象概念得到最初理解。

从那以后，洁从一名普通小学生到青年大学生，在学习过程中家长再也没有操心过她的课堂学习。最初校园学习的两个星期得到的"独立和责任"启蒙，让她顺利走过后面十多年漫长的校园学习路程，并成为一名学业优良的学生。

而小学一年级出差错最多的数学，今后却是最令她着迷、最热爱的课程之一。

写好字是熟能生巧的过程

开学两个星期后的一天，我在校门口遇到洁的班主任老师。和我同龄的班主任老师看见我，温和的微笑浮现脸上。

老师对我说："洁每天早上笑眯眯来学校上课，每堂课都积极举手发言，学习成绩不断进步，她的表现让老师和班里小朋友都很喜欢。"

接着，老师表情变得认真起来，对我说："你知道吗，我们班小朋友写字都非常好，有的同学三四岁开始练习书法，现在虽然只有六岁，写出来的字已经笔画工整，有模有样，比很多大人写的都好了。"

"真的吗？六岁小朋友写的字已经比大人还漂亮了？"我有些吃惊，六岁孩子要花多少时间才能练出一手好字啊。

顿了顿，老师有些迟疑地看着我，终于又说了："洁的字需要家长配合抓一抓了，她的字没有一个可以写进格子里，全部趴手趴脚写出格子,是我们班唯一一个还不会好好写字的小朋友。你在家里教教她怎么写字好吗?"

"好,我回家教她怎么好好写字。"我回答老师。

老师笑了:"也不用让洁写那么好,只要让她把字写到格子里就可以了。"

孩子进入学校开始学写字,刚刚学习握笔的手写得不熟练、不工整、不漂亮很正常。如果孩子天生热爱书法,不用我多说,她自然慢慢会把字写漂亮。如果只需把字写进格子里,也不用我多说,时间会帮助孩子在格子里熟练写字。

现在孩子才六岁,将要使用手中的笔写七八十年字。既然要写一辈子,我就不会让孩子把有趣的认字写字变成枯燥的反复抄写,把漂亮书法当成写字目标。

文字是人类发明的非口语交流沟通工具,理解文字的准确意思、学会正确的书面表达,是学习文字的重点所在。我希望孩子对文字表达的内容充满好奇和热爱,通过文字能够看到更大的世界。

回到家,洁把当天写完的抄写作业簿交我签字。

之前我对女儿语文写字作业没有在意是否写在格子里,照葫芦画瓢是学写字的起步阶段,写得好是意外,写不好是正常。

今天老师特地和我说洁趴手趴脚的大字需要改进,给作业签字的时候我认真看了一下。

我要承认洁写的字一定比我同龄时代写得要好,虽然字写得很大越出格子,但是没有错字。我童年学写字最初阶段,记忆中常被教训写出来的字"缺胳膊少腿"。

洁之所以把字写那么大原因我知道,上小学之前她从来没有真正拿过笔,家长从来没有教她如何握笔,也没有让她学写字,我们把这些放在孩子入学之后的学习中。她入学两个星期不能写好字,原因是还没熟练掌握书写工具而已。

我没有把老师的话告诉洁,也没有说她应该如何把字写好。我从她一笔一画中发现,她非常努力地把字的笔画写对,非常努力地把字写得工整而且没有"缺胳膊短腿",这是一个用认真态度对待写字作业的孩子,对这样的孩子怎么能告诉她做得还不够好呢?六岁的小学生已经在做今天最好的自己了。

我爽快地在她的写字簿上签上我的名字,微笑着亲她的额头和面颊,告诉她写字作业做得非常好,让她为自己认真写字得到妈妈赞扬而高兴,开开心心把簿子放进书包里。

约一个星期后,我再次遇见洁的班主任老师。

老师满面笑容,步履轻快走过来和我打招呼,告诉我:"你知道吗? 家长抓不抓孩子的学习就是不一样,才过儿天啊,洁的字已经写得很好了,你是一个配合学校学习的好家长啊。"

我忍不住早料到结果的愉快心情,看着和我一样开心的老师呵呵笑了。

我没有告诉老师,其实我没有教训孩子,没有让洁知道曾经被老师告状,没有惩罚洁每天多写一些字,希望她一夜之间把字写好。洁今天能把字写进格子里,是她每天都在努力达到老师上课提出的要求,随着日复一日用笔写字,她的操笔写字技巧逐渐提高,最后达到老师希望的结果。如果我实话告诉老师这些,老师会怎么想? 会为自己学生努力达标而高兴,还是为家长忽视老师的要求而生气?

我当然也做事情了,我所做的是看到孩子的认真努力,并为此表示了妈妈对孩子努力的欣赏和对她无比的爱。

我开心地笑着,老师也轻松笑着。老师在为学生写字进步开心而笑,我为孩子自然提高欣慰而笑。

我们都在为孩子达到写字要求而笑。

结束国内小学生活

有一天我告诉洁,分别三年的爸爸让我带着她去美国,她可以看到爸爸了。

洁把消息告诉了班主任老师,班主任和我核实消息后,准备给已经戴上绿领巾的洁颁发绿色"三大杠"大队长臂章,还准备在班级里组织欢送活动。

一共四个月的中国小学生生活,让洁内心充满蓬勃向上的欢乐阳光。她热爱就读的学校,热爱班主任老师,热爱同学们和他们的家长,热爱每天游泳训练的泳池和教练。

每天她早早起床,洗脸刷牙,然后催促我快点把她送到学校去。她喜欢和同学们在一起的校园生活。

两位班主任老师告诉我:洁是一位发自内心快乐的孩子,她每天笑意盈盈走进教室,和同学相处得非常和谐,每一位同学都喜欢她,愿意和她坐在一起。

好几位家长告诉我:孩子们都喜欢洁,因为她从来不和同学争吵,有事情会谦让,还会帮助同学。

只是时间太短暂,洁很快要和大家分手了。

那天洁回家,左臂戴上了绿色的"三大杠"臂章。

"哦,当官了?"我笑着指着她的臂章调侃她。

"嗯?"洁扬起了小眉毛,她第一次听说戴上"三大杠"臂章是当官。"不是当官,是当大队长。"她认真回答我。

"哦? 原来是大队长啊? 妈妈以为是当官呢。"我忍不住对分不清"官"和"大队长"怎么回事的洁呵呵笑着说。

"妈妈,你知道的,因为我要离开学校,是老师让我当大队长的。三大杠臂章是让我记住学校、老师和同学。"洁说。

我有些吃惊,年幼的洁如何理解"荣誉纪念"这样的事情? 似乎她幼小的心智已朦胧明白,老师赠予她"三大杠"臂章的目的,不是因为她有能力承担更多责任,只是让她记住这里的同学、老师、学校和四个月的中国小学的生活。

对即将奔赴的美国,她并不清楚"不同国家"是怎么回事,美国对她来说是看不见、摸不着的抽象概念。20 世纪 90 年代初期,人们对美国还不熟悉,洁脑子里认识的"美国",代表每年年底收到爸爸寄来的漂亮圣诞卡,还有一包平时吃不到的糖果,妈妈告诉她那是爸爸从美国寄给她的礼物。她把美国想象成有很多圣诞老人和很多糖果的地方,把爸爸想象成一位长着白胡子给小朋友送礼物的"圣诞老人"。

我告诉她去美国和爸爸团聚,她认为是到了接爸爸回家的时候。很久以前她和爸爸在飞机场一幢高房子里告别,现在妈妈终于要带她走进高房子接爸爸回家了。

从来没有乘过飞机的她无法想象未来的生活内容,她和邻居小朋友聊天,邻居小朋友除了从她这里品尝美国糖果之外,不知道美国是怎么回事,学校老师和同学也都没人去过那里。

但是幼小的她并不畏惧未来。有爸爸妈妈和她在一起,生活将永远快乐、安全、平静,每一天的生活内容都和看得见的今天一样,上课读书学习,然后游泳训练。

对中国学校留下的最后印象,是好几位同学家长拿着相机给她和同学们一起拍了很多照片,还有老师抚摸着她的小脑袋用担忧的眼神看着她,语重心长地对她说:在美国学校要像在中国学校一样,每天努力学习,做一个好孩子,长大后为中国争光。

洁对班主任老师的谆谆嘱咐不断点头,和同学们围在一起快乐地合影留念,她认为现在只是去美国把爸爸接回家,她很快会回到班级上课和游泳训练。

和平时一样一直到离开中国最后一天,洁每天戴着象征春天小树苗的绿色领巾和绿色"三大杠"荣誉纪念臂章,照常去学校上课读书并参加课后游泳训练,回家完成老师布置的家庭作业,做自己每天应该做的事情。

最后一天的最后一节课下课铃声响起,她把老师布置给她一个人的家庭作业和一大卷考试题放进书包,开心地向两位班主任老师和全班同学挥手告别,微笑告诉大家,她很快会回来。

洁离开了她无比热爱、但是仅有四个月学习生涯的上海黄浦区小学,带着已经形成的独立负责完成家庭作业的习惯,结束了国内小学生活。

第二天上午,洁穿着白绿相间的上海小学生校服,戴上绿色领巾和绿色"三大杠"荣誉纪念臂章,伸出小手让我领着她,踏上异国他乡漫长的成长路程。

第二部

心智渐醒的少儿时代

4 融入新环境

　　在完全陌生的文化环境和新学校中,洁开始了和中国不同的美国小学生活。语言不通,没有朋友,她会怎样融入新生活呢?

　　美国孩子热爱运动。洁从五岁开始的专项游泳训练已经成为她的体育运动特长,我们把洁送到所居城市的游泳俱乐部,使她在新环境中通过运动特长建立自信,迈出融入新文化新环境和新集体的第一步。

　　在中国启蒙的游泳运动帮助了她,洁由此开始了一段全新的生活。

不同文化环境的学校

　　我们一家三口在洛杉矶机场相聚时,洁一只小手牵着爸爸,一只小手拉着妈妈。她小脑袋扭过去看看爸爸,又扭过来看看妈妈。四岁时爸爸赴美留学,再次看见爸爸时,洁即将七岁了。

　　一个星期后,洁准备进入美国小学,经过英文测试,学区专管外国学生的老师发现这是一位二十六个英语字母都不认识的小朋友,于是安排洁进入学区特别设立的中英双语班,和一群来自台湾的孩子成为同学。洁的新生活就这样开始了。

　　刚入学的那些日子,每天下课前我赶到学校,好奇心让我漫步在校园和校舍之间了解美国小学生的校园生活。

　　我发现，一年级教室只在中间放了四张矮圆桌，二十几个孩子分成四个小组围坐一起，他们一边玩耍一边上课。教室四面墙上，一面是一排图书架，上面堆放各类儿童书籍；一面贴满了热闹的儿童绘画和手工作品；另一面墙是一排格子橱柜，让孩子们放置书包、衣服外套等物品；最后一面墙是黑板，墙角是老师办公桌。

　　我不知道教室这样设计能不能让幼小孩子把注意力集中在老师讲课上，如果每个孩子都在这样环境上课学习，我觉得自己孩子应该会和其他孩子一样收获知识。

　　在操场上我发现，美国孩子课间游戏玩耍的内容和国内不一样。下课后，孩子们全部来到教室外阳光下的草地上，嬉戏奔跑大声喧哗；沙坑上一溜排开七八个秋千架，每个想玩秋千的孩子不用排队就可以玩上；壁球场是课间休息的热门处，孩子们排着队把排球当壁球，两人"呼哧、呼哧"一来一往使劲往墙上打，都想让对方接不上球然后换人。洁也排上去，轮到她刚站好，对手一个发球打到墙上反弹回来，洁连球边都没摸着就被"out"出场，重新排到队伍最后，只好探着小脑袋渴慕地看着打不败的小朋友。

　　好几次，我发现洁一个人安静地站在游戏场外，微笑着看游戏中的小朋友大呼小叫。她不会说英语，也不懂游戏规则，无法加入小朋友的游戏。

　　居住社区也上演了同样情景。小街上孩子们溜旱冰，和洁差不多年龄的孩子穿着旱冰鞋"噜、噜"像小鱼一样快速从她身边滑过，洁只能用眼睛追他们；有时候孩子们戴着漂亮的自行车安全帽，使劲踩着五颜六色的小自行车从街上驰过，洁也想这样，但是来美国前她从来没拥有过儿童两轮自行车，也不会骑车。

　　教学环境不同、游戏内容不同、交流语言不同，洁想和新环境的孩子们交朋友，但是玩闹嬉戏中的小朋友并不在乎这个不会说英文的中国孩子。

　　洁的英语学习，可以通过时间解决，但是相比较语言学习，我更担心她在新环境能否交上朋友。我担心她会不会害怕陌生的新环境？会不会认为自己胆怯并笨拙？会不会被这里的小朋友拒绝？能不能融入新集体？

我担心刚满七岁的孩子的适应能力。如果她一直孤立在同龄小朋友生活圈外，小心灵会不会孤单？是否影响到未来与伙伴和睦协调相处？我觉得孩子能否顺利进入所处新环境，关系到她能否身心健康地快乐成长。

我并不担心读书学习，读书学习是人一生的功课，并不限于生命长河开始的那段课堂时间。悠悠岁月有时间让她在三年级补一、二年级的学习课程，孩子只要保持对知识的好奇和学习热情，完全可以做到后来居上。但时间长河无法让她重新回到一、二年级补回她该有的童年生活经验。孩子和同龄伙伴一起成长，远比眼下读书学习更重要。帮助她适应新环境，让她以自然平和的情绪进入她的社会圈，是家长的责任。

和在国内一样，我每天兴致勃勃、满脸笑容听孩子回来讲学校和班级的事情，从中我能够感觉到孩子细微的情绪，她很想和大家一起玩，但是并不容易。

加入游泳运动俱乐部

我们居住的城市有个著名的游泳池，1984 年为洛杉矶举办奥运会所建。奥运会结束后游泳池归当地政府所有，当地政府以此成立了城市游泳俱乐部。

俱乐部聘请几位教练分组带领少年儿童运动员每天进行两小时的游泳训练，时间从周一到周五放学后开始。加入游泳俱乐部成为正式游泳运动员需要进行技能测试，录取后每个月只需付五十美金训练费用。

和游泳俱乐部联络之后，总教练安排洁去俱乐部进行技能测试，测试结果决定是否可以参加正规训练。

第一次走进奥运会正式比赛的大型室内泳池，洁一脸喜悦惊奇，她拉着爸爸的手四面环望，眼睛放出异常兴奋的光彩。

那是一栋明亮高大的房子，房顶装一长溜蓝色玻璃大天窗，天窗上的保温卷帘随着室内温度自动关合、开启。蓝色天窗下是奥运标准长度的泳池加上深水跳水池。跳水池有十米跳台和五米、三米跳板,围绕泳池伸缩自如的梯形看台上,零星坐了几位观看训练的家长。

五十多岁的俱乐部总教练弯下腰问洁能不能试试可以游哪几种动作,爸爸翻译后,洁羞涩点点头。池水是她熟悉的地方,她大胆走上跳台。

偌大的游泳馆只有洁站在跳台上,总教练两胳膊交叉胸前站在旁边微笑看着她,一些训练中的孩子也在远观。面对一池碧水,洁的表情放松了,五岁开始的游泳训练,在清澈池水里挥臂向前已经成为她生活内容的组成部分。

现在这个小人在跳台上看着碧蓝池水,接着弓下身子,两个小手和一个小脚撑在起跳台前缘上,另一只小脚斜撑住微微向后倾斜的身体,她在等待口令。

我学国内教练样子,对她喊了一声口令:“走!”

只见她“腾”的一下,身子就像突然放开的弹簧在空中滑出漂亮的弧线后跃入水中,利用惯性在水中滑动一会儿后,两腿开始像小鱼尾巴轻巧协调摆动,两臂“噜、噜”交替向前,水在身后像扇面轻轻打开,洁在水中平稳迅速向前游去。

总教练很吃惊,美国很多同龄的孩子在水中像瞎扑腾的小鸭子,这位来自中国的七岁女孩的泳技和速度并不多见。洁顺利进入俱乐部,成为十二岁以下训练队年龄最小的成员,开始了每天两小时的业余游泳训练。

负责小组训练的美国教练是一位身材魁梧的大学生游泳运动员,他英俊的脸庞始终挂着愉快的笑容,他非常喜欢这个只会微笑却不会开口说话的中国孩子。他常常让洁在训练开始前先下水给其他小朋友做示范动作,让其他小运动员模仿学习。

为帮助洁听懂英文,年轻教练请来一位来自中国台湾的大学生当翻译。台湾大学生不仅是翻译,还教洁英文。翻译告诉我,教练自费付她工作薪水,让她帮忙带领洁尽快融入新环境。台湾大学生所说的情况给我很大震动,也是我第一次感受到普通美国人的真诚、友好、善良和慷慨付出。

洁从害怕身材高大的教练到后来非常喜欢他的指导,在教练和翻译的带领下,洁的脸上开始浮现快乐自信的笑容,并熟悉了当地游泳场训练规则和新集体。

我们按照要求为洁定购了专业游泳背包、最新科技材料制作的比赛泳衣、泳帽,同时定购了游泳队为队员个人定制的汗衫和帅气、漂亮的防水大氅。每天下课后,洁穿着绣着她金色英文名字的黑色大氅,背着有自己名字的黑底金字游泳大背包,和所有参加训练的孩子一起,来到设施现代、光线柔和的泳池训练。

泳池,再一次如国内一样进入她每天的生活,队友成为她的好朋友,投身水上运动成为她在美国学习生活的重要组成部分。

找到新朋友　融入新环境

洁的游泳训练小组由小学生组成,其中两个年龄十一岁的女孩是美国少年奥林匹克游泳锦标赛选手,我称她们"小奥运"。

两位"小奥运"是全队的光荣和骄傲。只要两位小选手在泳池出现,小队员就围上去哪怕和她们说上一句话也好。两位小姑娘的表现确实和普通孩子不同,她们带着比赛获奖荣誉归队,对每位队友都笑脸相见,不仅认真热情地回答队友提问,还和站在后面挤不过来的小队友挥手微笑打招呼,不冷落身边任何一名队友。观看"小奥运"的训练,可以发现她们比其他孩子更努力、更认真、更严肃地对待每一个泳姿和每一次运动量。

"小奥运"选手的表现对洁有极大的吸引力。

说不了多少英语的洁常常看着队友簇拥着两个女孩,有些害羞的表情中流露出羡慕眼神,眼光时常跟随"小奥运"的一举一动。训练中只要有机会和她们四目相对,渴望交谈的羞涩笑容就会展现在洁的脸上和眼睛里。她希望能像其他孩子一样和"英雄小奥运"选手说上话,希望有机会和"小奥运"选手成为朋友。

　　每天下课后洁兴致勃勃等我送她到泳池。那里有新集体,有喜爱的教练,有偶像榜样,有领她走进英语环境的大学生翻译,还有和她一起训练的小伙伴。重要的是,那里有她展现才能的环境和表现自信的机会。

　　那天我接洁回家。刚上车,洁兴奋地告诉我:"妈妈! 妈妈! 你知道吗,今天琳达还有梅利莎和我说话了!"

　　"谁是琳达? 谁是梅利莎?"来到美国后,我从未见过如此兴奋的洁。

　　"你连她们是谁都不知道啊?"洁对我的无知表现显出一脸失望:"她们就是你一直称呼的'小奥运'啊!"

　　我不由哈哈大笑起来,我第一次发现,洁心中的英雄榜样有什么样的分量了(和现在的少儿追星族一样)。

　　洁两眼放光继续告诉我:"今天琳达和梅利莎在更衣室特地向我走来,琳达问我,你叫洁是吗? 我说是的! 琳达说,你游泳不错,以后也会成为'小奥运'选手的! 梅利莎搂着我的肩膀说,洁! 保持下去! 加油!"

　　洁认真看着我:"妈妈! 现在我和她们是朋友了! 我也要像她们一样,游到'小奥运'去!"

　　我笑着点头,洁接着问:"妈妈,我以后也会成为'小奥运'选手的,是吗?"

　　"那当然! 只要你每天努力,一定会成为像她们一样的'小奥运'选手!"我非常肯定对洁点头。

　　洁笑容满面:"她们就是这么告诉我的!"

　　在游泳队新集体中洁遇见偶像新朋友,在自己的能力范围内找到最容易达到的人生目标。她开始模仿偶像的言行举止、学习偶像如何为人处事,希望自己也能和偶像一样有自信成熟的表现。从那时开始她和偶像一起训练,一起参加比赛,一起互相加油,一起为胜利欢笑为失败悲伤。洁通过游泳队亲密接触集体,慢慢融进新环境、新文化之中。虽然一年后两位"小奥运"进入中学离开城市游泳俱乐部,但是偶像的榜样力量已经在洁的心中扎根生长。

　　七岁的暑假,洁在教练的带领下第一次和伙伴们来到南加州太平洋亨廷顿海滩训练,她跟随教练在大海中学会搏击风浪;小学三年级冬季训练,每天天未亮就从热乎乎的被窝中起来,三十分钟后站在寒风凛冽的室外游泳池,脱去大氅勇敢跳入泳池完成两个小时训练,然后热气腾腾出水上岸。

　　九岁,洁成为美国全国少年儿童游泳锦标赛决赛候补选手;十岁,成为美国全国少年儿童游泳锦标赛决赛选手;十一岁,参加美国少年奥林匹克游泳比赛。

　　洁在赛场上和十四岁代表美国参加悉尼奥运会并获得 200 米和 400 米奥运蛙泳冠军运动员阿曼达相遇,她看到所崇拜的少年游泳运动员的美丽泳姿和开朗个性,对世界级冠军比赛中的表现留下深刻印象。

　　对洁参加的高规格比赛,我们专门进行了了解,得知参赛资格全部通过电脑记录成绩确定,没有人为因素参与。这些高规格比赛一直到洁初中毕业,进入高中后改变运动项目才结束。

　　洁的体育运动从战胜肢体酸疼开始,她逐渐明白了"咬牙坚持"可以帮助自己走过艰难阶段,感悟了什么是坚韧毅力;同时体育运动帮助洁在新环境获得新朋友,使她自信地融入了新集体。

5

进入新课堂

接触新文化、新环境的孩子如何跟上课堂学习呢?

我的观点是:按部就班,循序渐进,不拔苗助长。

和在国内时一样,家长的责任是保护孩子的好奇心和求知欲望,具体表现是在课业学习中坚持让孩子独立、负责任地完成作业。在循序渐进的一天天读书写作业的过程中,让孩子体会每天一点一滴的提高,享受提高过程带来的快乐愉悦心情。

孩子在自然年龄的成长中,在认知世界的过程中,最重要的功课是学会脚踏实地做最好的、最真实的自己。

循序渐进慢慢学

除了早慧的孩子,普通孩子智商随年龄发育而发展,提前的正规文化课学习会让普通孩子感觉吃力,理解程度跟不上教学进度则让孩子感到挫败。

我不赞成孩子加班补课延长课堂学习时间。工厂生产流水线加班加点会提高产量,普通孩子受年龄认知能力限制,加班加点上课并不会提高理解力。

压力过大的课堂读书和过多作业量,会挤走孩子生动多彩的生活内容,剥夺孩子探索事物的时间空间。如果孩子对上课内容一知半解,又无法逃避每天叠加上来的新课程,上课就变成味同嚼蜡的煎熬过程,求知欲沦落为应付每门功课的考试。如果提前进行课外补习,课堂变成重复已学内容,孩子对上课的新奇感消失,因此就感受不到课堂知识满足好奇心的乐趣。这两种做法都会消耗孩子更多的生活时间,影响孩子正常的课堂学习。

洁到美国读书上课,我按部就班、循序渐进、不急不躁、及时鼓励,让她在保持好奇的求知欲望中学习。我不会让孩子在生命最初的几年里,塞给她一生中有足够时间学习的东西。

洁进入小学之前没有提前学习一年级课程,结果证明,经过小学一年级最初适应期后,她从此对学校课堂传授的知识充满兴趣和好奇。

洁成为小留学生进入美国小学一年级,一开始在中英双语班,我发现双语班年轻老师带班经验不足,于是,把她转到离家不远的普通小学开始和美国孩子一起上课。进入普通小学三个月后,洁可以和同学交流对话,半年后和同学们完全玩在一起。

很多人说美国小学没有教科书,因为孩子书包里没有我们传统概念上的书,事实上他们有教学大纲,课本在老师那里。

一位在美国从教多年的华裔老师给我一本小学一年级综合教科书,我发现美国小学一年级的学习内容涉及语文、算术、平面几何、立体几何、自然科学、人类文明、音乐、美术、历史等。教科书内容有趣易懂,很多内容和孩子日常生活有关,如果孩子对身边看得见的浅显知识有兴趣,一年级基础课本可以帮助孩子打下今后渴望学习更深知识的基础。

话说我的孩子,进入美国小学一年级时不认识二十六个英文字母,更没有学过英文发音。我不着急她英语落后。她的中文表达用词虽然不丰富,但口头表达能力和书面理解能力不比其他孩子差,理解父母说话、表达个人想法意愿准确,说话不耍无赖不拖泥带水,没有小孩子说话的娃娃奶语。我相信只要给她学习新语言的时间,一定可以达到正常英语教学要求。

只是我很困惑,进入美国小学后为什么洁的家庭作业老师不评分呢?既没打勾表示解题正确,也没打叉表示做错。还有,为什么带回家的学校家庭联系手册上也都没有分数呢？

一天晚饭后，我问洁这个问题。洁对我的问题毫无羞愧和压力感觉。她笑眯眯对我说："妈妈，我现在还跟不上班级学习进度，很多时候因为看不懂，作业都做错了。"

"数学呢？你的数学不是一直很好吗？"我问。

"我们现在数学课很多用英文说题目，和中国算术课用加减符号解题不一样呢。"洁挑着眉毛回答我。

"哦，这样啊。"我后来明白美国小学生的很多数学作业都是应用题，难怪小学四年级的数学课作业已经要求学生写数学论文了。

可能我的表情有些严肃，洁安慰我："妈妈，我会进步的，只要我进步了，老师就会给我分数的。"

我想说几句激励她的话，转而一想，女儿正以她的乐观态度看待目前还没有出现、但可以预见的未来进步，我还要啰里啰唆画蛇添足来几句话吗？那岂不让人扫兴。于是马上变成笑脸对她说："妈妈明白了。"

我不懂多少英文，孩子爸爸每天忙于工作也没有时间教孩子英文，孩子目前学习困难是因为语言不通造成的，我要接受这个事实，只是内心有些忐忑。

我告诉丈夫这件事情，他说："不用担心，我们要给孩子时间。"

"会不会拖很长时间呢？要不要送她去课外学校补习？"我和丈夫商量。

一年级暑假我们安排洁去华人课外补习学校，她不喜欢补习学校的气氛，告诉我学校老师很严肃，一直盯着同学，骂同学做得不好，她认为老师不应该这样对待本来就不懂、现在正在努力学习的孩子。接着她开始赖学了。

放弃了华人补习学校，我们把她送到家附近的天主教会暑期班。每天洁回家追着我问有关"天堂""地狱"的事情。我不以为意，孩子却越问越深，问我们一家将来是上"天堂"还是下"地狱"，我再次放弃。

图书馆是另一个加速学习英文的地方，但是她对小狗小猫的童话不感兴趣，更深的书籍她看不懂，我也看不懂。

洁的英文学习怎么办呢？

几次尝试不顺后，我们的想法是"顺其自然"。接下来真的让这位小留学生在学校顺其自然地发展了。

顺其自然增自信

日子一天天过去。有一天洁满面笑容地把课堂作业拿回家给我们看，拿起作业簿一看，我禁不住放声大笑，她的作业第一次有老师打分，那是一个"F"，洁的学习成绩终于有分数了！

这是二年级孩子经过顺其自然发展后，学习成绩从"零"到"一"的第一步！

"你太了不起了！"我满面笑容热烈拥抱女儿，给她一个大大的、响亮的吻。

洁的小脸笑得像盛开的鲜花一般，自豪地对我说："妈妈，我告诉你我会进步的，老师会给我分数的，你看，我有分数了！"

是的，洁做到了。她在美国学校的回家作业第一次被老师打分。我不在乎她得分是 F（不及格），和没有分数相比她在进步，这是事实，我们要给她的就是肯定和鼓励。

当时，我们周围很多孩子学习成绩非常好，有的孩子三年级开始进入"资优天才"班，有的孩子每天去补习班加班上课，有的孩子在图书馆通览那些或浅或深的图书。和这些孩子相比，洁的学习成绩实在落后到令人汗颜。

但是，我不在乎她比别人差，只要她保持对未知世界的好奇心和学习热情就行，好奇心和热情是孩子愿意保持一生投入学习的"引擎发动机"。我要理解孩子弱小的学习能力，保护孩子独立学习的自尊，理解孩子学习中的付出，做到不超越孩子学习能力去要求成绩。我希望她只要做到真实的、最好的自己就行。

不久后洁的作业成绩从"F"变成"D"，过了一段时间"D"变成了"C"。每次小小的进步，我都给她发自内心的欣赏和表扬。我满脸笑容愉快地拥抱她,给她从额头到下巴加上两颊的亲吻,每一次亲吻之后,洁心满意足开开心心去做作业了。

进入三年级洁继续保持进步状况,学习成绩从清一色的"C"变成"C"越来越少"B"越来越多,后来是"B—"和"B";再接着出现"B+"和"A—"了。

学习落后的那些日子,洁并没有为此焦虑着急,或者给自己压力,想着法子废寝忘食赶上去。作为她的父母,我们首先就没着急,只要她自己愿意学习,从一年级到高中毕业有整十二年,她有充裕时间赶上课堂学习进度。

每天早上她乐呵呵去学校,放学后去游泳俱乐部,训练回来吃饭做作业,完成作业睡觉。美国学校再也不需要家长为孩子作业签字,这些事情由老师负责了。洁的日常生活作息时间安排得从从容容、井井有条。我们经常一起说笑话,她单纯的小脑瓜很容易被我的笑话逗乐,常常开心大笑,停一会儿想起来接着再笑。

每天到学校接到她,刚上车她就开始告诉我学校发生的有趣故事,或者说她在课堂上出的洋相。面对学习落后,她不但没有伤心,反倒出现了幽默个性。

她告诉我,学校老师说她是"Happier girl(快乐女孩)",老师常常会因为她傻傻乐乐的课堂表现、天真可爱的滑稽对话而开心大笑。而我,每天这时候就是她最忠实愉快的"粉丝"听众。

不知不觉中,洁升入小学四年级。四年级开始,她拿回家给我们看的学习成绩,已经以"A"为主了。四年级第一学期结束时洁往家里拿奖状了。她成为一名优秀学生,学习成绩进入全"A"行列。

这个过程在顺其自然、没有额外补课,完全投入学校课堂学习中获得,她从学习二十六个英文字母开始,到全"A"成绩,大约经过三年时间。

三年里,我们给予她的就是信任。我们信任她天生具备正常人的学习能力,肯定她每天的努力,表扬她每次微小的进步,鼓励她继续向前。

作为妈妈,我给她最多的是理解和发自内心的挚爱。由于爱,每天面对她我会情不自禁流露开心笑容,我每天都会给她讲笑话故事,给她热烈的亲吻和拥抱。

轻松快乐校内外

洁进入小学四年级。校园里有她的同学朋友,课堂上有她喜欢的老师,每天的游泳训练和八岁开始学习的弹钢琴,不但没有给她带来压力,还成为让她快乐的事情。

除了学校课程,我们没有给她任何额外学习的要求。单纯的学校课堂学习,使她对上课内容产生很大兴趣。尤其数学,那些像捉迷藏一般的应用题,需要仔细分析数字和字面之间的关系进行推理求得结论,这让她觉得每解开一道题就像发现一个小秘密,发现秘密的感觉令她非常开心。

她的老师是一位六十多岁的美国知识女性。教室里,洁每天看着老师对孩子们展现喜悦笑容,打心眼里亲近她,校园已经成为让洁内心充满快乐的地方。

上课期间老师不断鼓励孩子发言,无论对错洁都毫无顾虑地说出来,有时候等不及老师点名直接站起来回答。老师没有因为洁的冒失行为生气,反而笑容满面地鼓励她。洁如果回答对了,老师对她进行一番赞扬;回答错了,在老师夸张有趣表情中,同学们大笑着开始七嘴八舌说出各种答案,洁跟同学一起哈哈大笑,并不为自己争先回答错误而感觉难为情。老师的鼓励和同学们的笑声,让她觉得,在学校上课就是一场接一场的开心游戏。

洁回家向我学说班级发生的这些小故事时,每一次我都被她绘声绘色的叙述逗得忍俊不禁。

我的眼前经常浮现洁幼稚天真、大胆可爱的课堂表现,我非常感激学校在课堂里营造的活泼、宽松气氛。在那样的氛围中,让刚来美国胆小害羞的洁几年后变得如此开朗活泼,她的好奇心和求知热情和班级集体完全融合在一起。

每天早上,洁迫不及待地去学校;课堂上她希望每节课都能发言回答问题。为了上课积极发言,她非常专注地听老师讲授内容,快速举手响应老师提问。她不怕说错话,因为老师从来不会指责或笑话同学的错误回答,她也不会为自己说错话感到羞愧。

美国小学校的学习过程,加上洁独立完成作业的经验,让她感悟到,懂是从不懂过来的,正确是从纠正错误中获得的。小学时代的课堂学习方法让她养成提问和回答的习惯,并帮助她养成后来学习工作中敢于发问、追索答案和风趣幽默的说话方式。

洁的同学由不同族裔的孩子组成,她开朗活泼的性格帮助她交到很多不同族裔的好朋友。同学们邀请她去家里玩,这让她在不同族裔家庭里了解到不同的文化风俗和生活习惯。小学四年级的她已经知道,每个族裔都有自己的优秀传统文化和生活方式,每一种不同的生活方式和传统文化都让她觉得有趣。在接触不同族裔的文化中,她以自己的心灵去理解与自己族裔不同的地方,幼儿时期萌生出来的善解人意得到成长。

小学四、五年级时,我发现洁非常愿意和不同族裔的同学包括同学的家长交朋友聊天。她对同学父母使用"琼斯夫人""琼斯先生""布朗夫人""布朗先生"的礼貌称呼。参加同学家庭的交流聊天增强了洁与不同族裔、不同文化交往沟通的理解力。洁告诉我们的同学父母欢迎她去串门时使用的句子是:"我们家的晚餐桌旁永远为你留着一把椅子。"如此温馨的语言,不仅是孩子,也让来自中国的我们内心深受感动。

这些校园内外普通又丰富的生活内容,为洁在美国土地上展开自己的生活,融入不同族裔的文化,打下很好的基础。

四年级即将结束,一天洁回家告诉我们,因为她所在的学校没有设立"资优天才"班,老师安排她从五年级开始和六年级优秀同学一起上课。虽然我们不理解这样的安排,但我们相信学校一定有他们的理由,我们信任学校的安排。

五年级开始,洁进入六年级教室和高一级同学一起上课,在五、六年级共同的课堂上,她发现校园生活中的另一面,这对她后来的成长产生巨大影响。

6

自由竞选训练公民意识

美国小学生进入六年级后，以学生为主的课外社会活动开始增多。策划学生课外活动时，老师退居幕后指导，孩子当家作主。这时候学校里的学生政府组织——学生会开始登场。学生会干部由学生自己报名，通过自由竞选产生的领袖组成。

投入学生会自由竞选，是学校培养学生公民意识的重要一课。"自由竞选"不是无政府竞选，其中有严格的游戏规则，规则之下，孩子们投身一场真实而严肃的竞争。

洁投入竞选活动，最初动机是为获得他人尊敬。竞选过程不但让她了解什么是"自由竞选"，同时让她懂得，获得他人尊敬在于"为大家服务"。只有为大家服务工作，才会得到人们的尊敬。

人生第一次"公职"竞选在孩子生活中出现。

身边的学生领袖

洁在五、六两个年级优秀学生合并班上课了。

洁向我介绍课堂情况，老师先给五年级同学上新课，六年级同学做课堂作业。接着老师让五年级同学做课堂作业，六年级同学上新课。一个教室两个不同年级，五年级同学有机会了解六年级的学习内容和校园生活，交到六年级的朋友。六年级的学哥、学姐得以在日常活动中完成对下一级同学的"传、帮、带"工作。

开学不久的一天，洁从学校返家，表情严肃地对我说："妈妈，今天上课我发现了班级一件重要的事情。"

"什么事情？"我好奇地问。

"校长到我们班级来了。"她说。

"嗯？班级有新情况了？"我笑了。

"嗯！有新情况了！校长走到米歇尔身边，很有礼貌地打开文件夹放到米歇尔桌上请米歇尔签字！校长说话是用'请'的！我清楚听到校长说'请'这个词的！"洁极为认真的脸上眉毛扬起来，看着我说。

"米歇尔是谁？她犯错了？"我问。

"没有犯错！米歇尔是六年级同学，我们学校的 President！（学生会主席。）"洁用强调的口气对我。以前一直没有听说过美国小学校有学生干部，现在洁告诉我是有的。

"妈妈！你知道吗？我们同学都很 Respect（尊敬、尊重、恭敬之意）米歇尔，现在我发现校长也非常 Respect 她！她才比我大一岁啊！她真的很棒！"我感觉洁心中有新偶像了。

"你就和她交朋友吧，好好向她学习。"我鼓励她。

"是的，妈妈，我和她已经是朋友了。"洁认真说："我真没想到校长对她这么尊敬！妈妈，校长是大人啊！老师上课也停下来了，全班同学都看着米歇尔！米歇尔一点都没害怕，她在校长给她的文件上签自己名字，然后对校长说'谢谢！'，再还给他！"洁一脸羡慕崇拜的神情。

洁这段描述班级发生的情况对我来说也是全新的。我第一次知道美国小学生干部在学校工作中的角色超越"花瓶"功能，校长出现在教室的表现，给敬畏权威大人物的孩子强烈心理冲击，孩子们突然朦胧地意识到，我们可以和权威大人物平等对话了。

洁接着说："下课后我问米歇尔了，她告诉我，她是学生会主席，校长让她在学生活动计划文件上签字。我问她怎样才能当学生会主席，她说是通过竞选当上的。我们到六年级也可以参加学校学生会领袖竞选。妈妈！当学生领袖不仅同学尊敬你，还有老师校长也会尊敬我们孩子啊!"

我有些吃惊,校长走进教室让学生签字这件事,会在孩子的心中产生如此巨大的震动和引起那么多遐想。

"妈妈!你知道吗,我们同学都尊敬米歇尔,她竞选时我都不知道她想干什么。今天看见校长 Respect(尊敬)她,才知道当上学生会主席可以得到别人的 Respect!米歇尔告诉我什么是学生会组织,怎么竞选学生会主席。米歇尔说,参加竞选当领袖是准备为学校和同学服务,只要为大家服务就会得到别人尊敬!原来领袖的责任是为大家服务啊!连我们校长这么大的人物也尊敬为同学服务的领袖呢!"洁发现一条重要真理,认真教导我。

我被洁逗笑了,我常为洁以自己,独特的视角发现她认识的朴素真理而想笑。

"真的很厉害,你一定能从米歇尔身上学到很多东西。"我用同样认真的口吻对洁说。这起班级发生的小事件,学校用榜样的例子,给孩子们投身公共服务的意识进行了启蒙。

洁安静下来依在我身边不说话了,思索表情浮现在她稚嫩的眼角眉梢上。

作为家长我很感慨,一个小学校长在上课时间走进课堂以郑重其事、尊敬小学生干部的姿态,做了一件下课也可以做的事情。课堂小插曲让学童们意识到,学校里有学生自己的组织、自己的领袖,学生领袖通过自由竞选产生,领袖要为大家服务等等复杂概念。课堂上的一个小事件,对即将进入六年级有资格参加学生会竞选活动的孩子们,不用老师说教,从他们看见的事情中明白了学生会组织的力量,激发了他们参加竞选的动力和热情。

那次聊天后,我发现孩子内心确定了要走学生时代领袖竞选的道路了。

投入领袖竞选

五年级很快过去。在新的五、六年级同学组成混合班里,洁是六年级学生了。

一天,洁回家对我说:"妈妈,我要去买宣传纸、粘纸、彩笔。"

"想干什么呢?"我问。"我想参加学生会竞选。"她脸上的表情是认真的。

看她稚气又一本正经的样子,我问她:"是要参加学生会主席竞选吗?"

洁用清澈的眼神看着我说:"不。主席的职位我觉得自己还不够 Popular(知名度),我想竞选 Publicity(宣传事务委员),我知道怎么干那活。"

洁所在小学的新移民孩子不多,和美国出生的孩子相比,她觉得自己在校园活动中比较安静,表现不如美国孩子活泼,同学中知名度不够高。

上年度当选学生会主席的米歇尔,早在竞选前的一言一行已经被同学们挂在嘴边说来说去。洁当时不明白校园竞选是什么游戏,也搞不清学生会是干什么的,直到发现米歇尔受校长尊重,米歇尔又向她详细解释情况后,她才明白学生会是校园学生的政府组织,主要工作是为学生和学校服务。洁衡量自己的实力后,认为自己还不能当一名大领导,只能承担具体部门负责人的工作。

洁考量自己的校园知名度并分析给我听。她在美国游泳赛季获得几次年龄组优胜,参加少年奥林匹克游泳赛获得优良成绩,还与奥运会女选手阿曼达参加过同场锦标赛。作为小学生游泳运动员能有这些事,让她在同学中小有名气。

还有一件被同学们挂在嘴边谈论过的事情是从来没有学过绘画的洁,有一幅课堂绘画作品被学校推荐参加城市少年儿童绘画比赛,出人意料获得一等奖,为学校争了光。

洁认为她突出的地方不多,只有这两件事情可以帮助她竞选宣传事务委员,她相信自己的能力可以承担那份责任,为同学们做好服务工作。

那天晚饭后,我开车载洁去她指定的文具商店,她挑选了十几张绘画大海报,选了漂亮小星星和鲜艳小花粘贴纸。那些东西的价格并不便宜,我对她说:"买这些会不会太贵了?"

洁坦诚地看着我说:"妈妈,去年有同学花了 120 美金呢!"这一说吓我一跳,于是问:"那位花 120 美金的同学选上了没有?"她咧嘴一笑:"没有。"

我说:"钱打水漂了。当选主席的米歇尔花了多少钱?"

洁看出我对开销的犹豫,说:"花了 60 美金。"

我问:"主席花 60 美金,为什么花 120 美金的没选上呢?"

"因为米歇尔知名度高,在学校有许多朋友,大家知道她也喜欢她,都投她的票。"

"你的朋友多不多呢? 他们会不会投你票?"

洁想了一会儿耸耸肩膀,没有直接回答我的问题:"我问过米歇尔怎样才能让自己在竞选中获得成功,她都告诉我了,我想我会选上的。"

怎么办呢,洁内心有计划投入学生会竞选,希望自己成为一名为同学和学校服务的人,通过自己的服务能够像米歇尔一样获得同学、老师和校长的尊敬。她积极认真地面对人生第一次竞选,而唯一的资助人就是她父母,我们能够让她失望吗? 当然不能。

"好! 爸爸妈妈支持你竞选!"我爽快掏腰包。

洁过去的生活作息习惯改变了,每天游泳回来做完功课立刻赶制竞选广告,内容不外:请投我票。广告上有她的名字,还画了小动物,小动物或堆满笑脸,或摇旗呐喊。她还用电脑设计粘贴纸标志,让同学们从好玩的胸贴上搞个"名字熟"。

整整忙了一个多星期才告一段落。这时离学校规定校园竞选造势开始时间还有两个星期。

真正竞选活动在规定日子里启动。学校同意张贴广告宣传品的第一天,我看着洁孤独的小背影背着大书包,腋下夹一卷自己制作的广告宣传品,推开家门向社区大门走去。我的心提起来,担心她会不会因为自己与众不同的想法被同学冷落,会不会因为想当领袖被同学讥讽嘲笑,最后导致心灰意冷自信全失。

晚上回家洁兴奋地告诉我们:"全校就属我的广告最大最好,

同学们把我的名字贴在衣服上走来走去,大家都说会选我。"

"太好了!"我拥抱女儿,对女儿反映的校园情况有些出乎意料,提着的心略有放下。

晚饭后,洁准备第二天的宣传品。我对洁说:"明天爸爸妈妈一起去帮忙行不行?"

她有些犹豫,我忙不迭说:"你看看人家克林顿,竞选总统他女儿帮忙,你参加竞选,爸爸妈妈帮忙是应该的呀。"洁听我如此夸张扯出克林顿总统这么一个大人物,禁不住咧开嘴哈哈大笑起来,同意了。

第二天,我们跟着洁早早到学校。清晨的校园草坪葱绿,小草尖上的露珠在晨光中闪动晶莹色彩,茂盛的树木围绕操场,校舍静悄悄。

已经有学生张贴竞选广告了,举目四望都是学生自己在干活没有家长帮忙。这些小小候选人腋下夹着自己制作的宣传品,行色匆匆却安安静静快步行走在校园校舍间,碰面后相互很有礼貌地打招呼。

洁一边匆匆走,一边向我们介绍情况。这一次学校学生会七个职位引来四五十位学生报名参加竞选。她想竞选的宣传事务委员职位最热门,有二十七名学生报名参加。宣传事务委员主要负责全校宣传工作,比如校园活动中负责摄影、摄像、编辑制作设计纪念册、规划布置活动会场等等。

洁很快找到不错的位置,我们一家三口边说边贴。洁像指挥官一样指导我们贴这贴那。我看上一个地方想贴上去,她忙阻止我的行为,洁告诉我:"贴那儿会遮掉别人的广告,这样做会取消候选人资格。所有广告要按照学校规定贴,不能乱来。"我立刻接受批评,另找地方贴起来。

同学渐渐多起来,不时有夹着宣传纸的同学从洁身边走过。同学中有金发碧眼的欧美后代,有棕色皮肤大眼高鼻的南美儿童,还有眉清目秀的亚裔孩子,这里就是一个小联合国。

看着五彩缤纷、大大小小的竞选广告,洁说:"下个星期四中午开始清场,谁贴的谁收拾,星期五投票,如果没有收拾好就取消星期五被选举的资格。"

竞选中学习竞选

日子一天天过去,我问洁竞选的情况,她只说每天课余时间忙着交朋友。

洁所在小学有资格参加学生会职位竞选的是六年级学生,但有投票资格的是从四年级到六年级三个年级的学生。这样一来,洁除了争取本年级选票,还要与另外两个年级的同学交朋友,争取另外两个年级学生的选票。

洁的朋友以同年级为主,洁告诉我们,现在很多同学为她做推广宣传,帮她提高全校知名度。洁说:"二十七人竞争一个名额,我不能粗心大意。"

洁表现出从未有过的主动与人交往的热情。中午校园开饭的时间是她交朋友拉票的最佳时间,每一天她都端着饭盘子轮番坐在不同年级同学中一起吃饭聊天。这个方法非常有效,让她一下子交了很多不同年级的朋友。

那几天看洁忙碌的样子,真正为自由竞选制度感慨。一个小学校竞选小学生干部如此,成人社会竞选公职没有钢铁般的意志和发自内心的热情,真会受不了。

我可以感到洁为竞选做出的改变。从决定投入竞选开始,她每天晚睡早起,取消看电视,把时间用在设计制作竞选广告上。为了交更多朋友,中午转着桌子吃饭社交;为了竞选成功,每天和朋友商量如何提高知名度并付诸实践。她在规定时间到学校张贴广告收回广告;在校园和每一位迎面走来的同学微笑打招呼、道问候。不用任何人教她,不用家长叮嘱,她的内心追求,成为自己采取行动的最强大驱动力。

我对洁竞选是否成功已经感到不再重要,她在竞选过程中已收获很多课堂外知识,并积累了自己的人生经验。

星期五到了,那是投票的一天。

　　洁早上起来,小脸上的神态可以用百感交集形容。早餐时她好像有话想对我们说,但是张了几次口说不出来,那种欲言又止的表情和情绪已经不像她这个年龄会有的表现。

　　这是她人生中第一次投入激烈竞选,是赢是输她不知道。但是她在意竞选结果,希望赢得竞选得到内心敬畏的校长的尊敬。同时她也清楚知道,今天无论输赢,必须自己一个人面对,她的父母不能站在她前面帮她抵挡失败的降临。

　　上学时间到了,她去赶校车,离家前洁走到门口停下。稍许停顿了一会儿,利落地转过身子看着我们,她脸上表情似乎平静下来,对我们说:"如果选不上,以后我再也不参加竞选了。"不等我们说话,打开门头也不回走了。

　　晚上问她投票情况,她一脸淡定的表情:"很多同学告诉我当选了,这不是真的,还有其他班同学是不是选我不知道,真正得票数下星期一公布。"她脸上并没有特别兴奋的样子。

　　"你自己感觉呢?"我问。

　　"感觉还不错。但是,妈妈,你要知道感觉是感觉,并不是真实,我还要看最后公布的投票数字。"她回答我。

　　我有些吃惊洁这样的回答,作为孩子的妈妈,我说不出任何安慰或者鼓励她的话。她完全明白参与竞争所面对的规则,做好了接受输赢结果的心理准备。

　　洁接着看我说:"妈妈,如果我没有选上,你会觉得我在浪费钱吗?"

　　"不会! 不会!"我毫不迟疑赶快表明态度:"不管你选上还是没选上,妈妈和爸爸都为你高兴,你比我们勇敢。爸爸妈妈希望将来你真有勇气去竞选美国总统。"

　　洁听出我和她开玩笑,也笑说:"妈妈,你知道的,我不是美国出生的,不能竞选美国总统。"

　　"没关系,选国务卿吧!"我继续说笑话。一家人在谈笑中心情放轻松了。

　　星期一到了,那是一个晴朗的日子。出门时洁表现出她这般年龄少有的沉着,笑着对我们说:"希望我回来时告诉你们的不是坏消息。"这是她的说话方式,有一种化解尴尬的幽默。

这一天似乎过得比平时慢,晚上我到家时,洁和爸爸一起笑着迎上来。洁问我:"妈妈,你猜我选上了没有?"

我呵呵笑了:"不用猜,你脸上的表情已经告诉我了!祝贺你当选了!"

洁张开双臂向我跑来,兴奋地对我说:"是的!妈妈!每一位同学都投我票,我是全校所有竞选者中得票最多的人,我以第一名当选了!"

"祝贺你!"我不由大笑起来。还没有长个头的洁踮起脚拥抱我,她劲好大,那是多年游泳训练的结果。

"哎,别高兴太早,算算花了多少钱吧。"我一本正经说。

"我问过爸爸了,一共用了40美金。这不算多的,这是每一个参加竞选的同学都要花的。"洁也一本正经回答我。

这是令我耳目一新的小学生"自由竞选"。作为成年人我发现,这里的"自由竞选"有严格的游戏规则,规则之下孩子们投身一场真实而严肃的竞争。虽然这是小学生校园活动,但同时也是孩子们在学习怎样成为一名未来合格公民的实践过程。

六年级的洁开始长大了。刚到美国时,七周岁不到的胆怯小姑娘除了泳池里敢挥臂向前,一句美国话也不会说,英文的二十六个字母都不认识,老师无法为她的家庭作业打分。

数年后,即将告别童年迈向少女时代的她,不知不觉中经历了与我们当年完全不同的成长过程。

她每天欢心喜悦地面对课堂学习和游泳训练,一点一点进步。在我们"只做最好的自己,不和别人比"的家庭气氛下,在学校课堂生动活泼的教学方法下,好奇心和求知欲激发了她在课堂上探索知识的热情,让她爱上学校和课堂学习。

除了课堂,校园生活中洁发现了书本之外的事情,她接着展开童年时代的梦想追求,在追求中开始懂得如何获得他人的帮助和经验,如何设计自己的人生之路并付诸实践。

竞选胜利的那一天,看着充满阳光灿烂笑脸的洁,作为父母真心希望她在未来真实社会上也像这样充满欢欣和勇气,通过自己的努力,成为一名受人尊敬的人。

学做称职小官员

洁在美国学校通过激烈竞选成为学生领袖。竞选让她清楚知道学生领袖应负的责任和义务,对竞争得到的责任和义务分外珍惜。

每天早上不用大人提醒,闹钟一响自己起床,吃完早餐背上书包到社区大门口搭校车上学。每天回家她用活泼有趣的语言,告诉我们学校同学间新鲜小故事,这些故事涉及范围远远超过自己班级的二十多名学生。

在她每天生动的描述中,我们熟悉了她的同学和老师,熟悉了他们的日常学习生活、他们的体育运动;了解孩子们到养老院参加活动和充满人生智慧的老人交朋友的意义以及到各类博物馆参观学习了解历史和艺术作品的收获。学校还举办让每个学生参加的歌舞创作比赛,选拔课业优异的学生参加学区至加州各类课目竞赛。

通过洁,我们看到丰富多彩的美国小学校园生活,知道孩子做的每一件事。这些活动让我们了解到,孩子们正在学习如何承担责任,如何独立完成工作,同学间怎样建立和睦信任关系。

洁倾注全力投入课堂学习和校园活动,加上每天两个小时游泳训练和一小时钢琴练习,有一天她生病了。

这是星期三早上七点半,往常这个时间她早早起床并准备出门等校车去学校,但是那天她躺在床上没有起来。

"嗨,该起床了。"我站在洁卧室门口说。

"妈妈,我不舒服。"洁勉强张开眼睛看我说。"我难受,好像生病了。"说着又无力闭上眼睛。

我摸了摸她的额头,正发着高烧。"今天不去学校了,等会儿给学校打个电话,请一天假。你先吃点药,如果不好我们去看医生。"我给她吃了药并带上门,关照从国内来看望我们的外婆注意观察孩子,便出门上班去了。

中午十一点,随身携带的 BB 机响了,一看是家里打来的,赶紧拨通家里电话。话筒那头传来洁娇嫩的声音:"妈妈,你能回家送我去学校吗?"

"你不是病了吗?怎么能去学校呢?"

"我的病已经好了,我想去上下午的课。"

"下午只有两节课,不要去了,早上发烧那么厉害,下午在家休息吧!"

这时候洁的声音显得有些着急,在话筒那头用抑制焦急情绪的音调道:"No(不)——,我要去上课,那是很重要的课,是我最喜欢的课,我想到学校吃午饭,你回来送我好不好?"

校车每天早上来社区门口接孩子上学,放学送孩子回家,错过校车时间,家长必须自己接送孩子上下学。我觉得奇怪,早上看她样子不在床上躺一天是不会好的,才三四个小时病就好了,变得生龙活虎想去学校上课了。

我不理会她焦急的情绪,对她说:"你还是在家休息吧,我知道你喜欢学习,但不差那两节课,如果你到学校再不舒服,会影响老师和同学上课的。"

她更急了,努力想说服我:"不会的,妈妈,我真的好了,一点不舒服的感觉都没有。我一定要去学校,我要吃学校午饭,我不喜欢外婆烧的午饭。"

嗯?我产生了疑问:"你怎么会不喜欢外婆烧的饭呢?你不是一直说外婆烧的饭是世界上最好吃的饭吗?今天学校里什么饭让你这么爱吃?"

自从外婆来到美国,她一直说学校午饭不好吃,喜欢吃外婆包的饺子、下的面条、炒的菜。她称赞外婆这些手艺时,简直把外婆捧上云天。她认真建议外婆在美国开一家中餐馆,用无比肯定的口气告诉外婆:"如果外婆在美国开一家中餐馆,一定是全美国最好的,全世界的人都会来吃!"每天吃完饭,她会真心表白外婆烹饪食物带给她的喜悦心情,最后用诚恳的表情和眼神看着外婆再补一句:"我说的是真的,外婆。"外婆每天因为洁的表扬又高兴又骄傲。

今天她是怎么回事? 也许因为生病口味变了,我想。"要不这样吧,"我对着电话说:"你和外婆不要在家吃饭了,你们到麦当劳去,好不好?"

"不好,外婆走不动。"

我感觉更奇怪了,有时洁想吃麦当劳,我们不想让她自己去那里,她拉着不喜爱麦当劳汉堡餐的外婆对我们说:"外婆和我一起去,我们可以散散步。"

"你到底想干什么? 一定要去学校?"我追根究底。

"我想上下午的课,还有,"她犹豫一下,干咳了一声,接着说:"我们学生Officer(干部)午饭时间要开会,每个星期三中午都要开,这是不能不去的。"我忍不住哈哈笑出来,和我绕半天圈子,是为了不缺席小官员午饭时间的每周例会。

我赶到家,洁已经背好书包在等我了。看上去她脸色依然有些苍白,但精神还可以。于是我说:"要不等你开完会我再接你回来,我在学校门口等你。"

"不用,我已经好了。"

"那么学校里的饭呢? 要不要吃了?"

"不吃啦,外婆已经给我吃过啦! 外婆说下午放学回来还会给我烧好东西吃。"

"嗯——"我要套出孩子真实想法,接着问:"如果今天学校没这个会,你会去学校上课吗?"

她没想过这问题,一下被我问住了,用傻傻表情摇摇头说了真话:"不知道,可能不去吧。"看着天真单纯孩子,我忍俊不禁。洁感觉妈妈笑声中的戏谑,补充说:"如果我的头不晕了,还是会去的。"

她解释道:"妈妈,你要知道我们每个星期的会议很重要,是谈下个星期每位官员需要做的工作,我不想错过学校工作布置。学校规定,当选官员如果五次不参加会议,就是自己退掉官员工作,我不想那样做。"

我又抓到机会探讨这件事了:"不是要五次吗? 你今天不去才一次呀!"

"可是我一次也不想错过,这是每个星期很重要的工作呢!"她认真说。

"那好,"我开玩笑说:"希望你以后都是星期三生病,这个会议就把你的病治好了。"她看着我,像真的一样笑着叹口气说:"那好吧"。

我把洁送到学校门口,正是午饭时分,校园里传来孩子们的欢闹声。洁下了车,往双肩上颠颠大书包,回头和我道声再见,转身小跑奔向学校大门。

看着快步跑向学校的小背影,我想,一个小学生干部又有多大责任需要承担? 洁的表现超出我当年作为中国小学生的校园经验。通过洁,我发现这里的小学生民选干部接受的是责任和自律训练,洁明白工作要求,并以自律意识对承担的工作充满责任感,哪怕生病,依然克服困难坚守自己的责任。这是洁的自主选择,是她喜爱的工作,她愿意努力让自己做好这份工作。

责任,对很多大人来说还是嘴上表达的词,但在一个小学生心中已经是行动,是每一天必须去做好的具体事情。

小官员的亲和能力

小学校学生干部的事情并不多,日常忙的工作是午饭时间组织同学帮助食堂卖午餐、学校大型活动布置会场、校园活动中设摊卖汽水冷饮等。对洁来说,事无巨细都是她的责任和工作,都充满热情积极投入。

一次学校召开家长会,洁提前到学校准备晚上活动。傍晚时分家长陆续来了,洁看到我和外婆,跑过来亲热搀着外婆胳膊参观学校,告诉外婆每间教室的不同功能。遇到学校老师,大大方方一边和老师说"嗨"一边向老师介绍来自中国的外婆。外婆满脸笑容,热情用中国话和美国老师打招呼:"你好! 你好!"老师们恨不得会说中国话来表达自己的热情礼貌才好。这情景让洁对外婆的表现骄傲又高兴,她觉得外婆真是棒极了。

那时经常有华文媒体发表文章,说来自中国的孩子不愿意让不会英文的家长去学校,很多华人家庭出现和学校沟通不畅的问题。但是洁没有一点这样的想法,她非常愿意也很高兴让自己的老师和同学认识她的中国家人。

家长集中在各班级开会时,孩子们集中在操场玩耍,洁来到自己的工作岗位,这天她负责卖冷饮,旁边有和她一样大的志愿者协助她。

不一会儿队伍变成逶迤长龙,等候买冷饮的同学越来越多。此时我正好路过,上去问洁:"要不要妈妈帮忙?"

洁一边忙着收钱找钱一边回答:"妈妈,不用,我的责任是卖冷饮,有个同学帮忙就行了。你的责任是来学校开家长会,不是来工作。"我有些吃惊洁的说法,她怎么把每个人的事情分得那么清楚,而且用"责任"强调各自该做的事情。

洁感觉我站在旁边没有离开,抬头瞄了我一眼接着说:"妈妈,你站在这会影响我的工作,还是回教室开会去吧。"

在她礼貌的"驱逐"下,我有些遗憾地离开洁的冷饮摊。那里不时传来孩子们声音:"洁,我要一支冰激凌。洁,我要一根水果棒冰。我要……我要……"

洁面对热络的生意场面,心不慌手不乱,脸上始终挂着甜美的笑容接待每一位同学。两个小学生一个收钱,一个出货,工作有条不紊。

远远看洁工作的样子,我想起刚到美国不久,洁游泳比赛时我当义工发生的事情。

那一次我在食品摊以非常认真的态度帮助卖食品,低头收钱递货忙碌时,有位美国男人满脸笑容脚步轻快向我走来,他对"严肃工作"的我"嗨!"了一声。我抬头瞥他一眼,"多美好的一天!"他笑容满面,回身指着身后参天大树和蓝天白云对我说:"今天天气真好。你应该笑一笑,笑一笑。"

我表情困惑地看着他。接着美国人两手托脸颊往上推,好像使用马戏团小丑的夸张笑容想引我发笑。我警觉起来,用力瞪他一眼想:我应该笑给你看吗?美国人被我毫无表情的严肃瞪眼吓得立刻收起笑容,退走了。我变得更严肃了。

洁悄悄躲在不远处大树后观察我的工作情况,随时准备我干不好时过来帮忙。我的严肃表情吓跑那位美国人后,洁快速跑过来对我说:"妈妈,你应该对人家笑一笑,你要笑一笑,不要这么严肃"。"为什么要笑呢?我是在认真工作啊。"我说。

洁说:"妈妈,你看看其他人,脸上都是笑眯眯的,他们都很Nice(亲切),可是你的脸看上去很生气,很不高兴,这会让人家害怕到你这儿买东西。"

真的吗?我抬头看周围人,每一位义工脸上都是轻松愉快的笑容,给人感觉亲切又开心,只有我一脸严肃表情,好像对工作非常不开心的样子。"嗯?那个老美没有拿我开玩笑?"

洁像对朋友一样和气对我说:"妈妈,你笑一笑,对来买东西的人要笑一笑,不要让人家害怕你。"她说话时眼睛扫一下边上人群,提示我注意周围顾客看我时的紧张表情。

哈哈哈,我被洁的样子逗得大笑起来。笑声让我放松下来对前来购物的客人脸带微笑了。

现在洁正在校园冷饮摊上卖东西,她脸上的笑容真诚可爱,心情轻松愉快,她比来自中国的父母更清楚并实践着这一点:与人相处的亲和能力。

亲和能力能够使她和同学交融在一起,能够在最短的时间了解同学们的想法和建议,得到同学们更多的帮助和拥护,更好地完成学校交给她的工作。

在她的成长中,我们和她一起发现,亲和能力还有很多很多好处……

"骄傲的亚洲姑娘"

小学六年级,洁已经是举止温文尔雅,说话声调柔和自信,脸上挂着轻松微笑的小学生了。

暑假快到了。有一天洁对我说："妈妈，我们几个同学想到家里聚会，大家快毕业了，想在一起好好玩玩。"

我知道洁喜欢请朋友来家聚会，来美国后因为住得分散，如果没有家长驾车接送小朋友聚会并不容易。我问："你邀请的都是谁呢？"

"她们都是学生会干部，有学生会主席、文艺委员、年鉴主编，还有年鉴摄影师……"

"那么厉害的人准备访问我们家？"我开玩笑说。

"妈妈，她们和我一样是六年级学生，每个人都很 Nice（亲切）。"洁抿嘴一笑："我这几位朋友都是亚裔女生，同学们称我们PAG。"她知道我不懂同学中流行的特定俚语，调皮的眼睛看着我浮上脸的问号。

我问："什么叫帕哥（PAG）啊？"

洁咧嘴笑起来说："PAG 是 Pride of Asian Girl 缩写，意思是亚洲姑娘的骄傲。"

"嗯？"我表情变严肃了。我问："你们成为亚洲姑娘骄傲当然好，但是为什么没有其他族裔姑娘呢？你们几个亚裔姑娘没搞帮派吧？"我抓住洁说话漏洞，追根究底了解孩子表述中可能隐藏的问题。

洁收住笑脸看我说："如果你喜欢其他族裔同学，我可以叫他们来。但是在学校我们这几个亚裔女生学习很努力，成绩也是全校最好的。我们喜欢讨论学习上的问题，喜欢谈亚洲的事情。学校很多同学喜欢谈穿什么衣服，谈男女朋友，我们和那些同学在一起能谈的话题很少，这一次我们只想几个好朋友在一起。"她诚恳地向我解释。

我知道，在美国的大多数亚裔孩子非常努力，他们的聪明勤奋很有名。我还知道，洁在学校和每位同学都是好朋友，情人节收到不同族裔同学送的小礼物后说："情人节礼物多得自己都不好意思了"。

虽然如此，我依然非常在意洁交朋友情况。我希望她不要以族裔划圈子交朋友，要学会和不同族裔的人交朋友，了解不同族裔文化习俗。只有真正了解并尊重他们，才能帮助自己了解眼前的世界，在未来真实社会中和各族裔人融合一起工作生活。

洁告诉我，她们那几位被称为"亚洲姑娘的骄傲"的女生在校园正是这样做的。

"可以，让她们来吧。"我答应道。

"噢，妈妈！我爱你！"洁看着我快乐地嚷嚷道。我很喜欢洁讲话时眼睛正视他人的样子，欣赏她眼神中流露的认真、坦率、诚恳和自信的表情，她的表现让你不得不信任她。

我给孩子们准备了点心饮料，外婆帮忙接待小客人。

同学们在约定时间准时到达，每个孩子进屋后都欢快地用中国话脆生生对外婆说："外婆好！""外婆，我爱你！"洁站在旁边微笑看着同学们争先恐后问候外婆，这是洁教大家送给外婆的见面礼。外婆高兴地回答："孩子们好！我也爱你们！"这些孩子立刻大眼瞪小眼看洁，洁翻译后孩子们重复喊着："外婆好！外婆我爱你！""外婆好！我爱你！"

洁向外婆介绍了她的这些同学：个头高高的学生会主席是菲律宾裔；面貌姣好的年鉴主编是韩国裔；年鉴摄影师来自日本；身材最小的越南孩子是文艺部长……

孩子们自己端着点心饮料到院子里，开朗活泼的欢笑声，像一团令人神清气爽的新鲜空气，跟随这群意气风发的亚裔小少女转移到泳池旁的浓浓树荫下。她们时而大声时而小声开心聊着她们小社会的事情，不知谁的一句趣话引得大家开怀大笑，不一会儿又集中为一个问题展开叽叽喳喳的讨论。她们身边，微风下的泳池水波轻轻荡漾，阳光透过树叶间隙给碧绿池水撒上斑斑驳驳片片碎金。这群即将小学毕业的亚裔小少女，经过自己努力，给自己的童年留下难忘的美好记忆。

她们能不能一直认为自己是亚洲姑娘的骄傲呢？或者一骄傲忘记了还有别的族裔同样骄傲的姑娘？虽然她们面对巨大压力参加竞选成为最后的胜利者，今天是值得为自己骄傲的小官员、好学生，那么明天、后天、不可预知的未来呢？

我可能想多了。作为妈妈要认可和接受孩子是在一个与我们不同时代成长的新人,要相信他们会像我们这代人一样,积累自己的成长经验,走向自己的人生远方。

获"总统"双奖的小学毕业生

小学毕业的日子到了。这是洁最后一次在学校尽官员之责。

和往常一样,她和其他小官员一起帮助老师布置会场,帮助学校卖午餐,为同学摄影留念,然后和同学一起排队走进礼堂参加小学最后一次全体学生大会。

洁回家告诉我们,同学们都很 Sad(伤心),大家都哭了,她也哭了。

洁说:"小学六年级是最难忘一年,六年级过得太快了,我们这些好朋友都要分手了。"

洁告诉我:"妈妈,你知道吗? 我今天得到很多奖。"

她拿出毕业典礼上获得的奖状、奖章介绍道:"这是总统学习奖(美国小学生最高级别学习成绩奖,由在校学习成绩加全美国统一考试成绩评分确定)。"

"这是总统体育运动奖(美国小学生最高级别体育运动奖,长期参加运动训练,规定项目达到少儿运动级别,获得国家测定儿童运动指标,极少孩子能得这一奖项)。"

"这是代表学校参加洛杉矶数学比赛奖章,洛杉矶很多学校参加比赛,我们学校获得团队第七名。我个人获得数学比赛第五名,个人奖章由学校代表比赛组织发给我。"

"这是学校科技比赛第一名奖状。妈妈,你看,上面写着科技发明一等奖!"洁把一等奖拿给我看,那是她为左撇子同学设计制作的书写小工具,没想到竟然得第一名。

洁继续拿给我看:"这是学校优秀学生奖;这是小官员学校服务奖。今天老师一会儿叫我上台领奖,一会儿叫我上台领奖,我都不好意思了。妈妈,我是学校得奖最多的人,一共得了七个奖!"

"祝贺你!"我笑着亲吻她。

"那要有东西祝贺啊!"洁调皮地说。

"说吧,想要什么?"

"你不会同意的。"洁狡猾地看着我。

"如果你的要求让我们破产,当然不能同意。"

"我说出来,你不能反对。"她兜圈子。

"快说,再不说,我就什么都不同意了。"

"庆祝小学毕业,我要全家一起去吃意大利餐。"她怕我反对思忖着终于把话憋出来了。"你去问爸爸吧。"我把接下来的谈判送给刚进门的丈夫。

洁未等我说完马上举起右手对我说:"如果爸爸同意,你就不能反对。你 Promise(承诺保证)。"

"那是一定的。我 Promise。"我说。

摆平这头,洁立刻扭头对刚进门爸爸跑去:"爹地! 今天是我小学毕业的特殊日子,你们每个人都应该听我的!"她早掌握爸爸宠爱她的心理。

朗朗明月挂在空中。走出意大利饭店,洁依然沉浸在告别小学生活、结束自己首次官员生涯的依依不舍和兴奋中。

经过小学六年学习生活,洁开始长大。六年中她从一年级第一次独立完成家庭作业开始,不断克服粗心大意弱点,养成独立负责学习习惯。进入新环境后,好习惯让她在没有家长的干扰下,一步一步、循序渐进地学习文化知识,并取得优秀成绩。

她热爱体育运动,长年的游泳训练让她有顽强的耐力和灵活的四肢,不仅游泳取得好成绩,也在其他运动项目上达到美国儿童运动指标,成为优秀儿童运动员。

为了像米歇尔一样获得同学、老师和校长的尊敬,一次小小的课堂插曲触动她参加小学生领袖竞选动机。成功当选后,在"为大家服务"活动中,洁实践如何去承担领导责任,体会为大家服务带来的快乐心情。

小学毕业,她为自己的童年写下难忘一页。

7

学琴也是学承诺

　　洁八岁时听到《致爱丽丝》钢琴曲，这首优美的曲子触动她想学钢琴的愿望。在我承诺让她学琴的同时，为避免学琴兴趣半途而废，我向她提出必须承诺的条件。

　　"Promise"中文意思为："承诺、保证"。这两字的分量和真正意义不在语言表达上，而在获得结果的行动过程中。

　　洁自己选择了学习钢琴，并承诺达到学习要求。结果，学琴的过程让她明白了什么叫承诺，懂得了"承诺"两字的分量。

"我想学钢琴"

　　移民海外生活，绝大多数时间和国内生活一样，平静如小河缓缓流水，没有多少波澜起伏。

　　洁八岁，每天上学、放学、游泳、作业、吃饭、睡觉。我们夫妻俩正常上班下班，爸爸通常工作到很晚回家，我为了照顾家庭，选择弹性工作时间。

　　小家庭生活很有规律，星期五晚饭后，爸爸在公司工作，我带洁去看电影。从家开车十分钟左右，有一家第三轮电影院，放映半年前电影，票价一美金。对我们来说，凡是没有看过的电影都是最新电影。

洁期盼每个星期五的到来,晚饭后我们手搀手一起去电影院。她陪我看一场我喜欢的片子,我陪她看一场她喜欢的片子。

等候开映时,影院里会放一些音乐。那天一首优美活泼的钢琴曲在影院飘荡,是贝多芬的钢琴曲《致爱丽丝》。

正和我叽叽喳喳说话的洁立刻停止说话,聆听着。

"妈妈,这是什么歌?"她问。

"这是钢琴曲《致爱丽丝》,一个叫贝多芬的德国作曲家创作的。"我回答。"哦,真好听。"洁表情认真看着我说。音乐结束电影开始,我们投入到电影中。

过些日子,我带洁去商店买东西,营业大厅正促销钢琴。突然一串令人喜悦的《致爱丽丝》钢琴声飘来。正在东张西望的洁立刻站住了,她驻足聆听,然后顺着声音跑去。我跟过去看到一位十一二岁女孩坐在钢琴前全神贯注弹奏这首贝多芬钢琴曲,洁安静地站在旁边看着她,眼神里充满感动。女孩弹完曲子离开了,洁围着钢琴转着,轻轻抚摸光可照人的钢琴。

不久后的一天洁突然向我提要求:"妈妈,我要学钢琴。"

我们周围朋友中,已经有人给孩子买钢琴了。但是我从来没有想过让自己孩子学钢琴。

出国前洁在少年宫学过二胡,来美国后找不到二胡老师,拉了一段时间放弃了。当时我想,如果有轻便、容易上手又能随身携带的小型乐器可以安排孩子学习,我让孩子学习乐器目的,是想到有一天孩子离开父母独立生活时,在没人相伴的快乐或者痛苦孤独中有个小型乐器陪伴她,让她能够自娱自乐发泄或好或坏的情绪。庞大又无法携带的钢琴,我不认为是普通孩子学习乐器的最佳选择。

洁提出要学钢琴怎么办? 我当然不会同意。但是又不能打击她的积极性。

我想,小孩子通常是三分钟热度,慢慢耗着她,过了热劲,事情就过去了。谁知,这孩子死心眼盯上钢琴了,每天和我谈学弹钢琴事情。

"好吧，让我们谈谈学弹钢琴。"那天洁又提出想学钢琴后我认真了。

"这样吧，"我说："我们先去买一台电子琴，你学三个月电子琴，如果确实喜欢，老师也认为你可以学钢琴，妈妈和爸爸再给你买钢琴。可以吗？"

洁眨巴眨巴眼睛看着我，小脑瓜盘算：如果现在不答应妈妈的要求，不但没有学钢琴的机会，连电子琴也没有了："好吧，你要说话算话。我先学三个月电子琴，如果我还是喜欢，你就应该让我学钢琴。这是你的 Promise（承诺）。"洁抓住我说话中暗示未来买钢琴的意向，向我强调出来。

"那当然，我 Promise，说话算话。"我表情顿时轻松下来，心里得意地想，毕竟是小孩，妈妈一个小技巧就把钢琴换成电子琴了。

我们花九十美元给她买了一台电子琴，请了一位毕业于上海音乐学院的学生教她，每星期一小时课二十五美金，然后每天在家练习。

一眨眼三个月过去了。

"妈妈，三个月时间到了，你要买钢琴了。"有一天洁突然站在我眼前，手里拿着每天划过线的日历说。

"什么？三个月这么快过去了?!"每天看见洁游泳回家等晚餐时自己弹琴，我觉得电子琴只是玩具，她因为好玩在弹，并没有想过她会认真看待。哪知这孩子每天安静练习电子琴，是等候三个月要妈妈兑现"承诺"，让她学钢琴。

"你不可以耍赖，你承诺过，你说三个月以后只要我喜欢，你就让我学钢琴。你要说话算话！"

我眨巴着眼睛看着洁，脑子快速盘旋三个月前和她谈话。我当然没忘记当时的轻易承诺，只是，我说那话时认为三个月后她没兴趣学琴了。

"我说话算话，但是你要给我时间想想啊。"我对三个月前轻易承诺后悔了，开始转动脑筋想挽回当时承诺。

洁看出我闪烁不定的眼神，知道我正转悠如何摆脱她的想法，两眼紧盯我躲躲闪闪眼睛不放："妈妈，你不可以耍赖，你要说话算话！"。

"是的，是的，你妈不耍赖，耍赖不是你妈。"我立刻点头表示很认真严肃地看待这件事："但是你妈需要想想啊。"

我脑子盘算学钢琴事情。买钢琴一笔开销，每个星期学钢琴一笔开销。买钢琴是"速决战"，学钢琴是"持久战"，这对我们移民美国不久、收入不多的小家庭来说，学钢琴也是金钱开销上的持久战啊。

这场持久战需要花很多时间，我的孩子有兴趣和毅力坚持到弹奏出流畅乐曲吗？如果学一阵之后没兴趣不想学了，脑子是她的，手也是她的，谁也逼不了她的脑子继续充满热情指挥自己双手弹下去。如果这样的事情出现了，之前所有的开销和时间全部付之东流，值得吗？还有，如果她放弃学钢琴，得到的是不喜欢就可以放弃，我愿意她学会轻易"放弃"的经验吗？

怎么说服她呢？我脑子转悠着。

洁看出妈妈对她想学钢琴的犹豫，对我说："妈妈，我很喜欢钢琴，我要学钢琴。你说过让我弹三个月电子琴，如果喜欢就让我学钢琴，我很喜欢弹琴，老师说我可以弹钢琴！妈妈，你不可以耍赖，你 Promised（承诺）过，你要说话算话。"

洁在这场"谈判"中对我步步紧逼，不断重复三个月前我的"承诺"。当时我信口开河随便承诺，如今被她在认真严肃的"谈判"中不断重复，向我施加压力。

"好的，好的。但是我们要谈谈学钢琴事情。"我松口了，对她说。

洁看到了希望，抬着头，仰着小脸认真看着我。我开始和洁新一轮谈话，我也要让她对父母 Promise（承诺），如果有一天她想放弃的时候，我会要求她兑现"承诺"。

谈话结果，洁得到了钢琴，而我，八年后终于让她懂得不仅妈妈要兑现承诺，她也要兑现对家长的"承诺"。

记住自己的承诺

"你真的想学弹钢琴?"我问洁。

"是的,我真的想学。"洁回答。

"如果你要学弹钢琴,需要每天坐在钢琴前弹。那是每天都要做的事情,你能做到吗?"我问。

"我能。"她回答,表情迫切。

"真的?"我盯着问。

"真的。"

"你知道吗,如果你要弹钢琴,现在是八岁,你要一直弹到进大学离开家。你能坚持吗?"我看着她的眼睛问。

"能。"她看着我回答。

"妈妈知道,弹钢琴可以参加考试,一共有十级,如果想学钢琴,也要准备考试,一直考到十级。你做得到吗?"

"我可以做到,我要超过十级。"洁一脸天真表情。她的年龄想象不出这一承诺,意味着每天枯燥的钢琴练习需要经历的时间,这是超过她从出生到八岁的人生时间。她太小,还没有时间长河的概念。

"用不着超过十级,只要弹到十级,做得到吗?"我说,我想女儿如果能弹到十级,至少会弹一些曲子了。

"I promise(我承诺)! 我一定做到!"短促有力回答。

"你知道什么叫承诺吗?"我问。我知道她并没有真正理解什么叫承诺。在她八岁的人生经历中,很多时候的承诺只需要一个小时,最多也就半天结束了。弹钢琴直至十级水平的承诺,是对自己未来训练时间和热情的承诺,可能需要八年,也可能需要十年,或许更长时间才能实现。她无法感觉、想象这个承诺对她意味着什么。

"我知道! 我承诺! 我一定弹到十级! 我永远喜欢钢琴,会一直弹下去,超过十级!"洁清晰地答道。

"你真的承诺?"我追问。

"是的,我承诺!"洁答。

"你觉得可以承诺这件事情?"我继续追问,我要让她明明白白知道自己在说什么。

"是的。"洁看着我用力点头,肯定回答。

"那是很长、很长时间,比你从小婴儿到现在时间还要长,你懂吗? 做得到吗?"我紧着问。

"我知道。"洁坦然淡定回答我。

"你不能忘记你的承诺,妈妈也会记住你的承诺。你知道,妈妈记性很好,不会忘记。"我说。

"我知道。妈妈,我喜欢钢琴,我会一直弹下去,到了你这个年龄也会弹。"洁认真说。

"好,如果你认真承诺,我和你爸爸会买钢琴,会让你学钢琴。如果你兑现不了承诺怎么办呢?"我问。

"承诺就是承诺,我会兑现我的承诺!"洁目光坚定地看着我回答。

踏上学琴路

钢琴买回来了,洁充满热情开始学钢琴。

两年后,钢琴四级考试顺利通过。洁开始请求老师教她更难的钢琴曲。年轻老师告诉我,洁应该换专业钢琴老师了。

经朋友介绍,新老师来自国内顶级音乐学院,是钢琴教授。经过测试,教授从规范弹琴动作开始,一点一点纠正洁不规范的动作,之后开始正式钢琴训练。

半年后钢琴教授教洁弹奏莫扎特钢琴曲,洁很快上手,钢琴教授告诉我,洁对莫扎特曲子很有感觉,弹奏时就像一个小莫扎特。我喜滋滋地把钢琴教授的话转给洁,想洁获得表扬会开心。没想到洁非常生气对我说:"我不是小莫扎特,我不喜欢莫扎特,我不要弹莫扎特的曲子。"

看洁表情认真，我又把洁的话转给教授，告诉她，这孩子不喜欢莫扎特，她不想弹莫扎特的曲子。

钢琴教授告诉我，洁已经告诉她不想弹莫扎特了，要弹其他人的曲子，现在教她弹巴赫。

钢琴教授告诉我，洁只要认真弹琴，将来可以申请大学钢琴艺术专业。教授希望洁不要把学钢琴当考级练习："考级对洁来说小菜一碟，但会把高尚的钢琴艺术变成一个熟练操作工水准，会可惜了孩子。"

我听着觉得有道理。洁虽然不喜欢莫扎特，但是对弹琴充满热情。只要有热情，每天喜欢弹，我不在乎考不考级，我在乎她一直充满热情地弹下去。

又过了一年，洁开始和钢琴老师调皮了，她更喜欢和钢琴老师聊天让老师弹曲子给她听。我发现情况后，和钢琴老师商量，给她一个练习钢琴的目标，让她练习考级作品参加考级。

洁十三岁那年，参加钢琴六级考试，一次通过。

洁开始对弹琴冷淡了，这是预料中的事情。每次去上课，钢琴老师对她要求很高，一次又一次，每个星期练习同样的曲子，老师要求某个音节弹奏过关才继续教。洁在家练习时，我听得出那是操作工练习，她只求手指头弹奏不出差错，缺乏热情了。

洁向钢琴老师提意见，希望弹新曲子，告诉老师想学贝多芬的《致爱丽丝》。

没多久，家里传出了贝多芬的《致爱丽丝》钢琴曲，乐曲中我听出洁重新注满对音乐的热情，她一遍又一遍弹奏着，脸上充满喜悦。

十五岁，钢琴教授为洁选择了高难度的作品参加考试。长长的曲子一气呵成，弹奏中没出一点差错，以优异成绩通过八级考试。考级结束后，评委会专门安排乐队与她配合，让她作为优秀考生登台演奏钢琴。钢琴老师高兴极了，学生获得这样的成绩是老师的荣誉。

从此以后，家里常常响起贝多芬著名的《致爱丽丝》钢琴曲，洁热爱这支曲子，充满激情地弹奏这支曲子。

一天钢琴老师对她说：要学习难度更大的曲子，这样可以帮助她将来申请进入好大学。

履行"承诺"不轻松

十五岁的孩子不像小时候那么好说话了。钢琴老师开始教她难度更大的钢琴曲时，洁突然提出放弃。

"为什么？"我问。

"不为什么，觉得烦了，不想弹了。"洁答。

"你刚考完八级，都上台表演了，大家都赞扬你成绩呢，怎么突然就不想弹琴了？"我问。

"不喜欢了。"洁干脆说。

我一点都不生气，我早料到会发生这样的事情。

我思忖着是什么原因引起她对抗弹钢琴？

洁看我不说话，接着说："我现在很忙，每天很多课，要完成很多作业，还有游泳训练、学生会活动，没时间弹琴了。"

我认为洁说的是实话，但不是全部想法。

"而且，我觉得弹琴很无聊，老师一直让我弹一首曲子，我想弹喜欢的，老师不同意，不学了。"洁胳膊一甩，对我说。

"我可以和老师说一下，让你弹自己喜欢的曲子。"我说，这是洁不想弹琴的原因。

"我还是不喜欢，不弹了。"洁说。

我和她爸爸希望说服她，让她继续弹下去。洁对我们苦口婆心的劝说耸起双肩摊开两手说："你们喜欢浪费钱，我没意见，那是你们的决定。但是，我想告诉你们，弹琴是我的手在弹，不是你们的手在弹。现在，我的脑子告诉我的手不要弹了，我的手也不会好好练习。我不想弹琴了。"

那个星期洁摸都没有摸钢琴一下。

但是，我记着她当初学琴时的承诺，她答应要一直弹到钢琴十级。

一个星期后，我开始和她谈话。

"我和你爸商量了，让你休息一段时间再弹。"我说。

"我不弹了，不喜欢了。"洁忙着自己的事情，眼睛都懒得向我看一下。

"我记得当年你吵着闹着要学钢琴，我问过你是否能坚持到底。你承诺会弹到十级。"我平静地对她说："我只是希望你没有忘记自己的承诺。"

"妈妈！那时候我才八岁！"她有些生气转头看着我："我没有忘记我的话。但是一个八岁孩子怎么知道后面怎么回事？你怎么能把一个八岁孩子的承诺当真？"洁反驳我。

"呵呵呵，"我不由笑了起来。这样的画面在当年她吵着闹着想学琴时就在我脑中浮现过，当年是想象，现在是真实场景。

"你真是这样想的？"我情绪平和地问她。

洁抬头看着我，以为我接受她的想法，"傲娇"地点着头说："是的。"

"如果你真是这样想，我又怎能把一个十五岁孩子的话当真呢？如果这个十五岁孩子到了二十五岁，后悔她十五岁的决定，那时，她又可以说：妈妈，你怎么会把十五岁不懂事的话当真呢？我怎么能看到二十五岁是怎样情况？你当初应该阻止我才对！"我看着她说。

"但是，八岁和十五岁是不同的！"洁反驳我。

"没有什么不同，在我看来都是一样的。如果想赖掉自己讲的话，什么年龄都可以当理由赖掉。"我说。

"你这是不讲道理！"洁对我嚷起来。

"我没有不讲道理。"我心平气和地说："你八岁想学琴我并不同意，我想到你会有今天的情况。我一而再、再而三地问你，是不是真的能坚持下来。我给你两个目标，一个目标是学到进大学离开家为止；另一个目标是考出十级。对不对？"

"那又怎么样？"洁两眼毫不畏惧，挺直了身子看着我说。

"你承诺说一定会坚持下来，是不是？现在想要赖了？"我看着她。

"我是承诺了。"洁说话口气有些放软："但是,我那时候才八岁。你看看现在八岁的孩子,他们懂什么?可是你要我八岁就懂这些,你还故意让八岁什么都不懂的小孩子去承诺她根本就想不到的事情。你应该知道,你这样做,就是不讲道理。"

"当时我和你讲的很清楚,那是一个十年的训练,你要在未来的十年中每天练习弹琴,我和你说清楚是希望你能够想到未来要做的事情。你以为承诺是很轻松的事情?你以为想得到眼前的好处就随便对别人承诺?我早就想到你会有今天的样子,那时候我就一遍又一遍解释承诺的意思,让你清清楚楚记住自己说的话。现在你要兑现自己的承诺。"

洁很生气,两眼冒火直视"不讲道理"的妈妈。

我看着她的眼睛严肃地说："我还是那句话,你十五岁可以不兑现八岁的承诺,到了二十五岁也可以不兑现十五岁的承诺;等你长到了三十五岁,可以说当年二十五岁在胡说八道。你每年都在长大,到新一岁的时候都可以说以前信口开河说话不算数。"

"如果是这样,我可以像你一样今天不承认昨天的话,今天我给你的承诺,明天就会改掉。我们承诺这个暑假让你去中国,到了暑假告诉你当时说的不算话。我们可以改掉承诺,因为是你在这样做,我们也可以这样做。"

洁听了我的话,眨巴着眼睛,琢磨怎么说服我,但是她说不出更有力的反驳话来。

她虽然很难驳倒我,但是,心里仍然不痛快。

"告诉我,为什么不想弹琴了?之前一切都很好,八级考试还得了大奖呢。"我问。

"我喜欢的曲子老师不让弹,老师叫我弹的曲子我不喜欢,而且每一次都弹那么一点点,我觉得学不到更多东西,很无聊,我不想学了。"洁有些委屈地说。

"老师认为你有弹琴天赋,希望你弹的曲子不出错。"

"我没天赋。说我有天赋是老师瞎捧我,让我高兴,让我继续弹下去。我一想到每个星期都弹来弹去一样的调调,心里就很烦。

妈妈,你觉得我心烦能弹好钢琴吗?你听不出来我现在弹琴的声音是很烦的吗?"洁反问我了。

心里烦弹琴,怎么可能弹好琴呢?这个道理太浅显了,我当然懂。"这样吧,你休息一段时间,然后再回去学。"洁说出她真正的想法后,我提出双方都让一步方案。

"反正,如果你放弃承诺,妈妈也放弃对你的承诺。"我追一句。

懂得"承诺"的分量

我到钢琴教授那儿谈了洁准备休息一段时间的情况,同时聊了洁对学琴的烦躁厌倦想法。

钢琴教授沉默了一会儿后,和我交流了在美国钢琴教学多年后的反思。

教授说:"当年国内音乐学院在全国范围选学生,选出来的孩子确实有天赋,教授时更注重技巧训练。现在的孩子不是走专业道路,如果把培养专业音乐家的方法拿到普及教学中,孩子容易对学琴失去兴趣。这一点,我在教学中已经注意并开始修正了。"

钢琴教授接着说:"我发现美国钢琴比赛评判优秀选手的标准和国内不同。从国内专业角度看,有些孩子弹琴难度大、技巧好,应该得奖,但是在美国评委投票中却没有得奖;有的孩子弹琴技巧一般,却得了奖。什么原因?我发现获奖的孩子不是因为弹琴技巧获胜,而是通过对乐曲的理解和演奏热情获胜。我按照传统教学方法侧重技巧,忽视了孩子对音乐的理解和热情。"

我说:"如果这样,我想等孩子度过这段烦躁期再回来。今后课程老师是否能用十五分钟讲解艺术欣赏?内容除了音乐,可否包括绘画、雕塑、歌剧还有著名艺术家的介绍?让洁通过老师对艺术的介绍,更多地了解和欣赏艺术,这或许对她一生有好处。"钢琴教授认真听着并点头。

"剩下的时间再教她弹琴。我想让她练习钢琴十级的曲子,接下来让她直接考十级。"

"可以。"钢琴老师说。"只是有些可惜,洁对钢琴乐曲有感觉,可以学好钢琴。"老师补充道。

"我也希望她好好弹琴,但她不配合。"我笑说。

洁停了将近六个月钢琴课后,有一天对我说:"妈妈,我想我可以继续练琴了。"

看我满脸欣喜表情,洁用冷静的口气告诉我:"我回去弹琴不是因为我喜欢,是为了我八岁时对你们的承诺。我直接考钢琴十级证书,兑现我的承诺。"

"好啊!"我笑着说:"我和钢琴老师说好了,老师会教你除了钢琴之外的其他艺术知识,你一定会觉得有趣的。"

接下来的钢琴课中,钢琴老师每堂课都以自己弹奏钢琴名曲开始,边弹边解释乐曲表达的画面和思想,和洁说音乐家故事,讲解互相影响的各类艺术。洁对这些内容充满兴趣,不断提问,经常和老师交流学校所学的艺术课程内容。

重新开始学习钢琴三个月后,十六岁那年,洁通过十级钢琴和乐理考试,获得了钢琴弹奏十级证书。

几年后洁进入大学,身边有来自不同国家和阶层的同学、朋友。当同学们一起聊到音乐、歌剧、美术作品时,大家对洁的艺术欣赏水平及灵感很是赞同。

洁后来回忆说:"钢琴学习和练习,虽然让我感到枯燥,但是也让我喜欢上优雅的肖邦,激情的贝多芬,成熟的巴赫,充满活力的格什温。通过钢琴学习,让我懂得如何欣赏经典艺术,还有生活的优雅美丽。"

这是她跟随钢琴教授学习如何欣赏艺术中获得的感悟,是学习钢琴过程潜移默化的影响,这些帮助她提升了自己。

多年后洁回家度假,我们聊起钢琴学习。

二十八岁的洁告诉我:"妈妈,你知道我当时为什么特别想学钢琴吗?"

"为什么?"我问。

"因为在电影院第一次听到贝多芬《致爱丽丝》的钢琴曲时,我觉得太好听了,我要学会弹这首曲子,所以闹着要学钢琴。"

"你早说啊,我早知道就不会那么费力每个星期带你去学,我让老师教你这一首曲子就行了。"我和洁开玩笑。

"那时候我才八岁,以为很难学,要很多时间才能学会呢。所以吵着闹着要好好学钢琴。"洁笑说。

"当我学会了《致爱丽丝》就不想再学钢琴了。可是你非要我完成八岁时的承诺。"洁说。

我不由哈哈大笑起来:"你现在知道不该随便承诺了吧?你应该感谢我,明白了什么叫承诺!"

"可是,你让一个八岁的孩子去承诺她不明白的事情,我还是觉得你不讲道理。"洁笑着说。

……

二十年后,我才知道八岁孩子吵着想学弹琴的真正动机,是贝多分那首优美活泼的《致爱丽丝》钢琴曲拨动了一个孩子热爱古典经典音乐的心弦。

八年的钢琴学习没有浪费时间。洁不仅学会弹钢琴,懂得欣赏古典经典音乐,更重要的是明白"承诺"的真正寓意,懂得承诺的分量和责任,学会慎重对待需要承诺的事情。

8

孩子面对霸凌

2015年美国洛杉矶地区发生一起令人震惊的中国小留学生"霸凌"案件，根据美国当地法律，"霸凌"案件中三名涉案的中国小留学生依法被判决最高十三年监禁，刑满后将被驱逐出境。

无论在国内还是国外，孩子生活中的"霸凌"现象并不少见。当年刚到美国就听说中小学校园有"霸凌"情况，语言沟通困难的家长面对孩子被"霸凌"时，有的为此忧心忡忡，有的为此愤怒不已。

洁也遭遇过类似"霸凌"，语言和文化不通怎么办？我用自己的办法做了处理。

遭遇霸凌

到美国两个月后，在双语班学习的洁越来越沉默，我想可能是语言不通，无法与其他孩子正常交流引起的。

有一天去学校接洁，在车上她告诉我，不想去学校了。"为什么呢？"我问。在中国时，每天一大早洁急急忙忙背上书包奔向学校，晚餐桌上叽叽喳喳告诉我班级同学和老师上课发生的新鲜故事。最初的小学经验让她对学校无比热爱，现在怎么变得不想去学校了？

洁被我一问，突然抽泣起来。我再问，她把头埋在小手间，伏在车位上委屈地大哭。

出了什么事情吗？为什么这么害怕？我等着她平静。终于，洁慢慢停下哭声。

"学校有不开心事情吗？"我温和地问。"班级有个男生每天都骂我，还打我。"洁告诉我。"你告诉老师了吗？"我问。

"告诉了。"

"老师怎么说那个男生呢？"

"老师说她没看见我说的事情。"洁说着眼泪又流出来了。

洁的老师是一位来自台湾的二十多岁的大女孩，在美国留学毕业后第一次工作。她或许没有多少带班老师的经验，或许不想过多涉入这样的事情。

"明天妈妈和你一起去学校，妈妈会送你进教室，也会和老师说这件事。"我告诉她。洁点头同意了。

第二天跟着洁到了教室门口，洁突然拉着我的衣服，身子开始后缩，她小手悄悄指向七八米外一个男孩轻轻告诉我："就是那个男生。"

那是一位和洁一般高的男孩，正斜倚着墙，歪着头拧着眉毛咬着嘴唇，小脸铁青地在那儿瞪着洁。

我第一次看到一个七岁孩子的眼里没有一点单纯、活泼、愉快的神情，那双眼睛流露的是孤独的固执、冰冷的恨意。作为成年人的我站在洁身边，男孩想挑衅打架的姿态没有一点收敛。我不知道这孩子的神态表情是来自遗传基因，还是由于家庭暴力环境而形成，我很想知道他短短的人生是否遭受过巨大的家暴刺激，为什么幼童脸上流露的是对他人满怀的仇恨，并准备投入搏斗的冷酷表情？

我的表情变得严肃冷峻起来，眼睛紧紧盯住那孩子，一个成年人严肃的眼神和一个小孩冷酷恨意的眼神持续相视十几秒钟。男孩和我对视中没有丝毫胆怯退缩，他本能地采取被人攻击时的自卫姿势，后背贴着墙面，两腿不动声色缓缓移向教室门口，并且一直保持正面看我，好像预防我随时可能对他展开的攻击。

我的眼睛没放过这孩子,眼光跟随他进教室,看着他边退边调整方向直至走到自己座位坐下,和我瞪视几秒钟后,他扭过头不再看我。

我想和年轻女教师谈谈这孩子,但老师身边围绕一圈台湾家长,大家正七嘴八舌和老师讨论如何提高孩子课堂学习的成绩。我等候老师抽身过来,但是到上课铃响老师都没有停止和家长聊他们孩子的课堂学习情况。

我感觉老师似乎知道我想谈什么,只是不给我机会而已。没多久我们把洁从双语班转到家附近的普通小学,从此再也没有见过那位眼神凌厉冷酷、时刻准备干架的小男孩。

我没想过这是校园"霸凌",只觉得洁遇到了一个在冷酷生存环境中长大的凶悍小男孩。

洁去了美国普通小学插班上课,没多久和同社区一位来自韩国的同学汤姆成为好朋友。每天放学后,洁和汤姆说笑着回家,汤姆常常邀请洁去他们家一起做作业。洁很喜欢汤姆家,喜欢汤姆活泼的小妹妹和慈祥的老奶奶。每次洁去汤姆家,汤姆的奶奶会烧可口的韩国点心给她吃。

离开双语班后,洁的生活回归平静愉快,汤姆和他的小妹妹还有慈祥老奶奶成为她经常挂在嘴边向我讲述故事的主角。

有一天,洁告诉我,每天上学和放学路上总有一位韩国男孩欺负她,令她很不愉快。洁说,那个韩国男孩追着汤姆打,汤姆很怕他,现在汤姆每天早早去学校,放学时为了不让他打,一路跑回家。

我问洁:"他是你们班同学吗?"洁告诉我:"不是,他好像是三年级学生。""你告诉老师了吗?""告诉了,老师不认识他,老师说如果我知道他是哪个班级的会告诉他的老师。"

我倒要看看谁这么作恶,把两个小朋友吓得再也不敢在往返学校路上轻松说笑呢?

那天早晨洁走出家门,我跟在后面。她刚走上马路,只见斜对面突然窜出一个韩国男孩,他似乎躲在什么地方偷窥着,看见洁出来他也出来了,然后大摇大摆向洁走来。洁站住了,怯怯地回头看向我,韩国男孩顺着洁的眼光看见家长跟在后面,步子开始放慢。

我快步走上去和洁并排。洁告诉我,就是这个韩国男孩每天在上下课路上打汤姆和她。

这时正好走到路口,路口指挥学生安全过马路的志愿者是一位中年韩国妇女,我对洁说:你上去告诉她,这个韩国男孩欺负你,请她帮忙管一下。

洁走向前去,男孩开始在后面磨磨蹭蹭了。韩国妇女看到洁过来,脸上露出和善笑容。洁回头指着不远处男孩,告诉韩国妇女她遭遇欺负的事情。韩国妇女听洁的诉说表情变得严肃起来,接着对男孩扬起胳膊大声呼喊,男孩不想过去,韩国妇女呼声变大。

男孩慢慢蹭过去,韩国妇女接着对男孩用韩语大声斥骂,手指头"哒、哒、哒"点男孩头,男孩垂下脑袋,头越来越低,恨不得钻到地下去。

韩国妇女转过身子对洁轻声细语地道歉,洁后来告诉我,韩国妇女说如果这个男孩再欺负她就来报告,她会狠狠教训男孩。洁谢过韩国妇女后过马路,男孩在中年妇女身边垂头站着听没完没了的训斥,直到时间差不多了,韩国妇女才放男孩过去。

我感激地对韩国妇女微笑、点头、挥手,感谢她的帮忙,韩国妇女满脸歉意用韩语对我说了一番。从此以后那位韩国男孩看到洁就绕道,再也没出现欺负她的事情。

洁第二次遭遇的"霸凌",就这样简单过去了。

第三次遭遇"霸凌"是在游泳俱乐部。这次我有足够经验,给嗜好"霸凌"的孩子和她的家长一个教训。

观察了解"霸凌"

洁进入游泳队一年后,大家喜爱的年轻教练离职了,中年墨裔助理教练被提拔当教练。

墨裔教练胖墩墩的脸上挂着乐呵呵的笑容,和前教练热情又严格的训练相比,他对孩子们宽松了。每次训练,新教练都笑眯眯地对孩子们喊"go！go！go！"让大家快快下水游动，孩子们鱼贯下水后，教练走到观众台前和家长们开始说说笑笑。

一天洁结束训练回家，晾挂游泳衣帽时我发现为比赛买的定制泳帽不见了。我问洁："泳帽忘更衣室了？"洁答："没有，敏娜买走了。"

"你怎么把泳帽卖给敏娜呢？"我问。

"敏娜说她的泳帽不见了，她妈妈会骂她，就给我二毛五分钱从我包里把泳帽拿走了。"洁从包里掏出二毛五分硬币摊在手心给我看。

"明天把钱还给敏娜，把帽子拿回来。"我说。

洁面露难色："不可以的，我已经把帽子卖给她了。"

"那你用什么泳帽参加比赛呢？"我问。

"可以用旧帽子。"洁说。

我有些不愉快。如果我告诉孩子七块钱买来的新帽子不能用二毛五卖走，而孩子认为二毛五可以帮助敏娜不挨妈妈骂，我的说法会让孩子纠结。我沉默了。

敏娜是泰国女孩，比洁大一岁。第一次看见敏娜游泳时，我很惊叹她小身子的爆发力和耐力。孩子们游一轮二百米，敏娜从跃入水中第一秒到最后一秒，四肢像有引擎在推动，划水频率不变，出水不喘大气。

洁加入游泳队后，教练经常让大家观摩洁的水中泳姿，敏娜感到自己被忽略，常在教练转身瞬间推搡洁，或在水下踢一脚，教练发现指责时，她往往调皮地做个鬼脸混过去。

四十多岁的敏娜妈妈能说会道，自年轻教练离开，敏娜妈妈以十分的热情投入游泳队事务。她几乎每天来泳池看孩子训练，身上挂个铜哨和新教练嘻哈玩笑，发现有孩子偷懒时，她比教练更勤快地吹哨，于是人们都戏称其为"总教练"。

之前敏娜喜欢挑衅欺负同伴，因为被年轻教练盯着而不能太放肆，现在她的妈妈像教练一样，敏娜得意又自豪，同时她天性中爱攻击人的特点，在无人制止的环境下明显起来。

在洁的新泳帽被强卖几天后,旧泳帽也不见了。洁说:"妈妈,这个星期要买新帽子,我泳帽没了。"

"帽子丢了?"我问。洁从包里再次掏出一枚二毛五硬币:"敏娜今天又买走了。"

"她为什么一直买你的帽子?"我感到奇怪,问洁。

"她让我把帽子卖给她,如果我不卖,她会在泳池踢我,她一直在泳池踢我。"洁说。

"你告诉教练去!"我说。

"我告诉教练了,教练说,敏娜 is mean(自私、卑鄙之意)。然后就不管我们的事情了。"

"怎么会这样?"我问。

"教练什么都不管。"洁说。

"你告诉敏娜妈妈。"我说。

洁紧张说:"敏娜说了,如果告诉她妈妈,她会在水里踢我更厉害。"

"妈妈明天到泳池看看。"我有些生气了。

第二天我送洁到泳池后没离开,和其他家长一样坐在观众台上看孩子训练。敏娜看见我来了,没和洁同泳道,转到另一条泳道训练。教练让敏娜带队游,孩子们听着口令一个个跟在后面跃入水中。几圈后敏娜接近其他人,有孩子突然指着敏娜惨痛叫喊起来,敏娜咧嘴一笑游开。原来敏娜又开始在水下踢人,做卑鄙小动作了。

一圈又一圈,后面的孩子不敢超过敏娜,敏娜追上前面的孩子后很快可以听到气愤的喊叫声,教练站在岸上对敏娜吼了几下,敏娜一笑,扭头游开了。

观众台上有家长摇头,有人开始议论:"She is so mean(她很坏)。"看来敏娜喜欢在水中做小动作欺负的不止个别人,也不是最近的事情。敏娜专挑家长不在现场观看的小朋友欺负,只要家长在,她就不碰这些孩子。

敏娜妈妈来了,敏娜奋力挥动手臂向前游动,泳道中的孩子见敏娜靠近赶快停下让她。敏娜妈妈看着水中努力挥动手臂不断超越他人的女儿,满脸开心得意。

我不知道敏娜妈妈是真不知道自己孩子在泳池中的霸道表现,还是对其他孩子紧着避让敏娜假装看不懂原因? 她对敏娜包里多出的好几顶泳帽没有奇怪的感觉?

只要我在泳池,洁训练就正常,如果我不在,洁就被敏娜在水下狠踢。我不可能每天去泳池看洁训练,为了让洁正常训练,我希望敏娜妈妈告诉敏娜欺负他人是不好的行为,如果敏娜像正常孩子一样参加训练,大家都能省心了。

如何让得意骄傲的敏娜妈妈重视我的话呢? 我等待着,终于等到了和敏娜妈妈对话沟通的一天。

处理"霸凌"经验

又一场游泳比赛到来。

这次比赛洁所在的游泳俱乐部作东道主,俱乐部要求每位队员家长当志愿者。我知道敏娜妈妈喜欢厨房工作,也报名去厨房帮忙,这样我们有机会一起工作一天。

我和洁说,下午游泳比赛快结束时工作比较空,过来给妈妈当翻译,妈妈要和敏娜妈妈说话。洁点点头,眼睛里满满的信赖神情,她希望两位妈妈能够沟通好,不让敏娜再欺负她。

美国的小城市,平时走在大街上看不见一个人影,但是遇到运动赛事,赛场像举办嘉年华会,人山人海,热闹非常。

游泳俱乐部原本空荡荡的大库房成了配备食品的大厨房,家长志愿者根据分工,有条不紊地忙碌起来。中午时分,琳琅满目的西餐点心开始销售。敏娜妈妈在厨房内外穿梭不停,一会儿出去盯着敏娜不要错过比赛,一会儿进厨房给大家带来比赛消息。

一直忙到下午三点决赛开始,赛场人群渐渐稀少。终于,热闹拥挤的售货摊慢慢冷落,一天的工作接近尾声。

泳池赛场安静下来,不时出去看一眼孩子比赛的家长志愿者全部回归厨房。大家聚在一起，交流当天各式各样的新鲜事情，免费品尝自制点心和卖不掉的食品。

厨房聚拢了十位妈妈，敏娜妈妈兴致勃勃滔滔不绝地向大家叙说各种赛场见闻。

敏娜来到厨房，从妈妈手里接过免费食品边吃边开心地离开。墨裔教练进来拿了免费食品乐呵呵地出去。我手里忙着活，等着和洁约好的时间。

终于，洁离开小伙伴进来了。她没忘记我告诉她的话：等比赛空下来到厨房，只要敏娜妈妈在那里，我就会和她谈敏娜泳池欺负人的事情。

看见洁进来，我放下手上的工作，微笑着用中文对洁说："妈妈现在就要和敏娜妈妈谈事情，你能做好翻译吗？"洁点点头。

此时，厨房里所有妈妈志愿者们不紧不慢地干着活聊着天等结束时间，没有一位离开。

我对洁说："你跟我一起到敏娜妈妈那里，然后你告诉她，妈妈有事情要和她谈。"

洁和我走过去，把我的话对敏娜妈妈说了一遍。厨房一下子安静了。

敏娜妈妈听完洁的话抬眼看我，有些吃惊。我平静地说："我想和你谈敏娜在泳池一直欺负洁和队友的事情。"

洁把我的话翻译过去。敏娜妈妈眼睛瞪大了，脑子一时转不过弯来。停顿一会儿，用冷硬的教训口吻对洁说："洁，敏娜和你是好朋友，她从来不欺负人。不可以撒谎。"

我仔细观察探索敏娜妈妈说话表情。我希望分辨出敏娜妈妈是假装不知道自己孩子喜欢称王称霸欺负人，还是真不了解自己养大的孩子的日常表现。

洁对敏娜妈妈冷硬的说话口气有些害怕，回头看着我。我两眼直视敏娜妈妈的眼睛，对洁说："告诉她你对妈妈说的事情。"

洁看着敏娜妈妈说了几件事情，接着说："我说的是真话，我没有撒谎。"

　　敏娜妈妈眼睛喷出气愤的火焰看向我。我坦然迎着她的目光,我自信在泳池目睹敏娜欺负队友的实情,我不在时,这样欺负人的表现同样会发生在洁身上。我们对视了一会儿,敏娜妈妈气愤的神色缓和下来对我说:"我知道敏娜有时调皮,但她一直很尊重洁,敏娜告诉我洁游泳很棒,她和洁是好朋友。"

　　原来她知道敏娜在泳池霸凌,却只把霸凌当调皮。我两眼丝毫不放过敏娜妈妈,嘴里对洁说:"告诉她,敏娜在训练中是怎么欺负你,还有怎么欺负其他小朋友的。"

　　洁叙述游泳训练中的一些事情。敏娜妈妈眼睛越瞪越大,脑门开始冒汗,两眼左顾右盼,希望旁边谁能帮她解围。

　　我等翻译停顿接着说:"再告诉她,妈妈一直想找机会和她说这件事情,平时得不到机会,现在正好是机会。"

　　我和敏娜妈妈谈话时墨裔教练走进来,机灵的他一看情形不对连食物也不要了,吐下舌头缩起脖子开溜,再不见人影。

　　厨房里,所有妈妈停下手头工作,开始聚拢在我和敏娜妈妈周围,兴致勃勃观看正在发生的事情。

　　敏娜妈妈的脸色开始恼羞成怒变成赤色。她感觉身边的家长没人帮她解围,开始对我露出谦卑笑容希望让事情过去。我目光坚定看着她,用眼神告诉她我正在等待她对自己孩子霸凌他人的反应。我希望她用客观、实在的态度和我谈话。

　　我们相互对视了几秒钟后,敏娜妈妈原本自信的眼神消失不见,她的脾气开始爆发,猛转身朝着厨房门口声嘶力竭地大吼:"敏娜——!敏娜——!"

　　所有人吓了一跳,洁吓得往后靠在我身边。

　　现在她终于接受我和她面对面谈话的挑战,她要把当事者敏娜叫来对质。

　　我站立的方向面对厨房门口,门口任何人走过的动静都逃不过我的眼睛。敏娜在门外窜来窜去几回了,她关注到我和她妈妈谈话时的严肃表情。

　　听到妈妈的震天怒吼后,敏娜磨磨蹭蹭在门口现身。妈妈吼道:"到这来!"敏娜一脸不屑翻着白眼恨恨地看着洁,满不在乎地摇晃身子走过来。敏娜的表情提醒我,那孩子早有经验,有人向她妈妈告过状,她知道自己妈妈内心并不在乎她欺负人。

"洁说,训练时你欺负她! 你没有那样做是不是! 你没有! 是不是! 你告诉洁妈妈!!"敏娜妈妈指向我,大声吼叫中暗示孩子去否定所作所为。

敏娜立刻像头被激怒的小母狮,一步冲到洁面前,瞪着愤怒的眼睛抻着脖子高喊:"我没有! 没有!"她很聪明地领悟到妈妈的暗示,她不在意妈妈对她的震天怒吼,而是在意洁的告状。

"强制用两个硬币买走洁两顶比赛用的帽子。"我把眼光转向敏娜,淡淡地、冷冷地继续说。洁立刻翻译了。

"不! 是她卖给我的!"敏娜转头看着自己妈妈,涨红脸用怒吼声说。

"如果我不卖给你,你会一直在水下踢我。还说如果告诉你妈妈,你踢我更狠,这件事情教练也知道。"洁对敏娜说。

"她胡说!!"敏娜一下横过手臂,手指头指向洁的鼻子。

我看着敏娜,严肃的眼神对她发出无声语言:这是什么家庭养出的孩子? 竟敢在众人面前毫无忌讳地撒野说谎?

敏娜看着我的眼睛,开始胆怯了,缩回指向洁的手对妈妈吼叫说:"是洁卖给我的!"

家长们之前的窃窃私语开始响亮起来,有位家长在敏娜指着洁吼叫时出来说话了:"洁说的是真的,敏娜一直在水下踢人,不光是踢洁,我儿子也抱怨被踢。"

这是我预料到的。敏娜在泳池不止欺负洁一个人,除了明显身材高大,年长好几岁的孩子她不能欺负外,在泳池中喜欢挑衅欺负人的敏娜似乎谁也不怕。

更多家长站出来。"是的,我证明洁说的是真话,好几次我看见敏娜欺负洁。""敏娜一直这么踢人,我孩子回家也说敏娜在水里踢他。""我们每天都能在泳池看到这些事情。"

每一位家长都证实洁说的是真话。

　　敏娜有些傻眼了,她能对付弱小的洁,却无法对付众口一词的目击者。她发现势头不对扭头想跑,一声怒吼:"你!混蛋!站住!!"敏娜正在移动的脚,在她妈妈气急败坏的愤怒声中,一下子冻住了。

　　众多家长当面指责敏娜泳池霸凌的表现,妈妈感到丢脸了,面对挑起事端想逃离的女儿高高举起右手狠狠甩下去,"啪!"一个大巴掌在敏娜脸上扇出五个红红的手指印。"哇!——"敏娜顿时放声大哭起来。敏娜妈妈一边用力推搡敏娜,一边声嘶力竭吼叫:"对洁说!说对不起!说对不起!!"

　　感到羞辱的敏娜妈妈两眼充血,吼着:"说啊!说!说对不起!""哇!——哇!——"敏娜仰脸看着妈妈,放声大哭中依然期待妈妈帮自己,就是不说道歉的话。

　　"啪!"迅猛间敏娜妈妈挥起左手又是一大巴掌,脆响过后敏娜另半个脸也立刻浮现五个鲜红的手指印。

　　我两胳膊交叉胸前纹丝不动冷静看着,我发现这对母女都有向弱者施暴的倾向,看来敏娜喜欢霸凌他人是日常家庭暴力带来的影响。在厨房工作的所有家长围绕在我们身边,每位家长都冷冷看着,没有一个人挪动身子,没有一个人说话。

　　"对洁说!说啊!说对不起!"敏娜妈妈继续怒吼。她感到无地自容,无法下台,脸色在众口一词的作证下,已呈猪肝色。

　　看着怒火失控的妈妈再次扬起巴掌,冲向她准备拳脚相加施暴时,敏娜终于对降落在自己头上的暴力恐惧了,她用胳膊护住头脸,在大哭声中对洁喊:"哇——,对不起!洁!哇——!我错了!洁!我向你道歉!"倔强的敏娜在拳头威逼的粗野施暴下终于崩溃了,伴随着号啕大哭声,她开始向洁道歉。

　　骄横霸道喜欢欺负人的敏娜道歉了,她的道歉不是来自理性教育的醒悟,而是降服于对更大暴力的恐惧。

　　敏娜妈妈一直祈望俱乐部教练进来帮忙缓解令人难堪的场面,好几位教练包括总教练,都在门口一闪而过,没有一个人进来,我可以感到教练们恨不能远离厨房这个"是非之地"才好。

"对不起！洁的妈妈！真对不起！"在众人严肃的目光下，敏娜妈妈既羞愧又谦卑地对我说："你看到我教育敏娜了，我对她的教育是很严厉的。我希望你能接受我的道歉！"

"告诉她，我看到了她对女儿的教育，听到了她的道歉。"我目光依然丝毫不动，直视敏娜妈妈，嘴巴对洁说："但我认为这样的教育不会让敏娜改变欺负人的毛病。"

洁接着翻译。

"我不认为敏娜欺负人是游泳训练中学会的，也不是一两天变成这样的。她的习惯，是她一天天生活积累的结果。她从欺负人中感到快乐，这样的行为习惯不是简单的道歉可以解决，也不是扇两个耳光就会改正。"我不轻易放过敏娜妈妈，我要她记住教训："我相信你比我更明白敏娜喜欢欺负人是怎么养成的，为什么会有这样的行为表现。"

所有家长都安静听我说话："我接受你的道歉，但道歉不是我真正想要的东西。我希望敏娜能够明白欺负人的结果是什么，希望敏娜再不要把欺负人当作让自己开心的事情。"

在大庭广众之中、众目睽睽之下，我以坚定的态度教训了敏娜妈妈和敏娜。我相信她们在众人注目下被人鞭挞霸凌行为时，那种无地自容、羞愧痛心的感觉，将难以遗忘。

事情过去后我告诉洁，今后如果被人霸凌，找老师、教练告状时要和霸凌你的人在一起谈，不要在别人不知道的情况下说，更不要在背后说，这样才能让大家知道，你光明磊落反抗霸凌。

我用和敏娜妈妈谈话作例子："我知道游泳池很多人看到敏娜欺负人，教练也知道，大家都很生气，但没人出来和敏娜妈妈说。这次妈妈说了，妈妈知道没人会帮敏娜妈妈。我相信敏娜妈妈也不会在我背后胡说八道，因为我让大家看到我怎么做，就是不给她造谣乱说的机会。"

一个星期后敏娜悄悄离开了游泳俱乐部，洁再也没有抱怨被人"霸凌"，通过这件事她学会了如何处理"霸凌"。

接下来几年的比赛中，转到其他游泳俱乐部的敏娜在比赛中和洁经常相遇,我也与敏娜妈妈数次相逢。敏娜看见我,受惊般远远贴着墙边快速逃离,一直跑到认为我看不见她为止。敏娜妈妈像没有发生过任何事情,相隔一二十米远就和我大声打招呼,交流孩子的比赛情况及成绩,只是再也不见她咋咋呼呼、自以为是的表现。随着时间推移,多年后敏娜和洁成为比赛场上的对手加朋友,看见我也能羞涩地打招呼了。

我真心盼望聪明的敏娜能够成长为一个正派、友善、诚实的孩子。

通过解决这次"霸凌"事件,洁获得集体生活中的安全感,心理和个性得以舒展开来,正直诚实、自尊自信、冷静勇敢、开朗活泼渐成为她的性格特点。

9 少年觉醒期到来

离开小学进入中学，儿童成长为少年。少年阶段孩子进入了独立思考、自主行动的成长期。

这个时期，小少年不再惧怕大人和权威。家长的观点和看法在他们的思考中被过滤掉的东西日益增多，成年人的影响力进入衰弱期，同伴影响力日渐加大。

初中文化课变得丰富多彩，课业加重。小学时期由好奇心带来的学习动力跟着进入少年期，除了对汲取社会科学和自然科学知识有更多热情外，孩子开始对身边的人与事进行分析、批判和反抗。少年人进入觉醒和独立启蒙阶段。

初显反抗意识

洁小学毕业，我们搬家到一个傍山临海的小城居住下来。

小城地处城郊，以美国中产阶层居住为主。远处群山起伏，近处田园风光，路边大片果林和草莓田散发着清香。

洁进入一所她向往的初中。虽然离开小学同学，没有老朋友住这里，但她很快交上新朋友，也喜欢学校、老师和同学。

新生活安宁、平静、有序。洁兴致勃勃地上学，放学后去新游泳俱乐部参加两小时训练，回家后弹钢琴、做作业，忙得秩序井然不亦乐乎。

这样的日子没多久,洁突然开始抱怨。她抱怨数学教师,认为那位老师对同学没爱心。我告诉洁适应新学校需要时间,告诫她要适应中学数学课堂学习方法,抱怨改变不了老师。

洁说:"今天上数学课,有位同学上课没听明白老师的讲课内容,于是下课问老师,你知道老师怎么回答吗?"洁变得气呼呼了。

我鼓励她说下去,洁说:"老师说现在是下课时间,我不回答你的问题。"

我愣了一下,转而一想或许是夸张,这个年龄的孩子有时候说话喜欢夸张。我并不重视她的抱怨,对她说:"那好办,把问题存在脑子里,上课问老师。"

"但是我们回家要做作业,不懂怎样做?"洁看着我说。还真不懂啊,我让孩子问住了。

刚进美国小学的洁不懂英文,但从来没感到学习上有难处,回家后没有抱怨过老师。她乐乐呵呵上学,开开心心回家。小学校园生活是她无忧无虑的童年时代的快乐源泉之一。

小学毕业的洁,英文口头表达、写作能力优秀,尤其数学,似乎天生带着东方人的数学灵性,在兴趣中轻松学习,怎么进了初中会出现问题呢? 如果上课听不懂回家做作业就会有困难,我们总不能在学校花了上课时间,回家后父母再花时间重教一遍吧? 偶尔一次可以,如果天天听不懂,父母天天教,孩子岂不无法在校正常学习,在家无法正常生活了? 会不会女孩大了对数学没有兴趣了? 很多华人妈妈会聊这样的话题:不少女孩小学数学成绩很好,进中学之后在数理化学业上出现障碍。

如果洁也有这样的问题,我需要了解并帮助她解决了。我有些担心地问洁:"你上课听懂了没有?"

洁答:"我听懂了,但是我不喜欢数学老师,她不尊重人,说话很刻薄。"

我更担心了:"中学老师都这样吗?"

当家长的没在美国上过中学,不了解中学老师的授课风格,如果孩子所说属实,中学老师都这样厉害,那些刚离开小学的孩子能适应吗？我问："其他老师怎么样？对学生也不尊重吗？"

"其他老师很好。"洁回答。

洁接着说："有人说数学老师有私生活麻烦，她离婚后变得很古怪，见谁对谁不客气。"

我有些生气："不要胡说，数学学习有问题就想办法解决学习问题，不要背后议论老师的私生活。"

洁不听阻止，跟在我后面继续诉说老师的问题："她经常骂我们学生，不是说骂人脏话，但说出的话会让你很难受，有好几次同学都被她气哭了。"

我转身告诉她："你从老师那里学数学，如果上课听不懂，老师又不愿意回答你的提问，回家问爸爸。"

也许数学老师真有私生活麻烦，离婚后心情不好，因为心情欠佳转为粗鲁拒绝学生求教，这样的做法确实不妥。洁虽然是中学生，但毕竟只有十二岁，她还不理解普通大人遭遇挫折后也和孩子一样，负面情绪需要找渠道发泄，更弱小的人往往是发泄对象。我觉得洁需要多碰些钉子，从心理上跨越被大人呵护的状态，从挫折中去感受和理解不同的人，让心理能够承受更多压力。

我对叨叨不停抱怨老师表现的洁，并不在意。

遭遇数学老师"霸凌"

时间过去两个月。

一天下午我到学校接洁，看见她在校门口和校长谈话。透过车窗我看见洁表情激动，说话手势干脆有力。校长则温和地说什么，像是安慰她。

见我到来，洁告别校长坐进车里。她小脸通红，情绪激动。我笑着问道："怎么样，有什么好消息吗？"这是每天洁坐进车我说的第一句话。

她顿了一下，然后说："是一个坏消息。"

"哦，什么坏消息？"我笑着问。

洁并没有因为我调侃的口气露出笑脸，眼泪不由自主地滑落下来，哽咽着说："数学老师说我在欺骗她。"

"你能告诉我是怎么回事吗？你是不是什么地方和老师产生误会了？"我问。

"没有误会，是老师搞错了。"

她泪眼婆娑看着我说："老师今天不收我的作业，她说我昨天做得不对，没有按照要求'只要结论不要运算过程'去做。昨天作业我把运算过程写出来了，她说我没有做对。"

"你请她看结论就行了。"我说，这实在是太简单的小事情，只要数学题做对就可以了。

"可是，我把结论放在第二页上，她不看第二页，我指出来给她看，她把我的作业本扔地上，说我在骗她。我没有骗她，她为什么不听我解释？"洁伤心地呜呜哭出来。

"你找校长谈这件事情？"我问。

"是的。她扔我作业本还说我骗她，我是数学班学习成绩很好的学生，她这样说我，我不能答应！"洁止住哭声。

"我不喜欢在她的班级上课，我要换班级。我们很多同学都不喜欢她，我和校长谈，我要学校把她开除掉！"此时洁不哭了，她的愤怒表露无遗。

和丈夫离异的数学老师，通过用粗暴方式让弱势学生痛苦来显示自己的力量，以霸凌学生的快感填补个人失败感，我认为这位教师的素质很有问题，但依然不排除孩子有任性表现。

我安慰洁："既然你和校长谈了，应该没问题了，重要的是你明白学的东西，这件事没说明你没学懂。"

洁不停地说："我不喜欢这位老师，她对同学很坏，同学都不喜欢她。"

此后好几天洁情绪都不稳定，每天回家流泪，晚餐时和我们叨叨想换班级，想让学校开除数学老师，家长所有的安慰都没有效果。如此闹了一周后，我们发现洁不是小孩使性子那么简单，那么容易过去了。

那天晚饭后我和洁坐下来聊天，我要了解情况。洁非常热爱数学，数学成绩一直很好，我希望她不要因为老师表现不好，变得情绪对立进而影响自己的数学学习。

和洁谈话时，她依然情绪激动，愤怒地对我说："当时老师说我骗人的时候，还骂我是鼻涕虫！她说这句话的时候，旁边同学都听见了！同学们让我起诉老师！他们都做我的证人！"她说："我要让学校和学区开除数学老师！她不能教学生！我们学生再不能被她侮辱！受她伤害！"

洁表情严肃认真，她站起身看着我义正词严地说："妈妈！我和同学们已经开始采取法律行动了，我们要联合起来，一起弹劾数学老师，让数学老师滚出学校，永远不能再回学校伤害学生！我要让她从教师岗位上永远失业！"

洁已经不再哭泣，她的愤怒情绪转变为法律行动，她要联合同学们一起反抗老师的霸凌，要为学生伸张正义。

为了全面了解情况，我们夫妇赶快联系学校。与此同时，校长也在联系我们，希望尽快和我们见面。

我们在约定时间和洁一起到学校和校长见面。

用法律对抗"霸凌"

校长告诉我们，学生们从对数学老师上课态度不满，发展到洁和另外两名同学发动全校学生联合罢黜数学老师的行动。

校长介绍，洁和班级另外两位学生联合起来，征集本校七年级同学签名，接着八年级学生也卷入。同时，这些孩子通过小学同学的关系把数学老师"霸凌"学生的事件散播到整个学区，让大家都知道老师的课堂表现。现在孩子们准备把联合签名的罢黜信送到学区管理部门。

原来，这群刚入初中不久的小少年运用美国游戏规则，利用同学社交圈，发动了整个学区学生一起抗议数学老师课堂上对学生的"霸凌"，孩子们把事情搞大了。

校长继续说,不仅学生,现在已经有好几位家长介入孩子的抗议行动,当律师的家长已经和学校谈话,准备作为孩子们的法律诉讼代理人,带领孩子们把数学老师告到法院去。

校长接着说,孩子们的诉讼理由,是数学老师利用授课权力霸凌孩子,因为老师粗暴恶劣的语言,受到霸凌伤害的学生不想再到学校上课了。现在孩子们要追究数学老师的责任,依循法律进行诉讼,要求数学老师永远离开学校,再没有霸凌学生的机会。

校长说话态度认真严肃,说话口气非常诚恳。他对我们说,老师对待学生的态度和方法确实存在问题,学校目前正在和老师谈她的问题,并要求老师立刻改掉。

同时校长就学生联合罢黜老师的事件,和我们分析可能的发展后果。

校长说,如果老师被学区除名,学校目前还不能一下子找到合适的数学老师,孩子们上课会受影响。虽然这位数学老师对待同学的态度粗暴恶劣,但她教初中七年级的高级班,之前的教学效果一直很好。让她离开学校,在高级班上课的学生就要回到普通班上课,学校没有那么多数学老师,有些学生可能上不了数学课,这些是学校面临的实际问题。校长希望我们当家长的能够考虑这些问题,初中学生数学程度的高低,关系到进入高中后数学课的程度,还会影响高中时期是否有能力选修 AP 数学课,最后影响到优秀大学申请。

还有,校长说,如果通过法律手段惩罚数学老师,过程更是复杂。法院不会安排学校放学后的时间开庭,只按照自己的时间进行工作。孩子要去法庭作证,会影响他们正常的上课学习。十二三岁的孩子不能单独出庭,必须家长陪伴,也会影响到家长的正常工作。整个庭审过程可能需要三个月时间,这段时间数学老师没有心情上课,孩子们也无法正常上课。

校长告诉我们,洁是一名学习优秀的学生,学校老师都知道这一点。对于洁反映的数学老师的问题,学校通过洁和其他学生了解了情况,也知道洁和数学老师发生争执的原因与过程。校方已经和老师谈话指出她的问题,今后老师一定会注意和学生交流,并且会改善和学生的关系。

校长希望我们了解情况后,能够衡量轻重利弊,和孩子沟通,同时学校也努力和其他同学家长沟通,包括准备代表学生诉讼的律师家长。校长表示,学校理解孩子们的愤怒和激动,但希望能够在家长的帮助下,让孩子们尽快回到学校正常的教学秩序中来。

作为正式谈话内容之外的聊天,校长也简单说明了一下数学老师的个人问题。校长说,数学老师结婚七年后离婚了,之前她是一名非常好的老师,离婚前很多学生喜欢她。试想一下,如果数学老师一开始这样对待学生,作为获得国家教育蓝带荣誉的学校怎么会录用她?离婚对她来说很难接受,因此心情一直很不好,学校老师都知道这一点。

校长在谈话结束后叫来了被学生联名罢黜的数学老师。约一米七身高的数学老师身躯开始发胖,麦黄色披肩长发有些蓬乱,长及脚踝的土黄底色小碎花连衣裙皱皱巴巴穿在身上,外面套了一件土绿色松垮邋遢的外套,整个人失魂落魄萎靡不振。

数学老师面对学校七、八年级学生联名上书罢黜她的教职工作显然情绪还对立着。她被校长召唤进办公室时,脸上浮现缺乏自信的满不在乎,散漫无神的眼光四处漂移,她谁都不想看。

一个遭受感情生活打击、被丈夫抛弃的知识女性,身上丝毫不见从事教师职业的亲切、仁慈、知性的风度气质。她的样子既令人感到痛心可怜,又很难同情,反而感觉她的自暴自弃自然会得到可怜结果一样。

她坐在校长指定的椅子上,低垂眼帘不停搓弄着手上的钢笔,默默听洁说明事情发生的过程,这当中她一句话都没有说,也没有强调任何理由。

这是一位混淆了私人生活和职业要求界限的老师,或许她有非常好的数学授课能力,但是她的颓废表现让她无法成为一名受学生爱戴的老师。

此时我们理解了洁的抗争,理解了她和另外两位同学这么容易就发动了学校众多学生联合签名,准备罢黜这位老师的群众基础是什么了。

但洁还是她的学生,校长的解释有学校的道理,当家长的必须冷静理性,不能因为孩子抗议和反感老师,去影响整个学期的数学学习,继而影响今后的校园学习生活。

换个角度看老师

从学校回家,晚饭后我们和洁一起讨论数学课问题。

作为家长,既不能否定孩子对老师课堂霸凌的真实感受,又不想让她因为对老师的反感变成讨厌数学,更不希望为顺心顺气让学区开除老师然后选择转班降低学习程度。

我的观点是,在学校读书是从老师那里学知识,在数学班学习数学知识,只要学好数学,至于你和同学们是不是喜欢老师并不重要。

洁沮丧地对我说:"我不喜欢她,我怎么能从一个自己不喜欢的人那里学知识?"

洁说得很实在,一个人讨厌另一人时,会一百个看不顺眼,作为大人还能理性看待困境,作为孩子,看事情的角度和方法都听从内心的直觉感受,这时候怎么要求十二岁的洁从不喜欢的老师那里学习知识呢?

洁热爱数学,成绩非常好,她解数学题就像玩动脑筋解谜游戏一样投入,并非常有兴趣。但是,如果不能处理好和数学老师的关系,会影响今后对数学课的喜爱和学习。用什么方法让她重新开心地上数学课?我想换一个角度启发洁看待数学老师的课堂行为表现。

我对洁说:"妈妈知道,你们同学都不喜欢数学老师,那是因为老师有些地方做得很不好,对不对?"

洁两眼认真地看着我点头。

我接着问:"你能说说数学老师哪一些地方做得不好吗?或者

说同学们讨厌她的地方？"

"当然,她有很多地方做得不好。"洁快速接口。"她对人没有礼貌,讲话不客气,根本不想了解真实情况,也不想去了解同学。"洁话音里又开始往外冒气愤语气。

"我知道你很喜欢小学老师,你从小学老师身上看到数学老师的缺点没有？"我问。

"没有,小学老师都很和善礼貌,现在的数学老师如果像小学老师就好了。"她叹了一口气,情绪放松一些。

"同学们都说你很可爱,很和善,你是不是从小学老师身上学到了很多东西？"我又问。

洁开始警觉起来,似乎觉察我话中其他意思。她不像小时候傻乎乎脑筋不转弯了,直截了当地问:"妈妈,你到底想说什么？ 你不是在告诉我数学老师很可爱吧？"

我不由地笑了,逗她说:"你真聪明,还真猜到了。我是要告诉你,你的数学老师其实也很可爱。"

洁瞪大眼睛,脸上的表情是个大大的问号。她想不出妈妈怎么看人的,那么令人讨厌的数学老师还会有可爱的地方？ 我知道她脑子转悠什么想法,对她说:"因为,数学老师把她的缺点都展示出来给你们这些学生看,让你们看见她身上的毛病,我觉得这是数学老师可爱的地方呢！"

洁一脸疑惑,我接着解释道:"你不是从她身上看到哪些做法让人讨厌吗？ 哪些做法对人没有礼貌吗？ 还有怎样的说话方式让同学们认为她不想了解真实情况吗？ 妈妈觉得你们看到这些事情也是一种学习。你今后如果不想让人讨厌,希望大家尊重你喜欢你,就不能像她那样做。数学老师教你们这些同学,今后不要犯像她那样对人没有礼貌、讲话不客气、不想了解真实情况的错误,这个知识是很难学到的。"

洁扬起眉毛,好像有所领悟,表情又惊又喜。

我继续说:"你看到数学老师的样子,自己一定不想去学她,不想成为像她那样的人,是不是？"

洁认真点点头,表情出现阳光了。

"如果你没有这样一位老师,你可能发现不了自己做一些什么事情会让人讨厌,从她身上,你明白了这一点。这是其他老师没机会教你的东西,数学老师教会你将来少犯像她一样令人讨厌的错误,这不是很可爱吗?"

洁被我的话逗得呵呵笑起来,小脸像向日葵一样充满阳光活力,精神状态好了很多,想放弃上数学课的想法已不知去向。

她笑着对我说:"妈妈,那就是说,我继续在她班级上课,然后看到她做的不好的地方,就知道我可不能这样去做。我还可以从她那里学数学,她身上能让人学的好东西就是数学了。等我把她的数学本领学会以后,她就什么都没有了。"单纯、天真的洁想着能从数学老师身上学到这么多东西,笑得合不拢嘴了。

过了一会儿,沮丧情绪又爬上了洁的脸:"可是,妈妈,我心里感觉还是不想看见她。我一想到她还是很讨厌她,这让我怎么上好数学课呢? 明天我怎样面对她?"

"嗯,让妈妈想想办法,妈妈一定有办法让你敢看她。"我自信地对女儿说。

我脑子里思忖怎么给孩子一个最简单的办法,让她勇敢去面对情绪颓废、霸凌学生的数学老师。

我知道孩子在人生成长道路上会遇到很多不同的人物,会有这样、那样意料不到的事情发生。现在遇到的困难可以让她害怕而躲避、退让,也可以成为她战胜害怕心态的人生经验。我希望女儿明白,当自己进入麻烦情境时,要有自信去面对,有能力独立解决遇到的问题。

但是一个成年人对十二岁孩子讲道理不会对有她多大帮助,她无法理解大人谈的抽象道理。唯一的学习方法是从自己的经历中获得经验,建立自信。

用什么方法教孩子从自己的经历中获得经验呢?

我对洁说:"妈妈教你一个办法。明天你进数学教室时,看到数学老师不要怕她。你要用两眼坚定地看着她,你只要做到自己的眼睛看着数学老师,不逃避数学老师的眼睛,你就一定能上好数学课。"我说话时,对洁做出目光坚定、聚精会神注视的表情,接着说:"然后看数学老师对你有什么样的反应。"

洁显然还胆怯和数学老师面对面,她脸上的表情告诉我,她不认为能从我这里找到让她不再害怕数学老师的好方法。

我用自信的表情和口气问洁:"数学课发生的那件事你认为自己有错吗?"

"我没错!我没有骗她!"洁脸上露出坚定、勇敢的表情,口气变得自信起来,两眼正视着我,干脆利落地说。

"对了!你没有错,你怕什么呢?你想想,难道还有做对事情的人害怕做错事情的人吗?诚实的人害怕撒谎的人吗?"我进一步激励她。

洁似乎感悟到什么,看着我,像往常一样对自己明白的事情点点头。

克服懦弱增自信

第二天下午我在校门口等洁放学。我想知道她今天如何上数学课,如何面对她讨厌的数学老师,是否做到勇敢、安静地看着老师,集中注意力听课,一直到下课。

洁从校门口出来了。她迈着轻松的步履,和这个同学拥抱,和那个同学挥手,然后快步朝我跑来。她脸上的表情像平常一样生动活泼,不停向我挥着手,喘着气来到了车前。

"今天过得怎么样?"我同往常一样等她上车开始问第一句话。"一切都很好呀!"洁笑着乜斜眼睛看我表情反应。我发现女儿会和我兜圈子了,她抓到我问题的潜台词。

我按捺不住:"我是问数学课上得好不好,老师有没有对你讲不客气的话。"

洁哈哈大笑起来:"妈妈,我就知道你想问这个!"她两眼亮晶晶兴致勃勃地对我说:"妈妈!今天上数学课我的眼睛一直看着老师，一点都没有离开她。"

说着洁停顿了，故意等我问。

我果然问："她呢?"。

洁呵呵笑着说："数学老师看到我，我们对视了一会儿，我想我没有做错事情，没有在作业上撒谎，我是诚实的人，所以我一点都不害怕看她的眼睛。结果，数学老师看我的眼睛从我的脸上一下子跳开，她不敢看我了。整堂课都是这样，我看着她，她一直逃避我看她的眼睛，不小心看到我就跳开。原来是她知道自己不对，是她不敢看我呀!"

洁恍然大悟般对我说。我不由呵呵笑起来了。

罢黜数学老师的风波就这么过去了。

风波中，洁获得了风平浪静的生活中无法获得的人生经验。她渐渐明白，自己遇到问题或者貌似强大的人物，害怕和逃避不能解决问题。只有战胜内心恐惧，不逃避自己遭遇的困境，坚持做真实的自己和对的事情，才能变得强大起来，也就会有信心和自己讨厌的人一起，共同合作做一件事情。

这场风波无疑成为她走向独立人生的难忘一课。

10　老师眼中的优秀学生

初中时期,洁再次投入校园竞选。竞选关系到谁有资格获得"青少年领袖培训夏令营"的学习机会,那是一场竞争异常激烈的校园竞选活动。

七年级结束后,洁通过考试进入美国教学系统设定的最后一年"资优天才"班。在八年级"资优天才"班里,洁成为老师眼中的优秀学生。

"我要参加夏令营"

罢黜数学老师风波过去后,数学老师上课再也不看她一眼,也不和她说一句话,洁上课举手想回答问题老师也不理。对这些洁不在乎,她跟老师学的是数学,而老师又冷又硬的态度,让洁学到不能像她那样对待他人。良好的心态使洁的数学成绩在班级始终保持优异。

春天来到校园,洁每天快快乐乐上学读书、放学游泳训练、在回家等候晚饭的时间里练习钢琴,生活像小溪流水般平和、有序。

一次晚饭聊天中我问她:"你们初中有没有选学生官员,你准备参加竞选吗?"

洁告诉我:"妈妈,我不准备参加中学竞选,学校很多人是小学同学,不少同学是小学生官员,我转学过来,没有小学朋友帮忙宣传拉票,没办法和他们竞争。"

投入自由竞选需要基础。洁小学竞选成功,有上一届学生会主席米歇尔在身边传授经验,加上周围同学鼎力支持,为竞选成功打下基础。

这次初中选举,很多参选同学是小学生干部,同进初中的小学同学是已经存在的群众基础,洁到新学校只有一个学期,没有从小建立的朋友关系,竞争不容易获胜。

洁对学校竞选形势的分析有道理,我觉得十二三岁的少年谈不上具备信念坚定、意志顽强、不怕失败、总结经验等精神层面的内容,如果一心想赢,失败和挫折会让孩子怀疑自己,影响情绪。

我告诉洁:"没关系,进高中后也可以参加竞选。"

仅过了一个星期,洁回家对我们宣布,她今天报名参加竞选了!

"你不是说不参加竞选吗?"我问。

"我原来是不准备参加竞选的,"洁说话时两眼透着光芒:"八年级同学告诉我,如果选上学生会干部,今年暑假可以到加州圣塔巴巴拉大学参加政府举办的学生领袖夏令营!妈妈!我要参加夏令营!"

又一次,洁找到了参选动力。小学时为得到校长尊敬触发参选动机,这一次为参加学生领袖夏令营引发动力。

小学时被老师称为"Happier Girl"的快乐女孩洁,脸上总是挂着心满意足的微笑,待人友善大度,声音柔和甜美,遇到挫折有一定的稳定情绪的能力。但我知道这不是全部的洁。

洁的成长,从幼儿到小学童,是在安定、平稳、简单、愉快的环境中自然长大。家长对她乐观的言行表现,以同样快乐的心情给予回馈肯定;对孩子做错事情从不训斥责骂,而是让她碰钉子得教训;孩子遇到困难,理解她的困境并鼓励她挑战困难战胜自己。日复一日,随着时间流逝,孩子在平静生活中沉淀了经历,积累了最初的人生经验。

儿童时代的洁和很多孩子一样,不知不觉会崇拜"偶像"。对她而言,崇拜的"偶像"不是远离自己生活的人物,而是身边那些个性鲜明、有号召力、看得见能交流的孩子。这些孩子是她校园生活和运动训练中的同学朋友。洁喜欢和"偶像"交朋友,与"偶像"一起讨论变强大、变优秀的方法途径。当她发现生活中的"偶像"时,便会双眼明亮,说话有趣,声调充满激情。

即将投入初中学生会竞选,洁脸上出现同样的表情,我知道一定有令她兴奋的事情在心头涌动,在脑中计划了。

洁盘腿坐在厨房餐桌上和我聊天:"妈妈,'学生领袖夏令营'是加州政府为初中和高中学生领袖举办的,八年级同学说,这是很有意思的夏令营,能够学到很多东西,很多成功能干的大人教我们学习道理,同学们称他们专家、博士、教授呢!"

洁兴奋又迫切地说:"我可不想错过这个机会。"

"你上次说没有小学同学帮忙不参加竞选。"我提醒她。

洁答:"我想参加夏令营。同学说如果我参选会帮我,学生会秘书长说会帮我修改竞选演讲稿。妈妈,你要知道,我们学生会秘书长可是很有名的人,每一个人都知道她很能干,尤其她的口才,没人能比。"

看着双眼明亮的洁,我明白学生会秘书长是她现在校园生活的新"偶像",她心中已滋生像"偶像"一样能干的决心。

这就是洁。不知从哪天开始,她做事都会找到榜样,她的"偶像"总能到她的身边鼓励指导她。洁的机遇中,很多属于"偶像相助"的机遇。

我问洁:"我们搬家到这半年,你认识的人不多,同学们不是很了解你,他们会投你票吗?如果选不上呢?你想过选不上的情况吗?你只要做好选不上的准备就行。"

洁沉默了。入读新学校的第一学期,除了动员同学联名罢黜数学老师事件,平时的她很安静。她知道赢得竞选是同学们愿意把票投给她,但是不熟悉她,又怎么投票给她呢?

静了一会儿,洁看着我说:"我要参加竞选,我想参加领袖夏令营,这不需要家长付钱还能学很多东西,我要争取。"

"我们支持你参加竞选。你要记住,选不上没关系,因为你努力过了。"

说完我加一句："成功不重要，重要的是你的参与。"洁不明白中文意思，不解地看着我。我解释道："你想做一件事就去做，做事的过程比结果更重要。过程可以让你学习很多事情，结果只让你高兴三天。"

洁若有所思地眨巴眨巴眼睛，似乎明白了："哦——，但是妈妈，我还是不喜欢过程，我只喜欢结果。"

她表情认真口气严肃地告诉我对"参与"的理解和想法。看着心智还没开窍的孩子，我不由哈哈笑了。

接受竞选挑战

虽然不喜欢过程只喜欢结果，洁还是必须经过饱受压力的过程才能得到结果。结果或许如愿，或许失望。

第二天放学，洁告诉我她已完成报名："老师给我们开了会，成为候选人的第一步是先找五十位同学推荐签名，每位推荐签名的同学不能在同一个职务重复签给不同候选人，也就是说每位同学对于一个职务只能推荐一位候选人。"

洁说："比如我竞选学生会副主席，现在有八位同学报名，同学只能为其中一人签名，不能八个人都签。"顿了顿又道："今天有候选人找同学签名了，我不知道这里选举方式和小学不一样，我是最后一个报名参选的人。"小学生参选经验不能用在初中，初中竞选方式比小学进步，这对洁是挑战。

"还有，学校要求两位任课老师写推荐信，要求全部任课老师为参选学生签名。我们有六位任课老师，我不知道数学老师会不会给我签名，如果她不签我也不能参选。"洁看着我说。

"五十位同学签名不是一件容易事，还需要六位任课老师全部同意签名，两位老师写推荐信，你有办法做到吗？最重要的是数学老师，上次你和她闹得满城风雨，动员全校同学联合签名起诉她，想把她从学校永远开除掉。到现在数学老师上课都不愿意看你一眼,也不和你说话,她能给你签名吗?"

洁被问题难住了,她沉思如何做这些事。

"嗯,"洁在桌旁托着下巴发呆,接着抬头说:"妈妈,我在明天下午三点之前完成这些事情,越早越好,留一个小时检查工作,我一定要在四点钟之前把签名表格交到老师办公室。"

想完时间控制,又想下一步怎么走。明天能召集到五十位同学签名吗?怎么和两位老师谈写推荐信的事?数学老师愿意签名吗?明天时间怎么安排?思索一会儿,洁说:"妈妈,我已经决定参选,我不能放弃。不少同学表态会把选票投给我。"

报名过程有些复杂,洁是否能达到报名要求?如果达不到要求,会不会影响信心?或者动员她放弃?这样不会碰后面的钉子,也不会有失败带来的挫折了。

我的担心变大了。之前鼓励孩子参与过程很重要,现在想到孩子参与过程之后可能带来失败结果,我的内心告诉我应该去阻止孩子参加竞选。我觉得孩子太小没有做好失败准备,不知道如何接受失败结果,退出竞选可以继续她的正常日子。

正胡思乱想如何劝阻洁的时候,洁对我说:"明天早上我要早早到学校,我要在校门口等候同学,让他们给我签名。"

"行吗?"我问。

洁平静地说:"行的。会有很多同学早到学校,我明天也早过去,这样会比其他参选同学多些签名机会。"

她又说:"老师推荐信没问题,我是语文和历史班的好学生,我让两位老师给我写推荐信,他们会答应的。"说这话时洁表情平静自信,她知道事情要一步一步完成。

接着是最难做的事情:"嗯,数学老师会给我签名吗?"这对洁来说是严肃问题,十二三岁的少年不容易找到解决方案。洁转向我,眼中流露出寻求答案的神情,她希望从妈妈那里找答案。

"妈妈,你说我该怎么办?如果数学老师不给我签名我就不能参选了。"洁看着我说。

我问:"其他老师签名有问题吗?"

"其他老师签名没有问题,我在每个班都是好学生,老师都喜欢我。"洁回答。

"好吧,妈妈给你出个主意。"我对她说:"明天上学后,第一个找数学老师签名,如果她给你签了你要谢谢她,如果她不给你签名,你要很礼貌也很直接问她,你什么地方不符合竞选条件,请她向你指出来。"

师生关系长期心存芥蒂,洁现在需要说服对方签名,不仅如此,数学老师签下名字意味着向学校推荐说,这个曾经想开除自己公职的小冤家可以当学生领袖,可能吗?

如何跨过数学老师这关,成为洁实现目标不可缺少的一步。这一步对洁是心理挑战,超过学校设定候选人的要求。完成这项工作需要洁能够用理性战胜感情。

我了解这位数学老师,因为个人婚姻的挫折变得个性古怪,心胸狭窄,情绪负面且容易失控。她课堂上从来不鼓励表扬学生,稍不顺心就鸡蛋里挑骨头整学生。面对这样一位颓废老师,洁不主动打破坚冰,就得不到老师的签名,也无法参加学生领袖竞选。而洁迫切想获得初中时代暑期夏令营的机会。

不要说孩子,甚至成年人,想到这些场景,想到要面对骂自己是鼻涕虫的冰冷眼神,内心的勇气都会萎缩下去。洁却要单独完成这项工作。

我开始担心洁会不会遭遇数学老师的刁难和冷眼,被她冷嘲热讽或不屑一顾,告诉她根本不配参加竞选。

"好的。"洁仰脸看着我利落地回答。她的表情那么单纯,对我的建议没有任何怀疑和杂念。是呀,这孩子从来没有认为自己在数学课上做错什么事情,我也鼓励她勇敢面对粗暴的老师,她怎么会有复杂想法呢。她还是未涉人情世故的孩子,怎么可能像我那样顾虑重重。

只是,想到孩子面临的挑战,妈妈的心理负担比女儿大多了,我想如果发生被数学老师拒绝签字的情况,孩子该如何面对?我怎样引导她走出失望情绪,并在失败中平静度过后面的日子?

心无杂念地去做

第二天早上六点半,洁起床了。

如同往常一样,她脸上带着甜甜笑容,但是我知道她心理压力可大了。今天她需要得到五十位同学的签名推荐,需要六位任课老师签名同意参加竞选,加上两位老师写推荐信。这些工作必须在一天内完成,准确地说是在课间休息时完成。

另一个挑战是和数学老师谈话。数学老师至今没有正眼看过她,她倒常常正视数学老师,并且保持优秀成绩。老师面对这么一个韧性超强的学生,会不会觉得很不舒服?

匆匆忙忙吃过早餐,洁催我送她去学校。我驾车送她,通常有说有笑的俩人一路沉默。洁在车上平静地整理签名表格,我知道她看上去平静,内心却清楚今天非常关键,做不好会自动丧失参选资格。我心想着让孩子在一天内完成这些事情挑战太大,担心天真单纯的她如果达不到签名要求而面临失败时,能否正确看待。

这次竞选的不仅是八年级学生会的干部职位,还是竞争学生领袖夏令营的机会。青少年领袖夏令营不仅能够得到工作能力的训练,而且这也是一种荣誉。每一位参选学生都知道机会珍贵,也明白只有经过竞争的胜利者,才能得到想要的结果。

车子很快到学校,校门还没开,早到的同学三三两两站在校门前绿草如茵的坡地上。洁告诉我,那些父母上班早的同学,把孩子们先送到学校。我问洁:"你认识他们吗?""不认识。""你能让他们给你签名吗?""能。"洁说。

"我会先让他们签名,我要把好朋友签名放在最后,这样就不怕签名人不够了。"洁看着我说。

洁下了车,步履轻松,欢快地迈向绿色坡地,向不认识的人群走去。虽然不是我亲身投入,但是我的心跳开始加速了。

早年在国内的读书经验,学生干部不需要同学推荐,也不需要同学拥护,学生干部在老师的绝对权威指定下可以轻松担任,只有老师才有权力罢免学生干部下岗。

读书时我曾被学校领导和老师指定为学生会干部。一个学期后改为民主选举，需要投票产生。已经担任学生干部的我表面不在乎，内心却不断翻腾落选将多么难堪的念头。学校当年采取等额选举，一个职位一名候选人，没有竞争对手。即使如此，投票过程依然感觉如坐针毡、忐忑不安，眼睛看着投票箱在同学手中传递，脑子想的是能否不丢选票保住面子，而不是为同学服务去承担责任。

如今在美国土地的上，我的孩子投入校园活动，她内心是否也在经历着妈妈当年的心路历程？如果竞选获胜当然会增加自信，如果失败呢？此时我抬头看着绿坡地上的洁，她矮小的个子沐浴在早晨和煦的阳光中，勇敢自信地向人高马大的美国同学走去。我见她和一位男同学说了些什么，然后那位同学拿起她递过来的笔认真在夹纸板表格上写起来，之后洁微笑向他道谢，拿着夹纸板走向另一位同学……

洁在陌生同学中穿梭，没有丝毫畏惧。她脸上始终带着平静的甜甜微笑，请同学们为她的竞选签上推荐人的名字。

今天她至少要对五十名同学这样解说，然后面对不喜欢的数学老师，请她签字。

我想起有次和洁聊天问她将来想干什么，她想了想说："我现在还不知道自己以后想干什么，但有一点我知道，我想长大后做一个 Great woman（杰出的女性）。"难道她为了实现目标已经开始训练了吗？

站在绿坡地上的亚裔小少女，独自在高大健硕的美国男女同学中穿梭、解说，我不忍再看，驾车驶离了学校。

我希望她一切顺利，如果失败也别丧失今后再拼搏的勇气。我想告诉她：从国内来到这里的大人，面对民主竞选挑战的方式也不一定像她这样有勇气，更无法预测能否取得最后的胜利。

放学钟声响了。洁收集签名成为候选人第一步应该结束。我早早等候在校门口，等待她出现。我不知道洁征集签名是否顺利达到要求,没有做到的话我应该怎样鼓励她。

我首先想到不成功。如果洁没有达到学校规定的要求,进而丧失候选人资格,我要告诉她:不要因此怀疑自己,不要气馁,要了解失败原因,让自己有信心下一次再来。

这时候从校门口涌出很多学生,绿坡地上很快响起一片叽叽喳喳的喧闹声,那些刚迈入少年期的孩子相互击掌、拥抱,挥手告别。当地孩子用他们的传统方式,热络地和同学伙伴打招呼道再见。

洁出来了,脸上一如往日挂着微笑,她一边和同学打招呼一边灵巧地穿过拥挤的人流向我奔跑而来,扑到我的车前。

"今天情况怎么样? 有什么好消息?"这是我接她时惯常使用的第一句问话。

"一切都很好。"这是她每天的回答。今天回答时她故意装出一本正经的严肃表情,有点狡黠的笑意在脸颊浮现。

"五十位同学签名还顺利吗?"我抑制不住渴望知道结果的心情。

"嗨,妈妈!"她终于憋不住哈哈大笑起来。

洁兴奋地说:"妈妈,你不知道,上课钟还没敲响已经有五十多位同学签名了,等候在校门口同学都围过来给我签名,结果我的好朋友还没有签到。签名中有些八年级同学,学校说八年级不能为七年级签名,我把八年级同学签名去掉,再让七年级同学签上名。"

洁的脸上流溢着生动光彩,她为自己短时间内成功获得五十位同学签名高兴。

"两位老师推荐信有了吗?"我又问。

"有了! 是语文老师和历史老师写的。两位老师写推荐信时对我说:你一定会成功!"言语中洁掩饰不住自己的喜悦。

"嗯——,数学老师签名呢?"这是我最担心的事情,放在最后问,我不知道她怎么完成这件难事。

"嗨,妈妈,没想到那么简单! 进学校后,我第一个找数学老师请她给我签名。结果她一句话没说,接过我递给她的表格就签上了。签完后还看着我笑了。我也谢了她!"洁兴奋地说。

洁补充道:"我真没想到数学老师这么简单就给我签名了。我原来想她不会给我签名的,平时上课她都不想看到我。如果她不签名我也想好了准备问她为什么,结果什么都没有发生,一切都过去了。"

我向洁伸出手去,洁也伸出了她的小手。

我的手和洁的手握在一起:"祝贺你!"我说。

"呵呵,妈妈,不客气!"洁满脸笑意地回答。

之前我想的那么复杂的事情,就这么简单过去了。

竞争强手出现

洁所在初中的学生会设立七个主要职位,包括学生会主席、副主席、秘书长、财务长、课外活动委员、宣传事务委员、文艺活动委员。另外还设助手职位,助手开放给全体同学报名,不需要公开竞争,由竞选产生的学生会干部和指导老师面试助手候选人,从中选出适合承担助手工作的学生。有些学生对竞选信心不够但又希望为同学服务,可以通过助手职位加入到校园活动的策划和服务中来。

学生会中,专业能力要求高的职位,比如文艺委员,通常由才艺杰出的学生参选。后来的成功当选者参加过国际钢琴大赛,还能指挥上百学生组成的交响乐团,这位翩翩少年身穿黑色燕尾服,沉着自信地指挥演奏激情澎湃的音乐时,表现出来的音乐才能,令成年人惊叹不已。

学生会综合能力职位,呈现竞争激烈的状况。学校规定学生一旦报名不能更改竞选职务,正式竞选开始前所有信息必须保密,大家不知道谁和谁将成为竞争对手。这很像玩中国军棋,要推测对手心态来确定自己的位置。比如学生会主席,同学们想象中竞争最激烈的职位,结果很少学生报名参加竞选;感觉竞争不激烈的职务,报名同学挤成一堆。

一个星期后洁报名竞选学生会副主席一职,从原先八位同学到只剩三位同学,五位同学已被淘汰。淘汰原因有的是没有达到五十位同学推荐签名,有的是没老师的推荐信,有的缺任课老师签名。剩下三名候选人中,洁告诉我们,对她来说"真正竞选对手只有一位。那位同学很有名,她小学时参加全国作文比赛获得全国大奖,十岁参加全国少年儿童音乐作曲赛获得天才奖。她的学习成绩非常好,是小学学生会主席,还代表学区小学生领袖参加联合学区管理工作"。

洁说:"她知名度很高,城市里每个人都知道她,是出生在美国的韩国人。学校所有亚裔同学都围着她转,我想她最有可能当选。"

"你呢?"我问。

"我在亚裔同学里没有多少知名度,现在亚裔同学认定她会当选,整个星期大家谈的都是她,亚裔同学会把票投给她,我可能会输。"洁平静说。

我认真听洁对竞选情况分析后告诉她:"失败没关系,我们重在参与,你可以从竞选中学习。"

洁接着道:"但是,妈妈,很多不是亚裔的同学会选我。"

"学校里亚裔比例高吗?"

"具体比例不知道。我们城市亚裔不多,明天我会告诉你学校亚裔同学的比例。"洁说。

"明天我参加候选人面试,有四位老师会问我们问题,我要做好准备。通过面试是第二步,然后对全体同学发表演讲,演讲后投票。"洁介绍流程。

洁给我们看了学校发给她的面试信件,面试主题围绕参选者对未来职位的理解,对职位要求和工作内容的看法,职位所要承担的责任和如何承担责任等问题。

我问:"你明白这些内容的意思吗?"

洁点头:"我小学时就知道了。"

"好,按照你真正的想法告诉老师就行。"我追一句。

第二天下午面试。四位老师听取洁对问题的看法后,有位老师加问了没在提纲中提到的问题:"你的助选经理是谁?"

洁愣了一下,她没想到有这样问题,脑海中立刻出现好朋友玛丽的形象,马上回答:"是玛丽。"

玛丽和洁是好朋友,平时经常交流学习或学校事情,这次洁想参加竞选,玛丽一直鼓励她,并为她出谋划策。

"她同意当你的助选经理吗?"老师表情严肃地追问。老师很清楚之前学校没有提到过候选人要有自己的助选经理,眼前这位候选人和助选经理之间没有沟通这件事。

"我们一直讨论参加选举的事情,她愿意当助选经理。"洁回答老师。洁想,除了没有和玛丽讨论当助选经理一事,其他一切都是真实回答。她如果事先知道需要助选经理,一定邀请玛丽承担助选经理职务,玛丽也一定会同意并履行责任。

虽然老师咄咄逼人的提问让洁紧张,但是老师的问题让她意识到竞选不是个人奋斗,她需要组织一个助选团队投入竞争。

面试结束洁离开办公室急急忙忙去找玛丽,她要让玛丽尽快知道,在事先没告知情况下已经让她当了自己的助选经理。

洁在学校操场上找到玛丽,向她介绍面试情况后,玛丽兴奋地跳起来:"洁!我非常愿意当你的助选经理,我会帮助你!我们要成功!"

"谢谢你!"两个女孩开心地拥抱在一起。

建立助选团队

虽然有了助选经理,洁心理压力依然很大。她的真正竞争对手是从小学开始闻名整个城市、才华横溢、学业杰出的韩裔女孩吉妮弗,吉妮弗是当地亚裔孩子崇拜的偶像。

洁感到把偶像人物选票拉过来困难很大,玛丽安慰她:"没关系,我们学校亚裔学生只占百分之二十三,百分七十七是美国和其他族裔学生,我们要争取那些同学的选票。"

迟疑一下后，玛丽撇了一下嘴："再说了，就是亚裔学生也不会每个人都投她票，她以为自己了不起，有时候看不起别人，待人不友善，同学中不少人不喜欢她。"

同学们开始谈论以前不在当地读小学，现在要和当地儿童偶像竞争学生会副主席的事情。两位亚裔女孩成为学生会副主席竞争对手，已经是校园中最热门的话题。

洁一如既往以她的亲和态度和同学广泛交往，希望在最短时间内让更多同学了解自己。有同学和洁接触后表示愿意加入她的助选团队帮助竞选，玛丽非常高兴有新搭档加入。洁的助选团队成员开始增加，她的交际面随着助选经理增加不断扩大。

此时又有一位同学找到洁，这位同学叫凯洛林。凯洛林是当地长大的白人女孩，她聪明伶俐、活泼漂亮，而且特别喜欢和人交朋友。凯洛林小学时是所在学校的学生会主席，学习成绩和工作能力出众，校园知名度非常高，在欧美裔学生中有很强号召力，只是这次没有参加学生会干部竞选。

她找到洁说："洁，让我来帮你组织助选团队，我们一起来赢得这一次竞选。"

凯洛林坚定地说："虽然这一次你的竞选对手很厉害，但并不是没有弱点，我们一定要打败她，一定让你成功当选！"

凯洛林的加入给洁有力支持，使洁在同学中的知名度大大增加，短短时间内，洁的助选班子从最初一个人，发展到七名。七位助选经理都从当地小学毕业进入初中，他们对同学的情况非常了解，对洁的竞争对手吉妮弗非常熟悉。他们走到一起帮助洁，他们希望洁在竞选中获胜。

洁和七名助选经理通过讨论，大家一致推举同学中知名度最高的凯洛林为助选团队总经理。这时候，洁的竞选班子不但力量强大，组织严密，而且执行力极强，成为学校竞选活动中引人注目、异常活跃的竞选团队，洁成为最受关注的候选人。

现在他们要具体部署拉选票工作了。

每天助选团队召开工作例会，孩子们在会议中总结一天的拉票情况,部署第二天的工作内容。

那天凯洛林在会议上郑重其事地对洁和助选班子宣布:"根据最近几天的民调,从选票分布情况看,洁的竞争对手的选票基本集中在亚裔同学中,我们目前工作的重点是争取其他族裔选票。其他族裔同学比例是百分之七十七,单单这一点告诉我们,只要我们工作做得好一定可以战胜对手,赢得这场竞选胜利!"

凯洛林说这话时,两眼放射出清澈坚定的光芒,果断的口气和手势就像一名战场指挥员。

"而且,"她转向洁说:"你也有亚裔好朋友,让他们帮助你在亚裔中宣传推广,尽量把选票拉过来。"

洁点点头:"这个工作我来做,已经有亚裔同学表示愿意投票给我了,我相信还会有人参加进来。"

凯洛林听后点头:"太好了! 我知道亚裔同学一定有人不喜欢吉妮弗,她总以为自己了不起,看不起别人,对人不友善。"说这话时凯洛林扬起漂亮的小脸,用右手食指向上撩拨着自己的鼻尖,装成傲慢不可一世的样子,大家哄笑起来。

顿了顿,凯洛林环顾与会同学,在座同学包括了在校的各个族裔。凯洛林露出自信的微笑:"从助选团队成员情况看,我们可以认为选票基本上都是你的,你完全有希望当选。"

当洁和我们说这些事情,我们都哑然失笑。这群十二三岁的孩子热情、严肃,倾注他们年龄所具有的全部智慧能力,奋力扩大自己的拥戴者在竞选中的影响范围,对我们来说有点像看滑稽喜剧又像看小孩子的热闹游戏。但是对洁和她的助选经理们来说,竞选中一点游戏的味道也没有,所有的讨论和决策全部是真实的,所有决定都要付诸实践,不能有任何疏忽和判断失误,任何失误表现都会导致竞选失败。

洁每天认真倾听了解竞选动态的发展情况。每天晚上,一家人坐在餐桌前用餐,就是我们听取洁工作报告的时间。

一天又一天,洁告诉我们:我的助选经理告诉我,民意调查统计我得票已经达到百分之五十;

今天的民调统计达到百分之六十；

现在民调统计达到百分之六十五；

百分之六十八；

百分之七十；

百分之七十五……

终于有一天，洁告诉我们："今天助选经理在会议报告中说，我肯定可以当选，我的得票率在百分之七十五以上，很可能是全校得票最多的当选官员。"

来自中国的父母真的不知道初中一年级孩子每天通过什么方法进行民调统计？用什么数学方式计算得票率？洁对来自助选团队每天的工作成果、工作会议汇报信息和竞选战况分析，却是非常严肃认真地看待。

在充满生机的校园竞选活动中，洁周围聚集了一大批热情的支持者，这时候她把精力放在撰写竞选演讲稿上。

她知道撰写一篇打动人心的演讲稿，小学领导的经验已经不够用了，于是她开始征询校园内外高年级同学和朋友的建议，根据大家的建议不断修改演讲稿，为这篇稿子折腾了不少时间，最后终于完成集众人智慧和建议的演讲稿。

八年级学生会秘书长看过她的演讲稿后，惊喜地说："洁，你演讲稿写得非常好，超出我的想象了。我觉得已经没有办法修改你的稿子，稿子很完美了。"接着她向洁传授演讲经验："大会主席宣布你演讲的时候，一定要脸带微笑，小跑步上台，站在台上表情要轻松快乐。只要做到这些，我认为副主席的位子非你莫属！你一定会当选！"

虽然洁的演讲稿得到很多朋友赞赏，但她没有放松。洁觉得竞争对手吉妮弗非常聪明优秀，小学时代她参加各种级别的竞争和竞选活动已经身经百战而且百战不败，在大庭广众中的表现从不怯场并引人注目。洁认为，以吉妮弗的聪明和经验，对自己目前的所作所为一定了如指掌，并且早想好了对付她的战略战术。

洁不敢掉以轻心。竞选前最后一战即将开始，参加演讲的二十五位学生,在演讲中是否能够给大家留下最好印象,关系到最后投票能否胜出。

那段紧张的日子里,每天放学后洁和同学搭车参加游泳俱乐部训练,爸爸下班接她回家,妈妈做晚餐时练习钢琴,餐后做家庭作业,作业后设计竞选口号,睡觉前构思学生大会演讲。

她的压力很大,没人能帮她分担。洁明白只有调整自己才行,从那时开始她学会利用课间十五分钟休息时间复习功课做作业,以减轻课后各种活动的时间压力,也让自己得以从容面对每天要做的许多事情。

洁自从学会使用零碎时间,不但提高了时间管理效率,从此还养成了善于抓零碎时间投入学习和工作的习惯。

助选团队的力量

初中竞选和小学竞选最大的不同之处在于,小学生竞选只需拉票,中学生竞选要面对全体同学公开演讲,接受同学们的评判。演讲者在舞台上成功展示个人魅力,对于成功当选至关重要。

竞选演讲之前的拉票活动都在小群体中展开,这种小范围内的活动对提升形象、扩大影响有帮助,但属于非正式场合。选民全面比较候选人谁更强大,要让候选人在同一时间、站在同一平台让大家评判,公共演讲是最适合展现个人能力和魅力的形式。

少年人选择领导人和成年人的思路一样,希望有担当能力的优秀者带领他们。但少年人的眼光和成年人又不同,他们希望自己的领导人符合少年人的个性特点和审美价值观:要活泼开朗、风趣幽默、敢于表达想法,不能少年老成;还有,亲和力很重要,亲和力让同学们感到未来的领导人是朋友,而不是自以为是、指手画脚的人物。

这些要求,作为大人可以聪明总结出一、二、三,然后构思对策,训练自己。但是对于十二三岁的孩子,只能按照自己本来的面貌去做。他们没有技巧、没有能力、更没有控制力去伪装自己。

经过一个多月热火朝天的造势宣传,现在这些孩子终于迎来投票前演讲的一天。

早晨起床后,洁为当天的穿着打扮动脑筋。她希望自己站在台上的穿着打扮能吸引同学眼球。换来换去,最后还是穿上了平常的衣服。洁对我们说:"我想最重要的是我的演讲内容,我相信同学们会喜欢。"

学校规定每位候选人演讲时间为五分钟,洁在房间关门练习好几天了,她把演讲稿背得滚瓜烂熟,练习如何控制好演讲时间、语气。她希望同学们在笑声中听她的演讲,于是她还在演讲中设计了一些小笑话,笑的时间是几秒钟。

"你会害怕吗?"我问。"妈妈,我想应该不会害怕,我在小学已经练出来了。"洁回答。洁所在小学有演讲课,演讲课的老师对学生评分很严格,包括语气、动作、表情、眼神、时间控制等十几个标准,她得分成绩还不错。

这一次演讲,洁排在第十五位,那是二十五名候选人抽签得到的号码。

全体同学鱼贯进入礼堂。和国内学校不同,这里并不是按照班级排排坐,而是大家找自己的好朋友随意坐下。

演讲开始了。那些少年候选者一个个在台上落落大方、侃侃而谈,简直就像竞选美国总统一样认真。

一个一个的演讲过去,同学们似乎有了疲惫感。此时大会主持老师宣布:"下一个演讲者,洁。竞选职位:副主席!"

礼堂里突然爆发一阵欢呼声,"噢——!洁!洁!洁"的呼喊在礼堂各个角落此起彼伏。

洁脸上带着愉快笑容,轻松有力地小跑上台。

她站在台上,环视了一遍坐满同学的大礼堂,像平时一样,表情温和而快乐。她等了一小会儿,让同学们热烈的呼叫声持续了几秒钟。短短的几秒钟里,洁极力控制不停哆嗦的双腿。然后面对一双双看着她的眼睛,响亮说道:"我知道你们听其他人演讲都快睡着了,但是我的演讲会让你们兴奋起来,再也不想睡觉,因为我讲的都是大家关心的事情。"

热烈的掌声再一次响起来。坐在下面的同学都异常兴奋，似乎洁的演讲是一直盼望的事情。

洁在掌声稍停后，开始声情并茂讲下去……渐渐地，她的腿不哆嗦了，声音响亮而流畅，她的脸上一直是愉快的微笑，同学们都睁大了眼睛看着她。

五分钟演讲很快过去，在同学们的欢呼声中，她又轻快地跑下台。

分布在礼堂各角落的助选经理们不失时机地一直带领同学们高声呼喊她的名字："洁！洁！洁！"，"洁！洁！洁！"，热烈的欢呼声和掌声响彻整个礼堂。

这是学校这次竞选活动中最成功的助选班子，也是实力最强大的助选班子。洁在得力班子的助选下，在短短的竞选造势中，从大家眼中的外来学生，变成校园知名度最高的学生，并出人意料地成为实力最强大的竞选候选人。

洁的竞争对手吉妮弗上台了。同学们没有想到，平时表现自信、大胆、骄傲、能说会道的她，演讲声音却那么轻，说话迟缓甚至超过演讲规定时间被主持老师提醒，最后需要铃声打断演讲。一直到演讲结束，台下同学都清楚地看见她手脚不停地哆嗦。

非常可惜，吉妮弗在竞选对手气势强大的助选团队的造势下，演讲失败了。

"吉妮弗太紧张了，没有发挥出正常水平，比她平时的校园表现差很多。"事后洁对我们说。

竞选最后阶段是投票。

胜负难忘的一课

紧张激烈的竞选季中，终于等到星期一投票的这天。校园竞选造势气氛已平静，最紧张的时刻过去了，准备投谁的票，小选民心里已经有了想法。

洁的助选经理在例会上说，根据民调统计，洁得票率会在百分之八十二到百分之八十五之间，很可能更高。当洁告诉我们这些情况时，我们只有不断感叹，这些十二三岁的小少年，竟然每天坚持去做大人也需要专业能力才能完成的事情。

中午，全体学生对新一届领导人投票结束，投票箱里一张张选票，决定了下一届的学生领袖，谜底第二天揭晓。

当天下午学校负责学生工作的老师找到洁，让她到办公室去一次，洁心里有了感觉，她当选了！

办公室里，老师通知她已经成为下一届学生会副主席。至于当选票数，学校选举规则中严格规定永远保密，点票老师不能透露，因为这关系到当选和落选同学的心态。

老师通知洁，在学期结束前，新当选官员有很多活动需要参加，还要做好新老学生会交接工作；暑假参加州政府和斯坦福大学共同组办的"学生领袖训练夏令营"。

夏令营回来后，当选干部需要每星期到校继续接受学校安排的学生领导能力训练课程，为开学后进行的每一项课外工作做准备，学生会需要保证为同学们提供最好的校园活动，让大家在校园生活中有所收获。

老师说，明天早上学校将公布这一届的竞选结果。公布之前仍然是秘密，当选个人不能提前在同学中说出来。

第二天早上，学校在升旗仪式后的正式上课前，宣布这届学生会当选者名单。洁坐在自然科学教室等候广播里的声音，由于昨天老师和她谈过话，她情绪平静。

学校每个人都知道，这届学生会副主席职位竞争最为激烈。两位互不相让的候选人：一位刚从小城镇来到这里读初中的陌生者，另一位在当地具有高知名度、才华横溢的"偶像"学生，到底谁能获胜，对大家来说是值得期盼的事情。

此时，洁所在的班级寂静无声，全班同学包括自然科学老师都在紧张等待学生会副主席的竞选结果。

静静等待中，广播里传出声音："副主席当选人——洁！"突然间，七年级各班爆发出一阵热烈欢呼声，声音之大震动了整个校园,引得很多八年级同学纷纷从教室门窗伸出头观看。洁所在的班级,欢呼声热烈,同学们的手纷纷伸向洁,少年人之间击掌握手大声祝贺不断。自然科学老师也向洁伸手相握,高兴又大声地向大家宣布:"我们班出了一位副主席!"

下课后,前来向洁祝贺的人络绎不绝,似乎整个校园都充满欢乐。同学们围着洁轮流和她握手拥抱,有同学挤进来大声宣布:"我是副主席的贴身保镖,你们都排好队握手! 我们要保证副主席的人身安全!"有同学握完手后兴奋地大声宣布:"我和副主席已经握过手了! 我今天不洗手了!"有同学叫:"我早知道她会当选! 她就是我们要选的人!"

一位矮小的同学好不容易挤到洁面前说话,后面有人喊她,她愤怒地回头:"你没有看到我正在和副主席说话吗!"另一些较害羞同学说:"洁,你现在是名人了,你不会忘记我们吧?"

洁的助选经理们当然没有忘记是在他们的帮助下,洁才登上副主席位置。好几位助选经理说:"副主席,你准备如何安排我们助选经理位置? 你不能忘了我们!"

……各式各样的祝贺,各式各样的言语,令洁的心中充满了胜利者的欢乐。

当选后洁走进第一堂数学课教室,那位几乎令所有同学讨厌的数学老师脸上也露出了难得的和善笑容。

同学们都知道,初来这里读书的洁,就在这个课堂面对面反抗数学老师的不当教学和"霸凌",组织发动全校同学联合签名罢黜数学老师的公职。反抗事件最后在学校和家长的工作下平息了,很多同学对此愤愤不平。但在事件之后,洁依然能够在不喜欢的数学老师班里平静上课,并保持优异成绩。

微笑中,数学老师的眼睛看着全班同学说:"我们班出了一位副主席,她是我们的光荣和骄傲,让我们向她祝贺!"

接着数学老师笑着对洁额首点头。老师的双眼闪烁着轻松愉悦的光芒,她把身子转向洁,带领全班同学的目光集中在洁身上,不由自主高高举起双手,长时间热烈鼓掌表示内心的祝贺。

很长时间了,数学老师不愿意正视洁。一个月前的候选人推荐签名,她们的视线短暂接触了一下。今天老师和学生第一次在友善微笑中相互对视,数学老师的眼睛里盛满了笑意,洁的眼睛流露出被老师理解后的轻松。全班同学在老师的带领下,热烈掌声和欢乐笑声第一次打破教室长期沉闷的气氛。

这是最难得的祝贺,同学们第一次见到之前令人讨厌的数学老师原来真有她可爱和热情的一面。

数学老师的祝贺令洁非常感动,之前的愤懑和不满从老师充满笑意的眼神中烟消云散了。她此时明白一件事情,只要坚持自己的正直诚实,在困难和委屈中依然做最好的自己,老师会清楚自己的表现,自己也会得到老师的尊重和尊敬。

洁的竞争对手吉妮弗听到广播宣布竞选结果后,在教室里当场放声大哭。从小成长顺利的吉妮弗,在之前任何竞争中,是一位几乎没有对手的常胜小将军,她没想到这次竟然败在突然冒出来的洁的手下。面对自己第一次失败,吉妮弗很不甘心,无法接受失败。后来三天中大哭三场,在伤心痛哭中,少年人面对人生第一次失败的事实,不断反省自己,去接受这场失败结局。

第四天,吉妮弗情绪趋向平静。

这是两节课之间的休息时间,正在做作业的洁感觉教室门口有人看她,抬头看到吉妮弗正忐忑不安地站在教室门口。洁立刻放下手里事情迎接上去。

两人在众多同学的注视下走到一起,落选者向获胜者伸出手来,她们的手相互握住了。

吉妮弗表情真诚地对洁说:"洁,祝贺你当选!"

洁立刻谦逊回答:"谢谢你吉妮弗!在我心里,你一直是很强的人,很优秀的人!事实上你真的很强,你做得很好!我一直认为不能赢你,我只是幸运,碰巧了。"

洁回家向我们讲这些事情时,我深深欣赏数学老师的表现,她让洁感悟到课堂之外的人生道理;也深深欣赏同为少年人的竞争对手吉妮弗,她战胜失败情绪主动前来对获胜者表示祝贺,让洁懂得什么是失败者风度，胜者又应该怎样保持好自己的心态。

这次竞选过程让洁体会的内容远超竞选本身，所学到的经验也远超竞选本身。这个过程成为她少年时代难忘的重要一课，对她未来成长有深远意义……

受训归来的小领袖

七年级暑假来到了，洁和其他六名当选干部一起在老师带领下前去加利福尼亚州中部地区的加州大学圣塔巴巴拉分校集训。

一个星期后，夕阳下的校园沐浴在一片金光中，旅行车载着七位少年和指导老师，缓缓驶进停车场。孩子们背着背包鱼贯走出车门，黝黑的脸上意气风发，笑容灿烂。

洁在车门口出现，她精神抖擞、神采奕奕。看见我立刻敏捷跳下车，向上推了推背上的大背包，挺直了身子，迈开稳健的大步向我走来。

她和我对视的眼睛透着开朗和自信，目光丝毫不离开我的双眼，嘴角始终挂着愉快笑容。她越走近我，笑容越灿烂。

洁走到和我一米远的距离站定了。我的眼前出现一个全新的孩子，那是一个自然大方、身姿挺拔、绽放自信开朗笑容的洁。洁眼睛直视我，笑意写在脸上，热情向我伸出右手。我赶紧伸过手去，我们的手紧密有力地握在一起。洁以轻松愉快的语调开始问候和自我介绍："你好！我叫洁，是学生会副主席，你呢？"

"你好！我叫边宝塑，是你妈妈。"我说。

"很高兴认识你。"洁仍然用愉快的语调紧握着我的手说。

"我也很高兴认识你。"我也同样用愉快的语调和握手力度对她说。

"哈哈哈！"洁忍不住大笑起来，张开双臂拥抱我："妈妈！这是我们夏令营第一节课学的东西。你觉得我握手是不是很有力量？你看我像不像大人了？"

笑声中洁接着说："今后我们要代表学校出去打交道，会遇到很多不认识的人，这是第一次见面表现。你看我是不是很自信很有风度？"

"妈妈，我们在夏令营里学了很多很多东西，见到了很多有名的大人，他们教我们很多道理，最后还把教学资料全部留给我们，让我们回学校后把夏令营学到的知识全部教给同学。嗯，你想学吗？妈妈，我可以先教你。"

看着脸上稚气未脱的孩子，我内心震动了。短短一个星期的夏令营，让刚进入少年期的孩子突然长大，她的握手、问候，表现出来的神情动作自然大方一气呵成。小少年能够像成熟大人一样，自信地使用社交礼貌用语、妥帖的肢体语言、毫无扭怩做作的表情和人见面打交道，这让我发现"学生领袖训练夏令营"在培训孩子方面，其成熟课程和对少年学生巨大吸引力的所在。

洁才十三岁，还是一个等待理性成长的少年，这些课程学习成果已明显可见。在成年人为他们设计的"授之以渔"的课程中，孩子的表现告诉家长，他们开始走上独立成人的道路。这些并非来自普通课堂书本上的知识，正是孩子未来独立走向社会重要的人际交往沟通工具。

告别了老师，洁挽着我的胳膊回家。"副主席，请问你现在最想做什么事？"我问她。

"妈妈，我现在最想洗澡睡觉。我们天天很紧张，洗澡只有三分钟，睡觉只有六个小时。他们说要让我们在最短时间里学别人一年才能学到的知识。我们每天早上六点起床，晚上十二点睡觉，现在我觉得我累死了。"

看着笑容灿烂的孩子，我不由地笑着说："洁，刚才你像三十岁，怎么这么快又回到十三岁了？"

洁搂着我的脖子呵呵笑了。

八年级进入"资优天才"班

洁是智力普通、发育正常的孩子，不是"学神、学霸"。我完全接受她和"学神、学霸"之间课业能力的差异。我的责任是引导孩子养成生活学习的好习惯,培养孩子独立自主、自我管理的意识。

日常生活中我不花时间检查她功课的对错,不过问她是否完成作业,但是我会告诉她,做好这些事情是她的责任。洁如果没有完成该做的事情,我不会心急火燎地训斥她,我让她到课堂面对老师。老师的批评教育会让她重视自己的问题,去思考如何改正错误。家长整天耳提面命、唠唠叨叨只会让孩子内心烦躁,把责任推给家长承担。从洁小学入学第一天起,我就注意不给她推卸责任的机会。

与此同时,我很爱倾听孩子和我聊课堂的情况,从中发现她读书学习的兴趣。我从孩子的描述中,了解孩子对上课内容是否好奇,分享她探索知识的乐趣,喜见她挑战学习能力的勇气。我并不在乎她的考试成绩,无论成绩好坏,只要孩子每天在努力做最好的自己,给予她的除了鼓励,还是鼓励。

孩子在宽松的家庭环境和父母信任的眼光下,进学校后一直保持对课堂学习的好奇心和兴趣,兴趣让孩子保持学习热情,这是追求知识的原始动力。

七年级结束时学校通知,新学年"资优天才"班将有调整。原"资优"班未达学习要求的学生转普通班上课,普通班学生可以报名参加"资优"班考试,合格者进入八年级"资优"班上课。

小学因为学区不同,洁五年级进入六年级"混合班"的考试成绩新学区不认可,洁进入新学区是普通班学生。当她获知学校开放"资优天才"班的考试消息后马上报名,并把情况告诉我们。

"资优天才"班到底好不好,很多家长对此见仁见智。美国小学和初中设立"资优天才"班教学系统,满足聪慧孩子学习能力的需要,让在普通班轻松学习带来无聊感的孩子在"资优"班加重课业压力,促使这些孩子保持探索知识的好奇心和兴趣。

"资优"班教材与普通班一样,在同样的教材下,老师讲课的内容更广泛深入,课外阅读书籍要求更多,家庭作业量比普通班大,考试要求比普通班高。

　　我们没有推孩子进名校的意识，也没有未来让孩子进什么大学的远见，因此对于孩子是否进"资优"班我们采取顺其自然的态度。但是，我们喜欢看见孩子挑战自己，喜欢看见她在自我挑战中日益强壮起来的内在力量和学习能力。

　　洁想进"资优天才"班，我们给予孩子鼓励的同时，不安排孩子进行校外补课，只希望孩子按照真实的能力水平参加考试。

　　八年级开学前学校发来通知，洁通过"资优天才"班考试，进入文学艺术和历史"资优"班上课。这是洁到美国七年后，第一次真正考入"资优天才"班，也是小学和初中"资优天才"班教学体系最后一年学习。

　　八年级对洁来说，不仅上课难度增加，同时作为学生会干部，洁还要承担大量校园工作。此外，游泳俱乐部每天有两小时训练，钢琴老师还安排了考级练习。喜欢挑战自己的洁能完成这些事情吗？

　　我们和洁的日常交流，主要集中在家庭晚餐的三十分钟里。用餐中洁匆匆和我们说些学校课堂和同学间发生的趣事，然后忙不迭跑进自己房间，房门留下一条小缝。

　　不知什么时候洁在自己房门上贴了一张纸条，纸条上有七八条声明。第一条声明说，房间是她的私人领地，她是房间领地的主人，任何人进入房间必须经过主人同意。后面几条逐步解释了房间所有权和隐私权的法律概念以及外人进入房间应有的礼貌和做法，并在最后一条声明中说，任何人有任何不理解的地方，请认真阅读第一条。回头细读第一条，我们完全明白了洁的意思——父母要尊重她的隐私权，想进房间必须经过她的同意。

　　洁不喜欢我们随意进入她的房间，又明白爸爸妈妈对她在房间干什么事会好奇，因此房门总留一条两寸小缝，让我们对房里的活动有所了解。我经常透过门缝张望洁在忙什么，很多次看见她在电话里向学生会同仁布置工作，每通电话从礼貌问候开始，接着讲清事情，最后礼貌告别挂断电话，整个过程不超过一分钟；或者在电脑前急促打字做作业，八年级"资优"班作业不少以论文形式完成,除了小组讨论还要去图书馆查阅资料,一个作业需要很多天才能完成。

作为学生会干部和"资优"班学生,洁在压力下能否做到承担责任,高效率、高质量地完成自己的学习和工作呢?

老师眼中的优秀学生

洁的个性随着年龄成长逐渐明显。她性格开朗,说话有趣,做事不急不躁,面对困难不轻言放弃。

下面的故事告诉大家,美国老师眼中的优秀学生是怎样的。

安娜从小和洁一起长大,洁初中毕业进入高中,安娜小学"资优天才"班毕业,直接进入初中"资优天才"班上课。

安娜来家串门告诉洁,说洁的"资优"班老师现在是她的老师。接着说:"我们上课时老师提到你了。"

"说我什么呢?"洁想不出老师会向新生说她什么。

"老师说要给我们讲一个故事,故事里的人是从他班级刚升入高中的最优秀的学生。"

安娜说:"老师说那位学生很特殊,她每天去游泳俱乐部训练游泳两小时,要练习钢琴,在学校学最难学的课程,还是学校学生会副主席。她每天有很多作业,每个星期还要完成学校里的很多工作。老师说这么多事情放在任何人身上都很难全部做好,人的压力大了情绪会不好,晚上睡觉少了白天上课会睡觉,心情不好和同学相处也不容易搞好关系。但这位同学每天都能完成所有事情,每天早上愉快地走进教室和老师同学打招呼,一点都没有让人感觉她每天面对着巨大压力。"

洁眼睛里露出惊奇目光。安娜接着说:"老师说,他所教的文学艺术课是最难学的课程,有很多作业和课题要完成,同学们压力都很大,而且每天第一节就是文学艺术课,没有人喜欢一大早到学校上这节课。"

"但是这个学生不一样,不管她昨天经历了怎样的压力,一大早进教室她的脸上始终带着轻松微笑，每天都这样，好像没有事情可以难倒她。"

"班级同学只要看见她微笑着走进教室，大家的紧张情绪就会放轻松，气氛也快乐起来。只要看到她，同学们都感到再难的事情都可以去面对，所有压力都压不倒我们。"

安娜看着洁说："老师说这是他教过学生中最令人难忘的学生，他相信这个学生将来会走向成功。他让我们向这位学生学习，要顶住压力挑战自己，做最好的自己。"

洁问安娜："老师真是这么说的？"安娜点头："嗯！是的。老师还告诉我们，中学压力会比小学大很多，面对压力要放松，要以愉快的情绪去对待它。就像那位学生一样。"

洁有些紧张，她不认为老师说的好学生是她。她感觉班级里很多同学都非常出色，包括比她小两岁的安娜。安娜在文学写作方面也比她强。

安娜接着告诉洁："班级里有人问老师，你能告诉我们这个学生的名字吗？那时候我们班每一位同学都看着老师的脸，希望知道这个人是谁。"

安娜调皮地抿嘴一笑："我猜到是谁了，我等老师说答案。"

她两眼亮晶晶看着洁，活泼快乐的笑容在嘴角浮现。洁静候她的下文。安娜扑哧一笑欢快地说："这个学生叫洁！老师跟同学说，就是你！和我猜的一样！"

洁好像在听别人的故事，看着安娜说："怎么会呢？我觉得我没那么好。我们同学中像我一样有压力的人多的是，并不是只有我一个人这样子。"

洁想了想对安娜说："或许我上课喜欢发言，老师对我留下比较深的印象。其实大家都有很大压力，我也一样，只是没在脸上表现出来。我想如果我每天为读书、游泳、弹钢琴、学生会工作生气，压力不会变得更少，事情也不会变得更容易做。"

洁沉思一下又对安娜说："再说我也不会因为生气就可以不要做这些事情，我还不如每天微笑面对它，那样也可以把所有事情做完呢。"

安娜说:"老师说出你名字后,班级轰动了,大家争着说知道你呢!"

安娜笑着对洁说:"班里很多同学说和你认识。有人说看到过你,有人说他们哥哥姐姐是你同学,有人说你是她朋友的朋友。有人因为你到过他们家,和你一起聊过天感觉很骄傲。有人告诉大家你说过的话,有人说你开过的玩笑和笑话。我们班每一个知道你的人都很得意,觉得他们和你是很熟悉的好朋友。"

洁告诉我们这件事时仍然说:"我真的没有想到老师在我离开学校后还表扬我,而且把我说得那么好。我只是一个很普通的正常学生,我并没有一个天才脑子可以轻松对付所有功课和工作,我必须努力才能做好这些。"

洁接着告诉我们:"同学中像我一样有压力的人很多,很多人都做得很好,并不是只有我一个人能做好。但是我很感谢老师在我离校后对我的表扬,老师告诉小同学关于我的故事,对我来说比得到任何奖励都让我高兴,超过以前得到的任何一个大奖,我会永远记住它。"

美国老师眼中的优秀学生,不是天生聪慧的学神学霸,而是在普通生活中喜欢挑战自己,在压力下保持积极向上心态的人。老师认为,每个人能力特长不同,兴趣爱好不同,生活地区不同,获得机遇不同,但如果能够在现实生活中乐观面对各种压力,努力做最好的自己,那就是优秀学生。

开学之后安娜继续告诉洁关于她的事情,七年级和八年级同学都在谈论她,传说洁的种种事情。平常日子只要有人和洁说过几句话,第二天就会在学校传播,那些初中生都以和洁认识而感到自豪。

洁很惊奇小她一两岁的同学会有这些想法。我问洁:"你记得七岁游泳训练时发现偶像的事情吗?"洁点头。

"你羡慕比你大几岁的孩子参加少年奥林匹克游泳比赛,每天回家说她们训练时的表现,讲什么话,穿什么样衣服。有一次小奥运鼓励你加油努力,你兴奋地和我说了好几天。等你参加少年奥运会实现了梦想,发现自己还是普通人,明白七岁的偶像也是普通人了。现在低年级同学看你,就像你当年看偶像一样,有一天他们像你一样时就知道你也是普通人了。"

"哦!是的,我明白了。"

我希望洁知道偶像没什么了不起,崇拜偶像的心态很快会过去。如果希望自己长期获得他人尊敬,就要一辈子做最好的自己。

进入高中后,洁的初中母校每年都邀请她回校参加活动并发言讲话。洁向小同学谈自己在初中和高中的学习情况和校园课外工作经验,每一次她都鼓励小同学努力做最好的自己。

这个任务一直到她离开高中进入大学为止。

第三部

高中至大学准独立时代

11 丰富多彩的高中生活

青少年成长的重要阶段在高中,美国高中设定在校时间四年,从 14 岁到 18 岁。

高中阶段的孩子体力和求知欲旺盛,身体发育趋向成熟,脑子"开窍",心智发展,学习能力明显提高。他们探索世界的范围从课堂书本、家庭和朋友小圈圈,转向人类社会活动的方方面面。充沛的精力让他们喜爱冒险,由此也让他们的自我独立意识更加强烈,个性倾向逐渐明显。随着对外界认知的增长,孩子内心变得敏感,他们有不愿和父母分享的私人秘密,从依赖大人意见,变成希望大人指导性提建议,再变成分析批判大人的说教,否定大人意见。少年人开始自己想办法解决生活中遇到的各种问题,独立做决定和行动。他们不断挣脱大人的束缚,突破"乖孩子"的表现。

这个阶段和孩子处理好关系成为对家长的挑战。

面对精力充沛的少年时代的洁,我们的做法是支持孩子投入大运动量的训练;赞成孩子参加各种社会实践;平等对话,接受孩子和家长的不同想法;认识到孩子的少年时代和我们的少年时代有所不同。

令人欣喜的是,伴随少年独立反抗意识一起出现的是少年心智中的理性意识崛起,充满活力和挑战的少年时代在洁的高中阶段展开。

运动锻炼体魄和意志

洁所在的公立高中有实力强大的游泳校队,队员从美国游泳赛季的逐级比赛,一直到参加世界锦标赛和奥运会,十几年中产生了五位世界冠军。洁入学选择运动项目时,因为游泳成绩出色,成为校游泳队主力队员。

很长一段时间之中,学校三个泳池轮流大修,泳池不够用,女子游泳队安排在清晨五点钟训练。每天清晨四点多爸爸送她去室外泳池训练,我负责送早餐接她回来上课。

冬季的早上天还没亮,地上结着薄冰霜,在泳池边清冷灯光的照射下可以看见人们鼻中冒出团团雾气。洁也怕冷,她哆哆嗦嗦站在泳池边发怵,但随着教练一声令下,洁立刻勇敢脱去大衣扎到水里奋力游起来。七点钟训练结束,洁爬出泳池冲进更衣室匆匆冲澡,急急吞下我带到泳池的早餐,马上赶去上第一节课。

与此同时,洁了解到了学校水上运动项目中的水球运动。她发现水球比赛场面紧张激烈,内心由此涌动着投入水球运动的激情。于是游泳之外她又参加水球训练,很快成为学校水球队的主力队员并参加比赛。

四年高中水球运动竞赛中,她和队友一起过关斩将,获得过一次高中女子水球赛全美冠军,胜利后的团队集体合影登上当年美国水上运动杂志封面。之后,水球队老守门员进入大学,洁成为水球队有史以来个头最矮小的守门员,同时担任赛场队长,接着成为学校水球队队长。

每年水球赛季,洁的守门表现都被当地媒体运动专栏评论家注意。当地媒体登载评论说:洁在赛场上沉着冷静并具有强烈的守门意识,作为身高条件并不突出的守门员,她善于使用技能补充身高不足去奋力扑救每一个射向大门的球,对不可能救到的攻球很多守门员会放弃,洁却从不放弃。运动观察专家在文章中称:洁在激烈比赛中的直觉判断反应、对不可能守住的射球几乎同步跃出水面扑救的表现,超出正常人生理反应水平,比目前测定的正常人类的生理反应速度快 0.01 秒。运动专家认为,她是一位具有天赋的水球守门员。

洁的比赛照片每年赛季都刊登在当地媒体上,她的运动技术成为体育运动评论员关注的内容之一。

高中时期每年的水球赛季,我们都去观看,赛场上洁已经是一名眼观六路耳听八方的指挥员,她一边冷静果断地大声呼喊队员进攻防守,一边快速、机警地阻挡各种角度的射球,承担团队比赛最后一道防线的责任。

美国高中生校队水平的体育运动,近乎半专业训练要求,有些人对艰苦的训练方式感到不可思议,觉得会伤害身体。但是洁已经适应了这样的节奏。

从小学三年级起,好几年冬季训练都在天不亮的大清早开始下水,在早晨上课前结束。夏季训练安排在课后烈日下进行。暑期训练中,每年有段时间要求家长直接把孩子送到海边,教练带领孩子们冲进骄阳下的大海,迎着海浪游出去,再驾驭海浪游回来。大海中的巡游训练有时候两千米,有时候三千米甚至五千米。

游泳训练让孩子有了强健的体魄,有了不怕吃苦的精神,同时也有了非常好的泳技。洁十六周岁参加全美国医疗急救机构课程训练,学习如何抢救各种情况下遇险和猝发病人的急救措施并通过考试,获得美国急救训练合格证书。

同年她参加加州海岸救生员资格考试,这场考试除了泳技还要胆量,因为要从超出水面二十米高的栈桥跳进海中,有人面对高台跳海胆怯了,洁克服胆怯跳下去,自如游回海岸,顺利通过海岸救生员专业考试,成为一名加州海岸救生机构注册海岸救生员。

洁在总结自己的运动训练时说:"我五岁下水游泳,泳池成为我第二个家。了解水球运动后,我发现那是一个需要积极进取的态度、全体队友团结合作、每个人奋不顾身拼搏才能赢的竞赛。相比较注重个人技能的游泳运动,我发现自己更喜欢和大家合作投入赛场的团队竞争。是水球运动,激发我更多的运动热情和坚持不懈取得胜利的拼搏心态。"

多年的运动训练和比赛,锻炼了孩子的体魄,同时每年赛季频繁的比赛需要经常面对输赢尤其面对失败,这给了洁坚强冷静、拿得起放得下的沉稳心态。她的竞争意识和面对困境的顽强毅力在长期运动中获得磨炼,这些身体素质和心理素质,为她后来完成大学艰苦的专业学习,进入职场后帮助她走出压力困境,提供了强健的体能及顽强的内心意志力。

校报记者帮助思考和写作

洁所在的高中有自己的校报,校报质量在全美国高中校报评比中名列前茅。

我建议洁参加校报工作,在媒体工作可以帮助她学会阅读和思考,学习如何调查事件来龙去脉的技能和全面分析问题的方法,学习如何面对社会发生重大情况时冷静不偏激,训练自己客观公正地看待各类事件的思维方式。十年级,洁申请校报记者职位,成为校报文字和摄影记者。

学校要求所有参加校报工作的学生必须加修媒体专业课,专业课根据同学不同的兴趣爱好分工合作。二十多位同学组成的媒体专业班发挥着报社功能,课程安排在每天早上七点钟。洁所在的高中把很多不属于正课的选修课程都安排在早晨七点钟,学校称之为"零节课",这是正式上课之前的早课,这个时间安排,使得很多青春期爱睡懒觉的孩子并不愿意选择。

洁选择了"零节课",每天结束更早的游泳训练后赶到学校上课。媒体课程除了学习采访技能和新闻写作外,洁还选修了新闻摄影课。

从事新闻媒体工作需要大量地读书看报,新闻媒体课程给予学生阅读指导和思维训练。老师指导学生怎样选择图书、新闻报纸和杂志,怎样看待文章中提出的观点证据,如何分析新闻写作的构架和报道内容。洁在老师的指导下开始大量阅读历史和人物传记,除了历史小说和人物传记,家里订阅了《时代周刊》杂志,每星期一收到杂志后,她都看得津津有味,并喜欢和我们讨论其中反映的一些社会问题。

《时代周刊》中刊登的资深专家记者深入社会调查采访后撰写的有关政治、经济、文化、社会等方面的分析文章,透过现象分析背后原因的思维方法,由于内容深刻、数据全面、分析清晰且观点新颖,帮助洁学习和思考现象背后的真实社会原因。这些优秀的新闻稿件成为她看世界的窗口,打开洁看现实社会的通道,帮助她养成阅读中勤于思考的习惯。这个习惯至今仍然是她普通生活中的习惯。

与此同时,她在新闻摄影课程中学会用胶卷抓拍新闻照片,自己动手冲印剪裁这些照片。在校报工作数月后,洁参加南加州高中校报年会摄影比赛活动,现场拍摄并即刻冲印的新闻摄影参赛作品获得第六名;同时校报把她拍摄的头版照片作品推荐参赛,获得高中校报头版摄影最佳作品奖。

十年级,洁和校报伙伴身着正式职业西装,出席在美国亚利桑那州凤凰城举办的全美高中校报编辑记者代表大会,和美国采编重大新闻的著名记者编辑在一起座谈交流,了解新闻工作者的责任和使命。

同年,洁所在的高中校报在全国高中校报评比中,荣获全国第七名的优秀成绩。

她后来总结高中生活时说:"学校新闻媒体课程倡导的阅读和思考的方法,帮助我学会如何深入了解当今世界发生的事情,尤其是对《时代周刊》的阅读,促进我思考如何看待这些事情。这对我后来如何看待世界和社会有很大帮助,也帮助了我的成长。"

"和比自己聪明的人交朋友,不是当敌人"

洁进入高中后,我们周边的几位亚裔家长经常聚在一起交流孩子的情况,交流中我发现很多孩子埋头努力读书,为进入好大学而拼搏课堂成绩和考试分数。

这些情况让我内心不安起来。看着眼前的洁，她对课堂外的活动充满热情，在各种社会活动中花费的时间远远超过课本学习的时间。相较其他家长督促孩子学习、关注课堂和各项考试成绩，我感到自己不够尽职了。

当时华人中开始流行《哈佛女孩》《耶鲁女孩》等中国孩子成功进入名校的书籍，有一天朋友推荐给我一本书，那本书讲述了一位来自中国的女孩怎样进入耶鲁大学的故事。

我很快把书读了一遍。我觉得这是一本鼓励青少年努力学习的励志书，很符合中国家长的愿望和要求。

我对洁说："妈妈想给你读一本书，讲的是像你一样从小来美国的女孩，通过自己努力，最后进入耶鲁大学的故事。"

"好!"洁兴致勃勃地回答。

晚饭后，我到洁房间开始给她念中文书，灯光下，洁聚精会神听我念故事。第一个星期我念耶鲁女孩小学和初中时期的校园学习生活，那个时期美国每个学校情况非常相似，洁每次听到耶鲁女孩参加学校各项活动出洋相及感受时不由呵呵笑着，听到耶鲁女孩小学和初中遇到的一些问题时，感同身受，有着深深共鸣。接着我读到耶鲁女孩的高中阶段。

耶鲁女孩在书中写道：高中时期同学间学习竞争激烈，她的学习成绩排名并不靠前，这样的学习成绩想进理想大学达不到要求，她必须努力赶上并超过那些学习比自己好的同学，学习成绩排在所有人前面才能达到目标。

怎么办？为了激励自己，耶鲁女孩把比自己学习好的同学名字写在纸上张贴在卧室墙上，每天在家看着墙上比她优秀的同学的名字，内心充满学习压力和拼搏动力。她发愤刻苦、废寝忘食地埋头读书，目的就是赶上并超过比她成绩更优秀的同学。

很快，耶鲁女孩超过排在后面的同学，她把墙上那位同学名字划掉，接着继续往前赶超，又超过一位同学，接着划掉那位同学的名字。高中那段时间里，她就这样逼迫自己看着比自己学习优秀的同学名单,心里想着怎样超过他们然后把他们的名字从卧室墙上划掉。

《耶鲁女孩》用文字描述自己想超过成绩优秀同学的心情,划掉同学名字的兴奋爽快的成就感,在亚裔家庭孩子相互攀比的氛围中并不少见。作为少年人能够把赶超别人的激烈情绪最后化作落在实处的读书动力和行动,用不断"划掉"排名比她靠前同学的方法鼓励自己,真是难得的"励志"孩子。

书中写道,她每天站在卧室面对墙壁,看着没划掉的同学名字告诫自己,要赶上并超过他们,要划掉他们的名字。一天又一天,直到她成功划掉最后一名同学名字,自己成为第一名为止。

我起劲地念这些情节,念着,念着,对坐在我面前满脸微笑听故事的洁不满起来。眼前的她每天不务正业,很少看见她捧课本认真念书,内心开始"恨铁不成钢",心情焦躁了,恨不得拿根长鞭去鞭策她才好。

突然,洁严肃发声了:"妈妈!请你不要再念了!"

"嗯?为什么?"我感到奇怪。这位耶鲁女孩的表现正是我们很多亚裔家长赞赏的,女孩激励自己的想法,是我们成长过程中非常熟悉的啊,有不对的地方吗?

我不管女儿的抗议,饱含热情地继续念下去。

洁再次打断我念书的声音,进一步抗议:"妈妈!请你不要再念这个心理有病的人写的书!"

"嗯?什——么?!"我吃惊地看着洁,她为什么这样看待这本书的作者?这是我们习以为常的竞争行为,华人家长非常理解这孩子的励志做法,难道有什么不对吗?

洁用非常严肃又沉稳平静的声音对我说:"妈妈,我想问,她为什么不能和比自己聪明能干的人交朋友?为什么要把比自己聪明能干的人看成敌人?她把比自己能干的人名字写在墙上,唯一目的是想办法划掉这些人名字,就像要把这些人杀掉才会开心一样,她为什么用这样的想法去对待比自己聪明能干的人?"

洁义正词严地对我说话,我看着她,瞠目结舌了。

"妈妈,你一定要知道,人的聪明和学习能力很大一部分是天生的。对我来说,我会和比我聪明能干的人交朋友,而不会把他们当敌人。我不会把比我优秀的同学的名字贴在墙上,每天生气地看着这些名字,想着怎样把他们的名字从我眼前的墙上消灭掉。"

"妈妈,你可能认为只要努力就可以让自己学习变得更好,很多亚裔同学都这么谈论他们父母对学习的看法,认为学习不好是自己不够努力。但是,妈妈,科学家已经发现人的聪明和学习能力是不一样的,我们亚裔为什么不接受科学家的发现呢?"

"妈妈,你不认为那位耶鲁女孩做的事情很可怕吗? 她不许别人比她更好,如果有人比她好,她就像对待敌人一样努力把别人踩下去。这是心理不正常的表现,妈妈,这是心理有病了,你想让我成为那样的人吗?"

"妈妈,请你不要再给我讲这个故事,我不会学她的样子。而且我想,如果我同学中有一个人这样对待我们同学,在家里把自己同学的名字贴在墙上,目的只是为了把他们的名字从眼前消灭掉,这是多么可怕的事情。妈妈,你要明白,在学校里没有人愿意和这样的人交朋友。"

"妈妈,我不会这么做。我知道我不是很聪明的人,但是我不会这样去做。我只会做真的我,不会做这样可怕的人!"

洁的一番话,给了我醍醐灌顶的震撼。孩子和我说这番话,是她从顺从的儿童时代进入了反思家长观念的少年成长阶段,她开始客观独立地看待周围的人和自己了。

作为一名少年,她不盲从家长为她寻来的"偶像"榜样,她对榜样的思考观点角度,何其独立,何其有理!

孩子能够客观看待自己和他人,为什么家长做不到呢? 洁的话令我眼前一亮。在洁的反对意见中我反思自己的想法:为什么我的孩子要模仿这样的人? 孩子接受别人比她聪明,更愿意与聪明人交朋友,这是孩子真正的明智和理性!

洁那天对我阅读励志书的抗议,让我看清了自己,虽然很多时候我明白这些道理,但是在亚裔拿孩子相互攀比的风气影响下我并不坚定,在孩子面临升大学的关键时刻,我也会犯糊涂。

　　洁的反抗让我发现,孩子并不幼稚,她看待每个不同个体的学习能力的观点,其客观性和科学性远远超过我。我告诉洁:"妈妈同意你的说法。妈妈承认每个人是不同的,每个人聪明能干的地方不一样。"

　　洁按自己的天性对待文化学习,学习过程轻松愉快还喜欢帮助别人。有一次洁帮助同学补习数学后告诉我:帮助同学让她发现这是提高自己的最好方法。"妈妈,只有自己思路很清楚时,才能帮助同学理清思路。我帮助同学学数学,我的数学更进步了。"洁虽然在学术能力上不是学神学霸,但她在轻松学习中始终保持优秀成绩,而且毫无保留地去帮助同学,她的表现,更受同学和老师欢迎。

　　我突然发现很多亚裔家长的纠结点在哪里了,那就是:家长们忽略了每个孩子都是独特的个体,孩子和孩子不一样,而不应该用统一的尺子去衡量那些不同的孩子。家长看不见这点,就不懂如何尊重自己的孩子,也不懂去珍惜自己孩子天生具有的独特珍贵性。

　　洁认真看着我:"妈妈,我每天在努力做最好的自己。我不和任何人比,如果你发现我不够好,请不要生气。"

　　我拥抱亲吻了女儿,是的,我们不和任何人比。

　　那是我仅有的"推娃爬高"的行为。《耶鲁女孩》是我给她读的唯一一本"励志"书,在孩子理性成长中面对不理性家长的陈腐观念反抗时停止,书读到一半结束。

课堂学习和社会实践并进

　　洁的初、高中同学中有一位特殊男孩。男孩超出常人的学习能力令他父母带他去不同医学机构测试,得出一致结论:这是具有"神童"IQ 水平的孩子。

　　从"神童"情商智商快速发展的十三四岁开始,"神童"父母利用假期安排孩子接触社会。小少年从社区图书馆整理图书到帮助小学生阅读;跟着父母旅行熟悉美国情况;到当地律师事务所整理资料打字;去州参议员办公室打杂。十六岁,男孩一个人背着背包各州闯荡,熟悉不同地区的风土人情。十二年级,男孩通过竞选成为美国加州高中生州长,每个月到州政府和州长同室工作一天。虽然男孩参与大量的社会活动,减少了在校上课时间,但"神童"的学习成绩依然是学校最棒的。

"神童"德智体兼优,高中竞选当选学生会主席,洁当选学生会秘书长。

洁和这位"神童"不仅是学生会"同事",好几门课还是同班同学,并有机会认识男孩父母。那次洁从男孩家回来,和我们谈了男孩父母和她的一场谈话。

洁告诉我们,男孩父母是大学教授,那天一起参加了同学聚会并且和洁聊校园读书学习的情况,问她未来的想法打算。

教授夫妇告诉洁,如果希望进入自己理想的大学,毕业后更好地为社会服务,高中时期就要接触社会、了解社会,要到真实的社会去打工实习。教授夫妇告诉她,并不是在学校有一个好成绩就可以实现理想,只有了解社会、懂得社会才能真正成长起来。

教授夫妇的观点超出亚裔传统养育孩子的观念。我们夫妻听孩子述说后一致认为让孩子在高中时代接触现实社会,是真正为孩子未来考虑,对孩子成长会有很大帮助。

虽然我们还不知道孩子未来能做什么,但是我们知道,孩子未来不可能活在真空里,她一定要进入真实社会,她要在真实社会中求生存。如何让孩子在未来真实的社会中独立自强? 如何让孩子不仅在校园,并且进入社会后仍保持诚实、正直、勇敢的信念? 让自己在社会上遭遇困境时勇于承担责任并有能力走出困境? 这不是学术能力的问题,而是与价值观加上书本之外真实社会的生活经验有密切关系。

回顾我们的传统教育,无论家庭还是学校,往往把孩子的学习成绩放在首位,校园里的孩子远离真实社会,很多年轻人大学毕业进入社会发现自己很不适应,对真实社会感到迷茫。而欧美国家的教育系统,提倡孩子从十六岁开始要利用课余时间到社会中去,让孩子们从社会最基层的义工和打工挣钱开始了解社会。

教授夫妇对洁的谈话提醒我们:让孩子及早做准备,是家长养育孩子的重要工作。于是我们同意洁十五岁半去驾校学习开车,十六岁生日通过路考,获得正式驾照。十六岁开始,洁有了行动自由的生活。

她驾驶家里的老旧丰田车,利用周末出去打工。高中毕业前洁有丰富的打工经历:百货公司打工,服装店打工,社区图书馆辅导小朋友阅读,游泳池当救生员。暑期回上海加入浦东金桥工业开发区的英文资料校对工作;参加上海市欧美同学会筹备召开国际会议,帮助核对会议英文资料、向国际来宾介绍会议情况,等等。

十一年级,洁到中国柯达公司实习。报到第一天收到柯达公司发给她的书面实习文件,第一次接受安排详细的五个星期高中生暑期实习计划。

洁从公司全球采购部门了解不同国家供货商的情况,了解采购标准和流程管理;参观柯达公司中国生产工厂及产线,了解产品种类和生产过程;公司还安排她访问大中华地区高级管理人员,两位来自美国的高级管理人员包括大中华地区总经理,以及两位成长自中国的高级管理人员。

作为高中校报记者,洁采访中关心的问题是:你读的什么大学?学的什么专业?进入公司后怎样走到今天的岗位?你觉得从技术专业转行到公司管理难不难?

四位管理者回答一致:大学学习电子电器工程专业,进入公司后努力工作,做最好的自己,在不知不觉中走到今天的职位。从技术工作转行到管理部门需要学习管理知识,要有领导团队一起达到工作目标的能力。

洁告诉我们:"在柯达公司的采访中,我发现美国经理不是名校毕业,大中华地区总经理也不是,我甚至都没听过他们的学校。他们告诉我,名校不重要,努力工作才真正重要。所以,如果我进不了好学校也没关系,我会在以后的公司里努力工作。"

高中时期打工和实习经历,给孩子积累了最初期的真实工作要求和社会经验。

孩子教导家长学习

孩子从自己生活中积累经验发现真理,父母也从孩子的观点中了解时代,学习新事物。

高中时期洁从校园内走向校园外,她关心的事情渐渐开阔,她知道未来将进入社会生活,因此她认为提前做好进入社会的准备和课堂学习一样重要。

她和学生会伙伴倡议同学们去体验无家可归者生活的感受,发动学生在学校停车场过夜了解流浪者生活的艰辛和不便;建议同学们课余时间到养老院和老人聊天,从老人那儿听取人生经验,也把青春气息传递给老人;政府削减教育经费开支,洁和同学们参加市政府听证会,走上街头呼吁政府保持教育经费开支,不要让老师失业。他们的一些活动被媒体关注并报道。

洁组织活动时,有家长打电话来询问情况,只要听说是洁组织的活动,家长马上同意。一些不信任孩子的家长要求洁接听电话,洁接过电话告诉对方:"夫人,我是洁,我们正在一起活动呢!"同学家长马上回答:"洁!真是你啊!只要和你在一起整个晚上不回家也可以!"

在孩子忙碌的校园内外生活中,家里始终保持和洁共进晚餐的习惯。我们听孩子说话的时间越来越多,提建议的机会越来越少。当洁和我们聊社会热点问题超出我们的生活经验时,我们会非常认真地听取她的看法。无论她有什么观点和看法,我们始终认为,在孩子特定的时代和年龄认知能力的不同阶段,她所持有的观点和看法,代表她那个阶段对世界真正的认识。

我们走过自己的少年阶段,父母喋喋不休的固执说教不但不被孩子理解,还带来两个结果:一是害怕父母武断强势的压迫,放弃自己的想法顺从父母,独立面对问题时内心纠结无主见;二是父母独裁专制引起逆反心理,走向和父母对立的偏执极端。

这都不是我们希望看到的。我们和孩子在一起时会认真倾听孩子讲述她对事情的看法,孩子的观点和家长不同时,我们不随意反对,因为家长同样也受到自己成长的局限,时代向前发展了,我们更愿意倾听新时代孩子的看法,并尊重的孩子看法。

有一次和洁在餐桌上聊天,她谈起同学亚当,那位我们都认识的男孩。亚当是学生会干部,性格风趣幽默,待人诚实礼貌、绅士友善。在校园学习工作中,亚当有很强的工作能力并对所做事情充满热情。他对每位一起工作的女孩都很友好,每位认识他的人都说他非常优秀、令人喜爱。

美国高中阶段男女孩子交朋友的事情非常多,亚当则不同。他对女孩非常好,但绝对没有过分言行,对任何喜欢他、想和他约会的女孩都会温婉地拒绝。

那天晚餐桌上,洁笑着和我们聊这些事,说学校很多女生在议论亚当,说亚当是同性恋。

"这不好,学校女生怎么这样议论亚当,亚当对女生表现礼貌,说明他是一位优秀的男孩子,怎么能说他同性恋。"我道。想当年我们中学时期男女同学甚至都不看对方一眼,男生和男生一起勾肩搭背,女生和女生亲密无间,按现在孩子的看法那不都成同性恋了?

洁停住话安静地看了我一会儿,然后问:"妈妈,你是不是认为同性恋是一件很不好的事情?"

"那还用说吗?"我回答。

"妈妈,你读过科学家写的关于同性恋的文章吗?"洁问。

"没有。我不认为有道理。"我说。

"妈妈,你一直对我说要相信科学,现在科学研究发现了人类的一个现象,就是存在一定比例的同性恋。你没做调查研究,却认为做调查研究的科学家是胡说八道?"洁问我。

"嗯?"我有些语塞了。

"我们自然科学课老师说过同性恋的事情,科学家发现人类社

会客观存在 $2\%\sim3\%$ 的同性恋。这是科学家经过长时间跟踪调查研究得出的结论。"洁对我说。

"可是,亚当,他是一位多么优秀的男孩。"我说。

"同性恋和优秀不是对立的。如果亚当是同性恋,只是他天生性取向是同性。"洁告诉我。

我使劲眨巴眼睛,希望能清醒明白过来。在我的少年时代谈论男女同学交朋友的话题都要被周围人的唾沫淹死,如今高中生的女儿竟然和她妈妈谈论同性恋?十多秒钟思考沉默后,我承认孩子生活的世界远远超过几十年前我们的同龄阶段。

"多可惜啊。"我无法反驳洁提出的科学研究数据。我们都认识温文尔雅、阳光可爱的大男孩亚当,他怎么会是同性恋?平时看到亚当我都想哪个女孩有幸和亚当在一起呢。

"是的,很多女同学觉得可惜。她们没有机会和亚当约会谈朋友了。"洁说。

后来的事情证明了洁说的话。亚当以优异的成绩和出色的校园表现在高中毕业后被美国著名大学生物学院录取。大三时亚当经过内心激烈挣扎终于在脸书上勇敢宣布自己是同性恋者,同时把未来专业主攻方向定在人类大脑科学研究方面。洁说的没错,亚当确实是同性恋,同时非常优秀。

这只是我们和孩子日常晚餐桌上聊天的一个例子。作为父母的我们,晚餐聊天中不仅了解孩子,也从孩子那里了解新时代、学习新知识。

竞选失败的收获

高中时期的洁在竞选学生会领导中一路顺风,几乎没有竞争对手。她担任过学生会秘书长,也担任过学生会副主席。

作为学生会领导,洁经过多年工作积累了丰富的校园工作经验,并获得同学和家长的极大信任。但是她在最后一年的高中学生会干部竞选中失败了。这是洁从小学开始一路高歌猛进成功竞选生涯中的第一次失败,而且是面临升大学关键竞选的失败。

那一次竞选对即将升入十二年级的同学来说至关重要。希望进入名牌大学的同学都明白,能否在竞选中成功当选,关系到有些名牌大学录取时能否有更多机会。

多年竞选干部的成功经历让洁认为,她不会有竞争对手,学生会副主席的位置非她莫属。

竞选候选人公布了,洁有了竞争对手,对手是初、高中时期的好朋友,学校有名的电脑小专家。洁认为他在校园的知名度是在自家车库成立组装修理电脑的小公司,把组装好的电脑放在网上销售给同学,他没有校园活动经验,洁认为他不是竞争对手。

洁告诉他放弃竞选是聪明的办法,男孩和洁商量:"你已经当了这么多年领导,就让我一次,让我当选吧。"

洁问他:"为什么?"

男孩告诉洁:"我想进西点军校,有学生领袖工作经验可以帮助我。我知道这次竞争没人会让我,你是我的好朋友,你可以让我一次,如果我当选就有机会去理想大学了。"

洁说:"我也想进名校呢,你放弃吧。不然你一定会输。"

男孩不说话了。他知道洁在学校的号召力,他和洁的这场竞争就像洁说的他会输。男孩承认这点,告诉洁:"你的领袖经历和学习成绩想进名校很容易,我从来没有学校领袖经验,会影响西点军校录取。我们是好朋友,你帮我这一次。"

洁对他说:"那我们就开始竞争。"男孩不说话了。

洁回家告诉我这个情况,我问:"你准备怎么做呢?"

她轻松笑了:"我不用做什么,到时候同学们一定会把选票投给我不投给他。他除了修电脑卖电脑没有当过学生会干部,没人愿意最后一年让没有工作经验的人领导他们。"

听着洁轻飘飘的口气,我说:"未必啊,他希望当选的心情很强烈,就像你初中为了参加夏令营竞选一样,会非常努力,也会想很多办法去赢。"

"那又怎么样?还是会输给我。我已经告诉他了。"洁有些不耐烦我叨叨。

"好吧,我不了解你们同学,你对自己同学比我了解,如果你觉得没有问题,那就没有问题。"

我心里想,如果洁获胜,那是幸运;如果失败,就是一生中难得的经验。

洁对竞选完全放松,不做任何竞选宣传,不制作任何竞选宣传的广告,对即将到来的演讲也不准备,她认为成功竞选是顺手拈来的小事,对手不堪一击,不需要认真准备。她只需等待投票之后宣布胜选结果。

投票就要到来,洁好像没事一样。问她情况,洁说:"我让他做好准备,等着输给我的消息。"

我问:"你真的认为自己会赢吗?"

"难道你认为我会输?"洁反问我。

"你要做好输的准备。"我告诉她。

投票前最后几天,各方信息显示洁的民调依然领先。接着,男孩采取行动了。那天一大早,洁到校门口看见一群同学挤成一堆喧哗哄笑,接着看见围上去的人越来越多,每一个从里面挤出来的人都咧大嘴笑着,手里还拿了一包东西。

洁问同学出什么事了? 同学笑着回答:"拿免费礼品了!"

洁挤进去,看到她的竞争对手正满头大汗、笑容满面地从一个大纸箱里拿礼品发放。一边发一边说:"请大家帮忙啊! 这次一定要投我票啊!"

一阵阵哄笑声从人群中发出来。

洁看到这情况有些吃惊,回家告诉我这件事情。同时她认为那是无用功,一份小礼品不可能让同学们改变主意。

第二天,男孩在校门口继续吆喝同学们过来拿免费礼品,并要求大家把票投给他。洁已经从同学那里知道,男孩赠送的这些小礼品采购自韩国,每一份礼品价值六元美金。

我问她:"你怎么看待?"

"我不认为有人因为收小礼品就改变自己信任的领导人。这是最后一年高中,每一个人都希望自己最后一年过得有意义。我有很丰富的领导经验,我认为大家会选我,我会赢。"

"好的。"我说。"如果赢了你继续努力工作。如果输了的话,"我停顿了一下,看着洁很认真地对她说:"你记得初中竞选输给你的竞争对手吉妮弗吗? 妈妈很欣赏她的表现,你输的话也要像她那样大气。"

洁不说话了。我知道,原本自信满满的她,面对竞争对手的新招数心里没底了。

投票结果出来了,洁品尝到了从小学开始投身竞选活动以来的第一次失败,而且是非常重要的高中毕业年竞选。

洁问同学:为什么你们没有把票投给我,而是投给从来没有在学校当过领导的他? 同学们嬉笑告诉洁:我们觉得选谁都一样。既然我们拿了他的礼品,就把票投给他吧。

洁发现,原来很多人的想法和她不一样,不是每个人对选票都看得那么认真,一份小礼品就可以让人改变主意。

洁沮丧地回到家,把竞选结果告诉我们。

在理所当然认为必赢无疑的洁心中,这一跤是她志得意满时的一个大跟头。虽然摔得很重,但我认为对她来说很有意义,这是人生难得的一堂课。我对洁摔这一跤非常高兴,我看到眼前这位长期顺利、春风得意、想法单纯的少年,终于有机会学习"骄必败"的社会经验了。

我像以前一样,在女儿伤心时面带微笑地拥抱她,亲吻她的面颊。

我认真地对洁说:"这是一件好事。"

洁泪眼蒙眬地问我:"妈妈,你为什么说我的失败是好事?"

我对洁说:"记不记得你初中竞选? 当时你没有知名度,很可能要输给竞选对手吉妮弗。你想到自己会输,想办法团结很多同学来帮助你。你开始没有多少朋友,后来有七位同学当你的助选经理帮你工作,你身边聚集了一大群同学,大家一起想办法共同去赢那次竞选,结果你和同学们一起努力赢了从来不会输的常胜小将军。你还记得吗?"

洁两只眼睛充满渴望地看着我。

"后来学校的任何竞选,你只要参加就能赢得胜利。你成常胜小将军了,觉得学校没人可以赢你。同学们听到你要参选,都没人愿意竞争你想要的职位。"

"你知道吗?你觉得自己了不起了,就像吉妮弗当年的想法一样,低估了竞争对手。这次竞选对手就像当年的你,他想尽办法要赢你。他知道同学们收了外国寄来的小礼品会不好意思,他猜对了,结果他赢了。"

洁问:"妈妈,你是不是早就想到我会输?"

我告诉她:"我想到你可能会输。我想,如果你赢了,你学不到什么东西,因为你赢过太多次了,这一次只是再重复赢一次的经验。但是,输就不一样了,你会想自己是怎么输的,自己犯了什么错误了,你可以感受初中竞争对手吉妮弗失败时的心情。妈妈觉得,你从失败中可以学到比胜利更多的经验。"

"可是,妈妈,这对我来说是非常重要的一次竞选,可以帮我进理想大学的竞选。如果你一开始就很严肃地告诉我这些事情,我会重视,也会认真对待,不会骄傲,我会想很多办法赢高中最后一次竞选的。"洁不甘心失败。

"洁,妈妈当时提醒过你,你并不在意。就算妈妈很严肃地告诉你,你的骄傲和得意也不会重视妈妈的话,不会真正理解妈妈的意思。"

洁看着我,我接着说:"就算你听了妈妈的话,很重视这次竞选最后赢了,你还会想其实不用妈妈提醒,也不用花很多力气,本来就会赢,妈妈是大惊小怪呢。只有输了,你才会真正去想一些事情,才会真正学到经验。这是妈妈的想法。"

我告诉她:"虽然高中最后一年竞选很重要,但是在妈妈的想法里,和你一辈子的生活来比,你能从失败中学到的经验比进名牌大学更重要。"

"妈妈很愿意看到你这次失败,这么关键的失败,会让你永远记住它。如果不是那么重要的竞选,你还不会把这件事当成一件事情。将来你要进入真实社会工作,你会遇到各种各样的人和各种各样的事,你需要有自己的经验去提前思考下一步可能会发生什么情况,并做好准备去面对。"我认真地对女儿说。

洁看着我,虽然伤心,但更多的在思考自己失败的原因了。

团队需要螺丝钉

学生会主要领导竞选结束,接着各部门助手职位开始招聘。

洁在竞选中失去当学生会主要领导的机会,但是热爱校园工作的热情没有因为落选消减,她希望高中最后一年继续为同学们服务,于是报名参加学生会领导助手的面试。

新一届学生会干部,大多数人是她初、高中时期一起工作的好朋友,彼此非常熟悉。过去每一年,洁和伙伴坐在一起,对志愿助手"求职"进行面试。现在她作为竞选失败者报名参加志愿助手"求职"面试,由过去的伙伴和指导老师决定是否让她参加学生会工作。

学生会志愿助手的面试并不令人害怕。大家每天在校园一起上课、一起活动,谁适合哪个岗位的助手角色,面试双方心中都明明白白。

主管学生工作的校领导同时也是学生会工作的指导老师,在面试中主持会议并控制局面。他以成年人的深思熟虑,在公平、公正的基础上,让当选同学客观、全面地评价助手人选,尤其有些报名助手面试的人,曾经是当选者的竞争对手,是公开竞选中的失败者。

会议室里,新当选的干部和老师坐成一排,面试者轮流进来回答问题。洁内心有些忐忑,她从来没有体会过当一名被面试者的内心感觉,作为曾经的面试者,她知道面试和决定过程。

洁走进会议室和指导老师打了招呼,和当选同学打招呼,和竞争对手也打了招呼。指导老师请她坐下,告诉她面试规则。洁很清楚这些规则,那曾经是她的工作。

接着,指导老师开口说出给她的面试题目。

"学生会工作就像一辆行驶的车子,每个人都是这辆车子上的零件。车子零件有方向盘,有车轮,还有螺丝钉。如果让你成为这辆车的零件,我想知道,你是希望成为方向盘?还是希望成为车轮?还是成为螺丝钉?"

当选"老干部"瞪大眼睛看着她。伙伴们希望洁能够谈对这次竞选的想法,尤其是败在对手通过赠送小礼品的"贿选"细节上,这种"贿选"开创了学校竞选先例。

指导老师同样好奇,想知道在同学中有高威望的落选者,在竞争对手出人意料的"贿选"中失败了,她怎么看待这起引起校园议论的事件,对学生会的各种角色有什么看法。

洁思考一下答:"我希望能够成为这辆车的螺丝钉。"

老师问:"为什么你不想做方向盘和车轮,只想做一颗螺丝钉呢?"

洁说:"我知道,作为一辆车,它的方向盘和车轮是非常重要的部件,我也知道大家都想当这辆车的方向盘和车轮不想当螺丝钉。但没有螺丝钉,方向盘和车轮无法连接在一起让车子正常工作。螺丝钉虽小,但在车子工作中同样非常重要。我选择做一颗螺丝钉,愿意帮助方向盘和车轮一起做好工作让这辆车子顺利开动。我会成为一颗优秀的螺丝钉。"

洁坦诚回答问题,脸上没有竞选失败的怨气,她心态平静,清澈的双眼认真看着学校领导和多年朝夕相处的同学伙伴。学校领导带头鼓起掌来,在座每位同学都热烈鼓掌。

洁回家告诉我面试问题和她的回答,同样也令我吃惊。洁的回答让我想起雷锋,想到雷锋的螺丝钉精神。我从来没有向洁讲过雷锋的故事,从来没有和她提过螺丝钉精神。在美国长大的洁,在自己的人生经历中,在校园工作实践中,完全理解了老师用一辆运行的汽车作为例子,告诉大家团队合作精神。老师的问题让她思考学生会分工合作中,方向盘和车轮没有螺丝钉会怎样,思考团队中螺丝钉的作用,理解不引人注意的螺丝钉对团队成功合作的重要性。

面试通知很快下来,洁从多年学生会主要领导人,成为学生会秘书长助理和财务长助理。她对螺丝钉精神的感悟和理解,让自己心情愉快地投入高中十二年级的校园生活。她和自己的竞争对手保持了良好的朋友关系,同时也学会了以豁达的态度接纳自己高低起落的人生经历。

不久洁被同学投票当选为校议会议员,在全校同学无记名投票中当选校园公主。

竞选失败的她,获得了更多经验,同时让自己最后一年高中生活光彩斑斓。

回顾洁高中时代投入的校园活动,正是这些帮助洁经历成长中的各个方面,令她扩大眼界,收获全面思考问题和客观看待自己的方法。

高中毕业前洁对我们说:"我觉得自己已经做好了进入真实社会的准备,现在我需要去大学学习一门专业技能,那样可以帮助我在社会上更好地工作。"

尊重孩子的想法决定

十一年级下半学期,高中生报考大学的考试季节到了,我们让洁自己做安排。

洁参加 SAT(I)、SAT(II)、ACT 考试。SAT 得分 1380 分(满分 1600 分)。SAT(II)数理化生物成绩满分,ACT 接近满分。高中四年平均学习成绩(GPA)4.1 分。

我和一位华人补习学校校长聊天,她认为 1380 分的 SAT 成绩无法进入好大学,告诉我很多在她那里补课的学生 SAT 成绩在1500 分以上,在校成绩比洁出色,但也被很多名牌大学拒绝了。

我回家和洁谈补习学校校长的看法,告诉她如果愿意参加补课,家长愿意支付费用,补习后再考一次 SAT。洁告诉我:"如果你们希望我参加补课拉高成绩，我可以去。但是我希望爸爸妈妈明白，那样做是不真实的。"

我不和洁争论真实不真实的问题。之前餐桌上我们讨论亚裔孩子补课拉高分数一事，洁谈了对公正录取的看法，她强烈反对通过花钱拉高分数和没钱补课的学生竞争分数高低，她认为这对没钱补课的同学不公平，也不能说明真正的学习能力。

我忍不住还是帮洁报了名。她顺从我的要求，自己开车去补习学校上课。仅两个星期，校长打电话告诉我，授课老师无法忍受洁在她班级上课，提出辞职了。

校长在电话里说，洁在补习班故意向老师提出刁钻古怪的问题为难补课老师，让老师无法回答下不了台。同时，她在补课班公然对同学说补课老师没水平，比不了学校正规上课的老师，大家坐在这里是浪费家长的钱和自己的时间，等等。

校长告诉我："我们请的老师毕业于美国最著名的大学，很多家长都说补课老师好。可是洁在班里一直调皮捣蛋，同学跟着她嘻哈起哄，老师已经无法好好上课了。今天老师到办公室提出如果洁不离开班级她就辞职离开，如果学校想要留她不走，洁必须离开她的班级。"

听了校长的一番话我没有生气，我告诉她："我会和孩子谈这件事。"在校长的抱怨中，我眼前浮现想象中的场景，洁坐在教室里向老师发难，同学们看着老师身陷尴尬窘境发笑的画面。

洁个性中有调皮幽默的一面。有一次洁所在高中请来当地警局资深警察给学生讲酗酒、吸毒、枪支管理相关法律，当时四百多名学生在大礼堂听警察演讲。谈到枪支管理问题时警察在台上告诉学生："任何人都不可以携带枪支到学校来，任何人携带枪支到学校都是犯法，都要承担刑事责任。"

坐在第一排的洁认真听着，接着举起手。警察问："你有什么问题？"洁站起来认真看着警察问："你说任何人都不可以携带任何枪支到学校是认真的吗？"

"当然是认真的。"警察严肃回答。

"任何人携带枪支进学校就是犯法?"洁一本正经地问,满堂同学屏息静候。

"当然!任何人都不可以携带枪支进入学校,携带任何枪支进入学校都是犯法。"警察看着洁严肃回答。

"法律没有弹性吗?"洁狡黠地问。

警察答:"没有!这是非常严肃的法律问题。"

"好!"洁话头一转:"那么,请你解释,你为什么携带枪支进我们学校?"洁指着警察腰间挂的手枪:"你刚才说的,任何人携带任何枪支进入学校都是犯法。"

礼堂里瞬间爆发一阵大笑,警察也跟着大笑起来。结果警察不但掏出枪让洁和同学们排队上来摸弄手枪,还要求洁带同学们到警局访问警察。

补习班老师不习惯学生课堂上的幽默表现,不喜欢学生超出备课思路提出问题。我想,如果老师不够自信,课堂上遇到思维活跃的学生而发怵、束手无策,用辞职要挟学校让学生离开,这样的老师真无法教我的孩子。

洁告诉我:"老师讲课没有超出学校上课的范围。每次看到老师气呼呼走进教室,我就想笑。她不喜欢我们学生,认为学生一定要傻傻坐着听她讲蠢蠢的课才行。"

"我上课提好笑的问题,想让老师笑一笑,结果老师脸变得更加生气,我觉得好玩,憋不住笑了,同学也跟着我一起笑,老师就真生气了,一摔门找校长去了。"

洁笑着说:"妈妈,老师介绍自己从美国 XX 大学毕业(亚裔认为最好的美国大学),如果是这样,我不会报这所大学。我的考试成绩是学校正常学习的结果,是我的真实成绩,我那么诚实一定会有好大学喜欢我。"

"还有,补课老师不欢迎我,我就不用去补习班了。"洁最后轻松地对我说。

我只能耸耸肩:"好吧。我没意见。人生的路不在于进名牌大学,在于自己有目标,自己去追目标吧。"

洁笑起来："谢谢妈妈！我会努力追自己的目标的。"

作为家长,我们做好准备,如果洁高中毕业去当地社区两年制学院读书,我们同样高兴接纳。我们会鼓励她,不放弃自己的生活目标,去任何学校读书都可以。孩子未来的人生走成什么样子,并不取决于读哪所大学,而是取决于自己每天的所作所为,经过日复一日滴水成河渐渐形成的。

我告诉洁："今天的你不是今天变出来的,是你一天一天积累成为今天的样子。同样,今后你也不会突然变成自己希望的人,需要你一天一天走向你希望成为的样子。"

"将来你会看见,真实社会就像一个大筛子。每个人都会去寻找适合自己的那个筛子孔。大石头有大石头的空间,小石头有小石头的地方,哪怕沙子都会有适合自己的位置。根据自己的能力找合适的学校,名牌学校有差的人,普通学校有很棒的学生,进什么样的大学确实不重要,重要的是你认真努力过每一天。"

我们对洁唯一不变的要求是,她必须走向独立。我们会尊重孩子的决定,而孩子必须要为自己的决定承担责任。

被斯坦福大学拒绝

洁告诉我们她想去综合性大学："综合大学有很多不同学院,我有机会交不同学科的朋友。我自己想去工程学院学习电子计算机科学工程,这个专业将来可以帮助我进高新科技公司,我希望在这类公司工作。"

她说："这个想法是在柯达公司实习时决定的,我希望未来能像柯达管理人员一样,从技术工作开始,然后走向公司管理。"

她的想法获得工程师爸爸的极力赞成。

十一年级暑假我们和孩子到北加州参观大学,先去了加州伯克利大学,然后来到硅谷斯坦福大学。听取了斯坦福大学专业介绍后,开始跟随人流参观学校。

没走多远,洁停住脚步对我们说："我想到大学商店买一件衣服，上面要有大学名字的。"我说："我们先参观大学吧，我很喜欢斯坦福校园。"

洁骄傲又自信地对我说："妈妈，你不用这么急着参观，这是我的大学，我会到这里读书，你每年可以来这里看我，你有足够的时间参观。"

好大的口气啊，我问她："你真的认为会到这里读书吗？"

洁信心满满地回答："是的。校长和老师都和我说了，我是属于斯坦福大学的，我就是这所大学希望找的学生。"

我不由笑了，得宠和顺利很容易让人头脑发晕，这孩子正在享受被人宠爱而春风得意呢。

客观来看洁所申请的斯坦福大学电子计算机科学工程专业，我觉得在学术能力上她的竞争力并不够。地处硅谷的斯坦福大学周边有无数正在发展和等待发展的高新科技公司，斯坦福和加州伯克利所在的北加州有很多大学电子计算机专业是这些公司的技术人才库，专业学生是人才库的主力后备军。作为蓬勃发展、竞争激烈的新兴工业，更需要学术能力拔尖的学生。而洁电脑坏了，自己不会维修也没兴趣学习修理，每一次都是同学帮她修理和重新设定。

但是我不反驳她，我不了解大学选择新生的思路，洁的校长和老师都说她是人家寻找的学生，万一此话成真呢？

十二年级，洁开始自己独立申请大学。

家里给了她一张信用卡，她开始提前申请斯坦福大学。对于她的申请，高中校长、任课老师和学校游泳水球教练都写了热情洋溢的推荐信。

校长那封推荐信非常有分量。信中说：作为一名主管学生工作的高中校长，不常向大学推荐自己学生，但是这一次必须向大学推荐一位能力杰出、表现优异、全面发展的学生。

信中，校长介绍洁在高中的文化学习和校园活动情况以及在学生会工作中展现的杰出工作能力。校长用具体事例介绍他亲眼所见洁在学校活动中，面对混乱场面时沉着冷静、有条不紊、果断指挥现场恢复秩序同时不忘鼓励身边同学、激发同学一起投入工作的表现。校长最后向推荐大学再次说明,洁是一位非常特殊的学生,是他多年学校工作中很少遇到的、具有很大发展潜力的学生,是一名成功的高中生。

推荐信最后,校长希望大学录取部门和他联系,他会非常诚实地向学校介绍更多有关洁的情况和表现。

校长将推荐信发给斯坦福大学之外,还打印了一份送给他的学生留作高中时期的纪念。洁把这封信存放在自己的收藏箱里,成为我今天能够了解高中时期女儿校园生活的资料之一。

我想,当时洁认为可以去斯坦福大学读书,很大一部分信心来自校长推荐信。

十二年级圣诞节前,提前申请大学通知下发,拒绝通知也随之发出。洁提前申请的斯坦福大学给她发来一封客气的拒绝信。学校校长和老师得知她被斯坦福大学拒绝感到很吃惊,他们认为大学没有认真了解这位优秀学生的发展潜力。校长郑重征求洁的意见,他愿意以高中校长身份和斯坦福大学交涉。他认为,这位学生就是斯坦福大学寻找的优秀学生。

洁和我们谈情况,询问我们是否让校长和大学交涉。

我告诉洁:"我不赞成交涉。"

我说明自己的看法:"斯坦福大学拒绝你有他们的理由,妈妈可以站在大学立场考虑他们的想法。如果你申请社会科学方面的专业,你的学习成绩和社会活动能力表现很可能会录取。但是电子计算机科学工程专业,对理工科专业学术能力要求很高,全世界很多学术能力强的孩子都在竞争这个专业。在妈妈看来,你自己对电脑没多少兴趣,怎么认为就可以学好那门专业?"

我告诉孩子:"美国大学那么多,用不着死盯这一所,你可以马上申请其他大学。"

被康奈尔大学录取

常规申请大学时间已经非常紧张,洁开始连夜写个人简介和填报大学申请表格。

至于洁想进什么大学,怎么选择大学,我们依然不管不问。

新年刚过,洁收到加州一所著名大学的录取通知书;接着一所没有申请过的加州著名私立大学发来录取通知,邀请她参加校水球队当守门员,并给她全额奖学金。

洁对这些并不在意,她在等待东部大学的录取信息。

洁向我们介绍,康奈尔大学是她选择的东部综合性大学,康奈尔工程学院是常青藤联盟大学中最好的工程学院。洁填报了康奈尔大学工程学院电子计算机科学工程专业。

进入二月份,洁收到一封来自康奈尔大学工程学院电子计算机科学工程系主任发给她的亲笔信,信中虽然没有录取两字,但是已经有了非常明显的暗示,使用的口气和用词都在告诉她,她将会被康奈尔大学工程学院电子计算机科学工程专业录取。

系主任在信中邀请她去康奈尔大学参观,给她安排的时间是三月里的春假。

洁和爸爸在工程学院约定的时间飞去康奈尔大学。

三月中旬,美国东北部依然春寒料峭。他们走进陌生的康奈尔校园,迎面过来的同学满面笑容走上前主动和父女俩握手并打招呼:"我是康奈尔的学生,请问你们是来参观我们学校的吗?"

洁回答:"是的。我们从加利福尼亚来的。"

"欢迎!欢迎!有什么可以帮你们的吗?"说这话时,又有学生脸上带着自信的微笑迎上来。

"我们要到工程学院接待处去,能告诉我们怎么走可以最快到达?"洁手里拿着系主任发来的邀请信问。"呵呵,我可以带你们过去!"这位朝气蓬勃的学生对父女俩说。

洁看着爸爸愉快地笑了。爸爸知道,她有点喜欢这里了。

从热情接待的工程学院出来,他们去学校安排的餐厅用餐。父女俩刚坐下,正在其他餐桌吃饭的学生端着盘子走过来。

"嗨,你们好!是第一次到康奈尔吧?有什么需要我帮忙的?"学生边问边大大方方在他们身边坐下。

"我们到这里来参观的。"洁笑意盈盈回答。

"欢迎你们！有任何问题可以问我。"学生边说边招呼其他同学一起坐过来。洁很快和康乃尔学生聊起来,吃完饭,他们已经像老朋友一样随意交谈了。

整整一天,父女俩参加了学校举办的座谈会、询问了专业方向、学校生活及未来就业情况,观看了学生艺术团表演,学校还安排洁第二天到工程学院的教室和学生一起上专业课。

洁发现,行走在康奈尔校园的学生脸上都有从容自信的笑容,见到父母带孩子参观学校都主动打招呼帮忙。沿着山坡逶迤铺就的小道有不少跑步锻炼的学生,刚刚泛绿的大草坪上一小圈、一小圈的学生围坐一起讨论学习课程。

地处纽约州中北部的康奈尔大学虽然很冷,但是灰色云层覆盖下的山林校园充满了朝气蓬勃的青春活力。

晚上回到旅馆,洁对爸爸说:"爸爸！这是我要的学校和同学！我喜欢这里！这里的同学很热情,很自信！我觉得我已经属于这里了！"

三月下旬,洁收到系主任寄来的贺信,祝贺她被康奈尔大学工程学院电子计算机科学工程专业录取。

四月一号洁打开电脑,康奈尔大学录取通知送达邮箱。

对"成功"的不同看法

刚来美国怯生生的小姑娘很快就是一名风华正茂的大学生了,孩子长大的速度比当家长期待的要快。面对即将进入大学的孩子,看着她无忧无虑的青春笑脸,我感觉她正走进未知的巨大挑战之中。

洁选择电子计算机科学工程专业,在工程学院属于课程难度有很大挑战性、学术能力要求很高的专业。她的选择并不是因为了解和热爱,而是想通过专业学习,将来能进入高新科技公司,能够像看到的柯达公司高管一样成为公司管理者。她那双没有多少

社会阅历的眼睛,只看到从专业里走出来的佼佼者,没看到很多走不出来"葬送"在这个专业里的人们。

我觉得对将要离家去远方求学的十八岁女儿有很多话想聊。我不想说我对她所选专业的担忧,我怕困难说多了会吓到还只有高中生想法的她。我想和她聊聊我自己对成功的看法。

我没有名校情结。对于有能力和机会进入名校读书的人,我脑子更多的想法是,这些人四年之后进入社会的适应能力和职场发展潜力到底有多大。多年工作经历使我明白,进入好大学并不意味着人生的成功,这只是人生长途跋涉中的一步路。把进入名校等同于成功的人,是对漫漫人生路不成熟的想法。

什么是成功? 世俗流行以拥有多少"名"和"利"作为衡量"成功"的标尺,有些媒体摇唇鼓舌吆喝成功时,更以拥有多少钱财为主题。如果我们有一双 X 光眼睛,会看见众多"名利"成功者背后除了一定的学识能力外,还有胆量、追逐目标的顽强心态、千万人奔跑在"成功"路上"倒地牺牲"的经验,以及天时、地利、人和、机会等幸运或者侥幸的主客观条件因素。

追求"名"和"利"成功,有时候就像运动员登上领奖台,奖牌和奖杯说明人生曾经有几步亮眼的场景,但最终站在人生领奖台上的人并不一定就是你。

我希望洁明白什么是"成功"。

洁高中时期最后一次游泳和水球赛季结束了,她胸前挂着金灿灿的奖牌,双手高举银闪闪的奖杯,笑容和泪水同时挂在脸上。在主持离校运动员告别校队的聚会上,她感谢教练给她们四年艰苦的训练课程,感谢全体队友齐心合力的拼搏,感谢每一位家长对她们的倾力支持。

这群即将告别高中生活的少年运动员中,有两位曾经是世界游泳锦标赛自由泳冠、亚军获得者。洁向我介绍她们后,悄悄告诉我,两位曾经的世界冠、亚军突然有天觉得训练很无聊,十二年级放弃游泳了。

"真的很可惜,如果她们坚持下去,会成为像阿曼达那样有成

就的游泳运动员。"我真心为两位女孩感到可惜。

面对曾经世界级的年轻游泳运动员,我问洁:"人们喜欢说成功,你知道成功是什么吗?"

洁看着我。我说:"有一点很重要,不要随便放弃。"

回想洁十多年来的游泳训练,这不仅是她的训练过程,也是全家人一起坚持的过程,我说:"你五岁下水,除了国内少体校游泳班由老师接送,其余都是我们接送。好几次我觉得时间安排不过来,想过是不是放弃,但最终没这么做,你知道为什么吗?"洁摇头,不解地看着我。

"爸爸妈妈担心,如果因为觉得接送你麻烦选择让你放弃游泳训练,你会觉得只要麻烦就可以放弃,怕你从此学会了放弃。你游泳十三年,也是爸爸妈妈坚持不放弃的十三年。"

想到十三年的不舍不弃,我不由喘口气对洁笑说:"可惜,你游了十三年还只是校队,没游到国家队参加奥运会去。"

"是我不够努力?"洁看着我问。

"你在水里,努力不努力只有你知道,别人不知道。"我绕过她的问题。"有一点妈妈知道,游泳需要天赋。比如阿曼达八岁下水游泳九岁已经很棒了,十一岁不想游停了一年,十二岁又想游了,回到游泳队成为蛙泳游得最好的人,接着成为美国冠军,十四岁成为奥运会冠军。运动员的成功除了努力还有天赋,并不是训练时间长就一定会比别人好。"

"嗯。"洁点头同意我的说法。关于"天赋才能"的问题,晚餐桌上洁曾经和我们讨论过多次,对我们再三表达自己的观点,她接受"人有不同天赋才能"的科学研究结论。

"还有热爱和目标。坚持不懈的热爱需要目标,有了目标,摔了跟头还会爬起来继续热爱。"

"还有很多其他因素,比如你的幽默和微笑,这让你轻松开心地做事情,和团队成员愉快合作。有了这些还不够,还有幸运和机遇。妈妈希望你明白,成功不是你想要就可以得到的东西,学会不去想成功很重要,想多了浪费时间,还让自己心情不好。只要做最

好的自己,做自己可以控制的事情就好。"

我告诉她:"妈妈不会追着让你成为人家眼睛里的成功者,妈妈希望你顺其自然去读书和做事,做自己喜欢的事情。这是妈妈的愿望。"

洁十三年的运动训练,除了锻炼体魄、意志力之外,在一场又一场的竞赛中,学到了更多东西。每次在跳台上等候发令枪响的那一刻,她憋足全身爆发力希望获得这轮比赛冠军,但是比赛结果常常让她发现强手之外还有更强手,要获得第一名很不容易。得不到第一名就放弃吗? 热爱和追逐目标,促使她投入更大强度的训练,为迎接下一场比赛做准备。

洁告诉我:"妈妈放心,我不和别人比,我会努力只做最好的自己。"

十年后再次和洁聊起"成功",已经在华尔街大投资银行成为副总裁的洁告诉我:"工作这些年后,我现在认为成功只是个人对世界和对自己的看法及感觉。成功,并不是你需要拥有多少钱财,也不是你有没有高知名度,成功只是一种个人感觉,只要每天努力做最好的自己,就可以感觉到今天的成功。这是每一个人都可以做到的事情,每个人都可以是成功者。"

这是洁工作获得社会经验之后,对成功得出的结论。

12

独立自主的大学时代

　　大学阶段,孩子除了经济还不能做到独立,在心理和生活方面已经脱离父母关照,进入独立自主、自我管理时期。

　　从出生到进入大学的十八年间,孩子从婴幼儿、小学童、小少年到青少年,从懵懂到追求梦想,终于走到大学。十八年间的每个成长阶段,都在帮助孩子积累生活能力和经验,都是为了离开父母去独立生活。现在,孩子终于踏上了独立自主、自我管理、自己确定未来方向的道路。

　　大学,除了学习专业知识,学习科学观,学习看问题、解决问题的思维方法,他们更需要了解和认识真实社会,为毕业后的人生启航,做好扬帆准备。

杰出学生贡献奖

　　第一次亲眼见到洁的独立、热情、礼貌、亲和力和领导能力,是送她进大学报到的第一天。

　　进入学生宿舍后,洁安排好行李,伏在桌上给还没来到的室友快速写了一张便条:亲爱的简妮,我比你先到了。我选择了靠门的床铺和书桌,如果你喜欢这个地方,我很愿意和你交换。迫不及待等你的到来和见面。洁。

　　写完之后把便条放在窗前书桌上,那是她留给室友的书桌。

接着她走到单元每间宿舍门口,喊着同学的名字走进去,微笑着自我介绍和同学握手寒暄,同时不忘问候一起来的同学父母和家人。每一位新报到的同学脸上既是惊讶,又充满笑容,接着每一个人都大方地相互问候起来。

事情完成离开学生宿舍,我好奇地问她:"你怎么知道这些同学名字的?"

"每间宿舍门上都贴了同学名字,我一进来就注意到了。进去时我看见年纪大的一定是父母,年纪小的一定是弟妹,只有和我差不多的才是同学,所以我就这样喊她们了。"

洁说着匆匆和我们打了招呼离开,她要去参加学校为新生安排的一些小型活动。下午三点钟,洁回到宿舍,告诉我们接下来新生指导老师将要召集新生志愿者开会谈如何帮助学校工作,她要加入志愿者队伍。五分钟后来了一位高大帅气的男生,他约洁一起去参加新生志愿者会议。

晚饭时分会议结束,洁回宿舍,我们一起去学生食堂吃晚餐,一路上她和相遇的熟人打招呼。晚餐中洁告诉我们,她已经加入学校接待新生志愿者的临时组织,现在很忙了,希望我们早些回旅馆明天中午再见。

这是洁进入大学第一天我们看到的情景。

第二天中午按照约定时间,我们和很多家长一起等候在宿舍门口。熟悉学校安排的家长介绍,新生第一天非常忙碌,学校安排的活动一直到凌晨三点钟结束,孩子们都困乏了还没有起来。

好不容易等洁出来,她告诉我们当天安排了很多活动,还要和新生指导老师一起开会,没有时间陪我们逛校园了,我们可以自己去看看。洁在和我们说话的当口不断和来往同学招呼着,并告诉我们她已经和很多同学认识了,在新生接待中,有很多工作需要她去做,她很抱歉没有多少时间花在家长身上。

我们俩怅怅然离开忙碌的洁,自己逛校园去了。

参加完新生开学典礼,返家前我们和洁告别,发现眼前的孩子待人接物的表情神态、语言口气和在家时完全不同,她看上去独立又自信,做事干脆又利落,身边已经有一群朋友围绕。

根据学校的建议,家长不要随便打电话扰乱孩子的时间安排,等候孩子主动打电话回家。洁每个周末会给家里打电话,简略评说一周的学习、课程、老师、遇到的人和事、投入校园工作的情况。

后来我们知道,她成了当年入学新生中最具校园活动号召力的新人,她身边有一大批康奈尔大学不同学院的同年学友、不同年级的好友,他们一起投入校园活动。在她的带领下,当年的新生校园生活搞得有声有色,深得同学和老师赞赏。

学期结束前,学校开始各项评选活动,由学校老师无记名投票产生"杰出学生贡献奖"候选人,洁名列其中。在得票最高的五名提名候选人中,学校老师再次无记名投票,洁获得票数排名第一,当选康奈尔大学每年一名"杰出学生贡献奖"得主。

同时康奈尔大学七所学院新生无记名投票选举年级"最美微笑奖",在众望所归中她成为 2008 届唯一获奖人。

圣诞节将临,离家四个月后洁终于回家了。她带回来的行李箱中,有半箱是短短几个月获得的各种奖项。

洁拿出"杰出学生贡献奖""最美微笑奖"告诉我们:"这是分量很重的奖状,是背对背无记名投票产生的。很多投票老师和同学我都不认识,那些不认识的人能够投票给我,说明大家对我的信任和肯定。妈妈,我很高兴获得这些荣誉。"

投入学生会领袖竞选

圣诞节之后洁回到学校,投入新生学生会选举工作。

对于竞选有多年经验的洁,身边很快聚拢了一批同学开始为她助选造势。正当事情顺利进行时,她发现有竞争对手。

她的竞争对手不是一个人,而是来自美国东部学生组成的联合竞选团队,那些同学在开学之初没有投入校园工作,在新生学生会即将成立之际,开始联合起来竞争学生会不同职位。由于这些人在同学中知名度不高,投入竞选的攻势变得非常强硬。

和洁竞争学生会主席一职的对手,清楚知道无法通过选票打败有校园知名度的洁。他在东部高年级同学的出谋策划指导下,从学校竞选规则中寻找条款,准备让 2008 届学生会主席投票结果作废,让竞选进入仲裁委员会裁决程序。当洁知道情况时,竞争对手已经搜集上报洁十多条违规证据,指证洁在竞选活动中有违反学校竞选法的行为,并向学校仲裁委员会投诉了。

洁这时才知道,大学竞选和中学很不一样,有更严格的规程去管理参选人行为。如果有违规,哪怕最后票数赢了对方,只要对方向学校仲裁委员会投诉,竞选结果就进入仲裁程序。如果仲裁违规成立,投票结果作废,仲裁获胜者上位。

面对突发情况洁有些困惑,她不知道这些人怎么冒出来的。过去一个多学期,新生入学很多活动需要大家一起工作时,这些人没有出现,和洁一起投入竞选活动的同学,从入学开始一直帮助学校工作,投入竞选后,每个人根据特长选择职位时并没有联合起来,现在他们都被突然冒出来的竞争对手攻击了。

有同学告诉洁,之所以出现竞争对手,是因为这次学生会竞选被一位来自东部地区的高年级学生掌控了。那位高年级同学在竞选校级学生会主席,他希望控制每个年级的学生会班子,以便当选后按自己的想法工作。这次新生竞选出现的对手,就是他组织的新生竞选团队班子。他指定主席人选,告诉他取胜方法不是赢选票而是赢仲裁。在他的指导下,助选团队已经收集整理洁的助选团队在造势中的违规行为,并上诉校方仲裁委员会,仲裁委员会可以推翻选票,不让洁当选。

洁了解情况后立刻找来学校的竞选规程条款,这是和法律一样繁杂的详细章程,她第一次发现原来大学竞选有这么多规定。

洁回忆这段时间的工作,她要找出自己是否有违规的地方。通过冷静的自我省视,她发现对方投诉的十几项违规行为在规程中并不明确,但是如何在仲裁委员会对投诉作出合理解释,洁从来没有这方面经验,现在她必须面对新难题。

这时候,现任校级学生会副主席找到洁。那是大四即将毕业学生,他立志要成为一名律师,并已被美国著名法学院录取。

他询问洁竞选的情况,告诉洁不用烦恼紧张。他说,任何时候出现意料不到的情况都是正常的,大学每年学生会竞选都会出现这样或者那样的事情,学校制定严格的竞选规程和仲裁机构就是为公正解决这些问题,只要你冷静对待,一定可以找出办法赢得竞选。

接着他让洁把竞选对手向仲裁委员会提交的投诉报告拿来,他要仔细研读,然后帮洁制定对策。

很快,富有大学校园竞选经验的学长从对方投诉的材料中发现了问题,对方认为洁竞选违规的地方,是对学校竞选章程的不同理解。

他让洁发动助选班子,根据学校竞选规程,从不同角度收集对方的违规行为,材料很快收集起来。"准律师"和洁整理对方违规行为的材料后,递交校方仲裁委员会。接着他和洁一起研究如何反驳对方投诉。"准律师"指导洁逐条分析对方投诉的内容,引导她结合学校竞选规程,帮助洁起草反投诉方案,一起讨论确定仲裁会议的辩论策略。他告诉洁,在仲裁委员会的裁决辩论中,每一句话都要以学校制定的竞选条例为原则,在法律规定下解释自己的行为做法,让仲裁委员会站在自己一边,这才能战胜对方,取得胜利。

仲裁辩论开始了。洁的竞选对手先发言,他罗列了洁和助选团队竞选中的违规行为并逐条说明,要求仲裁委员会公正、公平裁决洁在竞选中的违规做法成立,投票结果作废。

对方发言结束之后,洁站起来。她冷静地、口齿清晰地开始逐条逐句反驳对方投诉:根据学校竞选章程第 X 章、第 X 款规定……,根据这一条款,对方提出我的第一条违规行为不成立。根据学校竞选章程第 X 章、第 X 款规定……,根据这一条款,对方提出我的第二条违规行为,我认为不成立……

洁简短清晰的发言,把竞争对手指控她的十多条违规行为逐一推翻。接着,她拿出事先提交仲裁委员会投诉对手的报告,要求同时仲裁。竞争对手认为自己能赢仲裁,对洁提交的报告看都没看。洁根据学校竞选章程的规定,逐条逐款指出对方的违规行为,一直到整个仲裁会议结束,对方不再发声。

第二天,学校仲裁委员会对全校宣布仲裁结果,洁赢得投票竞选。同时,在仲裁委员会仲裁中,洁也赢得竞选。洁当选为康奈尔大学 2008 届学生会主席。

洁的竞选对手在仲裁委员会公布竞选结果后马上发信向她表示祝贺,接着来到洁的宿舍当面祝贺洁成功当选学生会主席。

两个星期后,幕后掌控新一届学生会竞选的那位高年级同学给洁发来祝贺邮件,同时希望找时间和洁见面。

洁回信给他:有事情你可以通过邮件告诉我,见面没有必要。

对方来信:过去我们有误会,我想和你解释一下。

洁回信:我很忙,我不认为有误会,你没有必要花时间解释。

对方来信:我想和你讨论一下有关年级活动经费的问题。

洁回信:我们年级的活动经费和你没有关系,不需要你提供意见。

对方来信:我还是希望有机会谈一下怎么用这些钱。

洁回答:我们年级的活动经费由我们年级学生会全体成员会议决定,我们集体做的决定,我个人没有权力修改,如果你想和我见面谈这件事情,我觉得不需要。

对方来信:你现在是年级学生会主席,我是校学生会主席,我想和你见面沟通。

洁回答:可以。如果你想了解指导我们年级学生会工作,我召集新当选的学生会全体成员一起来,我们安排在会议室见面。但是我个人,不会和你单独见面。

对方再也没有来信。

第一年学习结束之前,全校同学投票评选各年级一名"杰出学生领袖",洁在同学们无记名投票中荣获 2008 届学生"杰出学生领袖奖"。

风华正茂的洁,投身到丰富多彩的大学校园生活中。

用科学观看待学术能力

洁就读的康奈尔大学工程学院，被认为是对学术能力极具挑战性的学院，她选择的电子计算机科学工程专业，又被认为是工程学院中最难学的专业之一。

她开朗、乐观、幽默的性格，在申请大学自述中有着非常好的表现。她回忆说："当时遭到斯坦福大学拒绝之后，我开始申请其他大学，但是时间非常紧，心里有些烦躁。那时就想，康奈尔大学工程学院的老师会不会也有我这样的感觉？他们每天看着那些差不多的申请文章，看得眼睛都要闭上了，如果我和他们开个玩笑让他们读一个傻女孩的玩笑文章会不会睁大眼睛，觉得好笑？于是我按照写作题目要求，用数学公式开玩笑回答问题，让老师通过数学公式寻找我对问题的想法。我自己一边写一边笑，感觉很酷，就是这样完成了大学申请自述文章。"

洁幽默地说："一定是这篇文章把审核录取的老师们逗得哈哈大笑，接着老师们犯了一个错误，把一个普通公立高中毕业的普通学生，在不留神中意外录取了。这个意外错误的结果，让我品尝了四年专业学习的艰难，在巨大压力下过了四年睡不够觉的痛苦日子，那是一辈子都忘不了的艰难日子。当然，带给我的好处是工作之后的压力都不算压力了。"

洁的幽默并不完全是开玩笑。进大学后她发现，身边那些具有天才般专业学习悟性和能力的同学，让她感到在学业上攀登科学高峰的艰难。

和同学聊天中洁发现，有同学在高中时期就参加国家尖端领域的科研项目；有同学高中研发的技术被国家级专家鉴定认可；有同学对某些课目的理解不亚于大学教授的授课水平；有同学进学校不久，因在专业领域具有独特见解而被大公司点名，指定参加大公司出资赞助的学校研发科学实验团队。

洁和那些天才学生交流时，发现他们对专业无比热爱，学习艰涩的专业课程非常轻松,对专业知识理解通透,这些不是她一个普通学生能够做到的。

为此她感到焦虑,开始发奋学习,课后向老师请教,要求学校为她配备专门的辅导老师,这一切她都做到了。这时候她发现,真实的自己缺乏学习这门专业的能力和天赋。

这对她来说是巨大的挫折。接下来她成为专业学习中最努力的学生,每天写作业到半夜一两点才能睡觉。就是这样,她还只是一名学业普通的学生。无论她怎么努力,都敌不过充满灵感的天才同学,他们翘课后依然可以轻松获得高分的成绩。

她对此挣扎过,是坚持本专业还是换专业?我建议换专业,如果她转换学习社会科学专业,以她的个性和能力来说是轻松的。

洁不想放弃自己选择的专业,她觉得如果因为学习困难便放弃专业学习,今后碰到困难的事情会让她觉得只有放弃一条路了。

对洁来说,进入大学最初那段时间是她人生中最难熬的一段时间。每天上难度很大的专业课,独立完成作业;还要投入大量时间组织学生课外校园活动,运动也消耗她的时间。这让她觉得时间不够用,恨不得一天 48 小时才好。

周末电话中洁告诉我们,她每天早上起不来,为此设定了三个闹钟叫醒她,但依然不想起来,她对自己真的很生气。她说早上闹钟响了她躺在床上不动,接着另一个闹钟又响了,不一会儿第三个闹钟响了。她动动右脚让自己的右脚先醒过来,接着让右脚去踢醒左脚,告诉左脚应该动起来了,但是左脚不理右脚;接着叫左脚踢右脚,让右脚动起来,可是右脚不理左脚。她真不想起床,她感觉每天都太累太累了。

赖床不想起来的洁,把上课迟到的问题归到不听话的左右脚上面,我们本想责怪她没安排好作息时间,但话没出口先哈哈大笑了。

虽然洁的专业学习能力和很多天才同学不能相比,但她有自己杰出的表现。她开朗幽默的个性,吸引了一大批不同学院的优秀同学聚集在她身边,很多来自全国乃至全世界的优秀年轻人都成了她新环境里的好朋友。专业之外的校园活动让她如鱼得水，学生会工作也干得不亦乐乎，这弥补了专业学习带给她的困扰和挫折感。

怎样让自己顺利进行专业课程学习呢？除了笨鸟先飞的勤奋努力之外，是否还有其他方法？

从小喜欢寻找身边的偶像榜样、喜欢和比自己能干的人交朋友的洁很快和专业能力最强的几位同学成为好朋友，和他们组成学习搭档，一起研究讨论专业课问题。她从同学对问题的解说中得到很多启发，由此发现自己学习上的不足。

她发现同学中学业能力最强、学习成绩最优秀的，并不是那些刻苦努力学习的同学，而是学习中特别好奇、喜欢质疑、爱挑战权威并追根究底又有专业灵感的同学。那些同学只用很少的学习时间就让自己的学业成绩领先全班。

洁并没有为自己的学习能力不如优秀同学感觉悲观，相反，她有更充分的理由认为每个人天生禀赋不一样，只有科学客观地看待自己和别人的不同，接受天赋和能力上的差别，才会明白为什么每个人只要做最好的自己才是科学的观点。

这是洁学习上的转折点。由于专业学习中有年级里学术能力最优秀拔尖的几位同学和她一起组成专业学习的团队搭档，她得以在同学的启发帮助下，用自己所能做到的最快、最灵敏的反应去掌握专业知识，共同讨论上课内容，一起做实验，一起完成作业。

四年学习期间，年级中几位最优秀、最有天赋的同学始终和她一起选课，一起去实验室做实验，一起完成课题研究项目，他们一起把学习小团队保持到本科毕业。毕业后洁到华尔街投资银行工作，另外几位同学投身到进一步的专业深造中。

大二期间老师布置的实验作业要求在 48 小时内完成，否则不得离开实验室。很多同学 48 小时没有完成实验，洁和搭档用 36 小时完成并获得满分。大三期间老师布置难度更高的实验作业，要求 72 小时完成，在很多同学无法完成的情况下，洁和搭档用 68 小时完成并获得满分。

我问洁：你们怎么吃饭睡觉？洁告诉我：派同学出去把大家的饭买进来吃，累了就靠墙坐着睡觉，也有同学躺地上睡觉。

对这些年轻人来说，大学四年，除了学习专业知识，他们还要做好准备，为自己不远的将来进入真实社会，并适应未来工作岗位的挑战去努力。

四年大学路，洁没有放弃自己选择的电子计算机科学工程专业，她鼓足勇气，迎接从未有过的学术挑战，并顺利走过挑战，完成了专业学习。

大一暑期到梅西百货公司打工

二十多年前刚到美国时，我曾经对暑假期间街上看不见美国年轻人感到纳闷，校园里的年轻人暑假去哪了？怎么不见我们国内大马路上东游西逛的年轻人呢？

在洁的成长中，我发现美国年轻人十六岁开始打工，不再从父母那里索取零花钱。他们用打工钱买个人用品，用打工收入买汽车。洁和同学一样，十六岁利用假期和周末出去工作挣钱。

大一学习结束回家，一年废寝忘食刻苦学习之后，我们希望洁在暑假好好休息一下，她没有听我们的，而是很快在梅西百货公司找到一份营业员的工作，每天开着爸爸的旧车去上班。

那天洁回家，笑着告诉我们她遇到的事情。

有一对中国母女到梅西百货店买东西，她们不会讲英文，洁上去用中文帮忙。母女中那位十二三岁的女孩忙不迭和大姐姐聊起来，告诉大姐姐父母想让她来美国读书，她感到什么都很新鲜好玩。女孩妈妈看见孩子和打工妹聊天很不高兴，满眼都是鄙夷神情。女孩一直想和大姐姐聊天，结果被妈妈拉到一边训斥，母女俩买完东西，妈妈匆匆拉扯女孩离开，边走边对女儿说："你别学她那样，没出息！只有没出息的人才会在这里打工。"

洁说，当时商店很空，如果她们愿意和她聊天，她非常乐意告诉她们美国学校的事情。可惜，那位妈妈看不起她，不让女孩和她说话,没有给她介绍美国学校的机会。

洁问我:"如果我告诉她们,暑期打工是美国青少年的传统文化,到十六周岁就可以打工了,她会不会不再看不起我?"

我告诉洁:"如果她能接受这样的文化,看你的眼光或许会好一些,如果不理解,她也不会改变看你的眼光。"

洁笑起来:"如果我告诉她,你眼前看到的可怜虫是康奈尔大学的学生,而且还是康奈尔大学 2008 届学生会主席。这时候她会不会改变对我的看法?"

我答:"她可能会吃惊,但是不理解名校学生为什么干这样的活?至少可以找一个坐办公室的工作。当然,她会很高兴让孩子和你聊天,但不会让孩子像你一样在百货店打工。"

洁呵呵笑起来:"妈妈,这是你的想法吗?"

我也笑了:"我想我理解中国人的想法,但是我接受美国孩子十六岁开始打工自己挣零花钱的文化。自从你打工后,不要我们给你零花钱了,还学会整理自己房间,很多好习惯出现了,你让妈妈省心多了。"

洁说:"我们很多同学都在暑期打工,这和家里有没有钱没关系。很多同学家长有钱,但只提供孩子的生活必需品并不给现金零花钱,同学中的富豪孩子都必须打工挣自己的零花钱才行。"

让十六岁的孩子出去打工,学习自己挣钱的小本领,是真正帮助孩子走向独立的有效途径。正是这些小小的工作能力,让孩子们对个人财务和经济生活变得自信,他们知道自己有能力去干最平凡、最不起眼也是最容易找到的工作,可以挣钱养活自己。随着挣钱能力的提升,他们不会惧怕未知的前方,敢于迈开步子离开父母走向个人的经济独立。

大二暑期惠普实习

大二暑期,洁通过学校网站申请了美国惠普公司圣迭戈研发中心的实习生工作。

部门经理打来电话,那是面试电话。洁心里非常紧张,她第一次申请专业实习,班级里学业优秀的同学也都在寻找和她同样的机会。和那些具备杰出学术能力的同学相比,她不认为自己会得到专业对口的大公司青睐。

令洁意外的是,一个星期后部门经理来电话,祝贺她获得研发部门的实习机会,十个星期的工作内容已经发到她的电子邮箱。

洁把惠普研发部门为她制定的实习计划转给我们了解。我们第一次看到美国大公司对只有两年大学经历的年轻人所制定的工作计划。洁的实习由两部分组成,一是研究解决现有产品中多年攻关不下的技术问题,研发成功写成论文,由惠普公司推荐给世界顶尖电子科技杂志发表;二是把目前惠普研发中心各部门分散的电子工作术语编纂成统一使用的公司电子工作手册,编纂结束后到各部门宣讲推广这一手册。

实习工作计划非常细致,很多内容按照半天时间段制定,其中包括每个星期五上午和部门经理进行工作交流。我们有些吃惊,如果公司对每一位实习生都这样安排,将是多大的工作量,而实习生的工作规划,对培养年轻一代又多么重要。

洁的实习工资按照大学电子计算机专业毕业生的年薪支付,同时公司支付她从学校到公司的往返机票和搬家费用。

部门经理给她安排了专业指导师父,师父毕业于美国电子专业博士研究能力排名第一的大学。公司为洁的研究实验拨下研发费用,工人根据洁的要求为她搭建工作实验台。博士师父面对这位还只是大二的学生,在实习最初阶段为她讲解大二学生还没学的专业课知识。

在博士师父的指导下,洁遵循工作计划在实验室有条不紊地开始技术攻关研究。工程试验不能着急,不能突飞猛进,第一步达到要求后,再做第二步。将近两个半月,实验过程从理论上反复论证已经没有问题,师徒两人感到目前电子领域众多专业人士攻克不下的技术难关即将被他们攻破。洁为此兴奋,想象快要完成的论文即将出现在世界著名电子科技杂志上,上面赫然印着她的名字,心里不禁提前陶醉在试验成功的喜悦中。

想象中成功的实验,很快被最终的失败结果击破。她和师父两人检查了整个纪录和操作过程,搞不清什么原因让实验数据达不到设计要求,问题出在哪里? 从头再实验一遍已经没有时间,实验失败的遗憾缠绕在洁心头。

洁的另一项工作完成得很好,在各部门配合下,她顺利编纂完成公司统一使用的电子手册,并在各个部门讲解使用方法,为公司推广统一使用电子手册,做出了有效努力。

十个星期很快过去,实习结束了。她的师父和部门领导希望洁大三暑期再回公司,继续进行没有达到设计要求的研发工作。

告别会上,洁发言时不禁流下眼泪。她感谢师父教会她很多专业知识,给她很多技术指导;感谢部门领导关心支持她,让她参加公司的社交活动,看到大公司充满活力的企业文化;感谢同事们让她感受团队精神及公司荣誉;感谢公司请来不同领域的专家为实习生培训上课,这些让她在十个星期的实习中明白,成功专业人士要在专业上、人际关系处理上和个人财务管理上都做到出色。这些收获使她对未来进入社会充满向往。

大二暑期实习对她来说收获丰富,所有的一切让她舍不得离开惠普公司,令洁感觉很伤心的是,通过实习她似乎明白了电子专业的工作内容,发现工程师并不是她真正喜欢的职业,她内心隐隐感到这次告别不仅是和熟悉的公司告别,更可能是和自己所选择的电子工程师职业的告别。她需要寻找一种职业,这个职业除了工作挑战,同时能及时看到工作成果。

回校后洁和同学们一起交流暑期实习情况,同学们建议,根据她的个性特点,大三暑期可以到华尔街投资银行去试试。

大三叩响华尔街投行之门

康奈尔大学工程学院,在各学院同学眼中是出书呆子地方,尤其是学术能力颇具挑战性的电子计算机工程科学专业更是如此。

但同学们发现,愿意挑战电子计算机工程专业的洁同学,并不是书呆子,于是建议个性活泼幽默的洁,大三暑期到华尔街投资银行去尝试一下不同的工作内容。

大三寒假,洁回到温暖的南加州。全家外出度假期间,她对度假娱乐内容没有一点兴趣。每天早上起来第一件事是进入学校网站,了解各公司到学校招聘实习生的情况。当她发现华尔街投资银行来校招聘实习生的通知贴上网时,很快递交了经济分析师实习岗位申请。

寒假返校后洁获得回音,当年排名华尔街第五的大投行向她发出面试通知,这是 290 名申请同学中第 12 位获得面试机会的学生。

在约定的面试时间内,洁走进投行设在学校的招聘办公室。她面带微笑,自信地向投行面试官伸手相握,自我介绍时,还热情表达了欢迎他们来校招聘 2007 年暑期实习生。

面试官和洁开始愉快交谈。当洁得知投行招聘人员住在学校宾馆时,便问他们住得是否舒服自在,介绍校园内的五星级宾馆在美国旅馆服务行业的排名情况,同时希望他们能够喜欢美国大学排名第一的校园食堂烹制的食品。

这是出人意料的面试开场白。投行招聘负责人对她说,为什么学校把你的简历放在第二批给我们? 好在你是第二批里面的第一位学生,不然我们要花多少时间才能找到合适的人? 洁解释:"学校要保护所学专业学生的利益,其他专业同学如果要和专业同学竞争的都放在第二批。我学的是电子计算机工程专业,安排在第二批发给华尔街投行是正常的,我很高兴安排我成为第二批面试的第一位学生。"

半个多小时的面试结束时,面试官非常高兴,他和洁握手时告诉她会尽快通知她是否进入第二轮面试。两天后招聘工作结束,为感谢参加面试的同学,银行为所有参加面试的学生举办正式宴会,宴请同学们到当地最好的餐厅享用一顿正式晚餐。

洁得到通知后立刻明白这又是一次面试。投行需要了解实习岗位候选人的餐桌社交能力和用餐礼貌礼仪。对这样的面试洁有信心,初高中时期,洁作为学生领袖多次参加"学生领袖夏令营",课程之一是社交规则和礼貌礼仪训练,洁已习惯西方社会文化中的社交规则和表现。在银行举办的晚宴上,她和伙伴们谈笑风生,愉快的气氛让年轻人在第一轮的紧张面试后,开始放松享受美味佳肴。

过了两天,正在上课的洁发现手机震动起来,屏幕显示来自纽约的陌生电话号码。一直等到下课,洁走到校园里,拨通了陌生电话号码。

对方第一句话是:这里是某某投资银行人事部门……

她的心怦怦跳起来,预感这是她盼望的第二次面试通知。洁控制自己紧张的心情,沉着地告诉对方之所以到现在才回电是因为正在上课。

电话那一端说:我们要和你商量一下到华尔街总公司面试的时间和安排……

洁从 290 名申请固定收益和资产投资部门分析师实习岗位一职的同学中脱颖而出,成为最后两名到华尔街总行参加面试的学生之一。另一位参加面试同学来自康奈尔大学经济金融专业,到华尔街工作是这个专业的学生的热门职业之一。

确定了两天后到纽约曼哈顿的第二轮面试,投行发来了往返的飞机票、出租车和宾馆住宿信息。

同时,银行人事部门给她发来银行网页专用密码,她可以使用密码进入银行内部网页,那里有一个文件需要她阅读。

时间对洁来说太宝贵了,专业课学业繁重,加上大量学生社团活动,阅读银行资料只能在晚上完成作业之后。

去华尔街面试的前一夜,洁结束当天功课,打开电脑进入银行网站,按照指示进入内部网页,打开要求阅读的文件,她发现文件有 140 页,除了投行基本情况的介绍,还有金融投资部门介绍和投资知识介绍。洁不是金融专业的学生,了解和学习银行方面的专业知识变得非常重要。

午夜十二点,洁进入一个全新的知识领域。她以极快的速度阅读这些她并不很了解的专业术语,快速理解着很多全新概念,不懂时马上进入维基百科查询,凌晨四点钟完成了文件阅读,大致明白了投资银行的基本概念。

休息两小时后同学叫醒了她。洁事先预订的出租车已经等候在宿舍门前。她要从康奈尔大学所在地的机场飞往纽约,中午11点开始面试,晚上住一夜,第二天一大早再从纽约返校上课。

早春二月的北方依然很冷,洁想到面试之前没有时间换职业装,同时也为简化行程累赘,直接穿上西装和办公室女性文职人员常穿的高跟皮鞋,顺手拿了一件薄呢大衣,手提包中放入当晚换洗衣物,坐进出租车赶往机场。

面试安排在曼哈顿中城投资银行大楼十二层的一间办公室里。洁坐在面试小办公室等候五位投资专家分别进入办公室对她进行金融专业能力、分析能力和个性表现等方面的谈话,每位专家面试三十分钟,整个面试总共两个半小时。

当面试官提出对银行和投资银行基本知识的问题时,洁的回答当场获得面试官赞扬。接着他们了解她对金融投资概念的理解,出了一些专业题目,洁根据理解做了回答,虽不像金融专业学生回答得那么到位,但思路清晰,方向正确。投资专家没有想到一个电子计算机工程专业的学生竟然对银行金融业务了解得如同金融专业的学生一样,他们问洁如何了解到这些专业知识,洁诚实回答昨晚开夜车看了投行人事部门要求阅读的资料,所有专业知识限于资料中的内容。

银行面试官不由笑起来,洁也不好意思地笑了。

另外,银行方面最想了解的是:作为一名电子计算机科学工程专业的学生,为什么想到华尔街投资银行做一名经济分析师?

洁非常诚实地告诉面试者,大二暑期在惠普公司研发部门实习发现自己对工作结果的失望:"两个半月的实验下来,什么结果都没有,因此不能完成工作,只有不断做实验才行。"

她坦诚告诉投行面试人员,在惠普实习让她学习到很多东西,同时也了解了自己内心所期待的未来的工作：未来的工作能够让自己每一分钟都看见挑战，同时每一分钟能看到工作成绩。这是她想到华尔街金融行业做一名经济分析师的动机。

五位面试专家轮番了解洁希望到投行实习的动机，得到一致回答。他们每一个人都告诉洁：你找的就是华尔街投行的工作，它让你每一分钟都面对挑战，每一分钟都看得见工作成果。

洁笑了，告诉他们：那正是我想要的工作！

面试结束，人事部门通知她，公司四十二楼准备了自助餐，晚上没有其他安排可以到那里用餐。

当然，晚餐一定在这吃！结束了紧张的面试，她快乐地对人事部门的工作人员说。

自助晚餐后，洁拨通家里电话，告诉父母面试和晚餐情况。从面试情况看，面试专家对她非常热情，谈话轻松愉快，他们就像朋友一样随意交谈，她感到被录用的可能性很大。

"晚餐表现呢?"我问。

洁说，那是一顿非常随意的自助晚餐，这天不同部门面试了二十多名来自全美各地大学生，"实习生第二次面试工作在投行进行两个星期了，每天都是那么多学生，安排我们这些面试者在公司吃顿自助餐是他们的正常工作。"洁轻松地说。

我有些担心，凭我的直觉，这顿自助餐很可能是银行另一次面试。洁听出我的担心，慢悠悠地说："妈妈，你担心也没用，一切都已经过去了。"

是啊，一切都已经都过去了。我们告诉她，回到学校后收回心来，你大三的书还没念完，还有大四等着呢。不管华尔街投行要不要，你已经努力了。另外还有很多其他公司希望你去实习，机会多着呢。

暴风雪中"卖火柴的大女孩"

第二天黎明时分，纽约曼哈顿还笼罩在朦胧夜色中，洁从旅馆舒适的床上起来准备回学校。

此时,美国东北部天气骤变,昨夜开始的大雪肆无忌惮漫天飞舞,一夜之间大地白茫茫一片。呼呼风声中,当地气温骤然下降到零下十多摄氏度。2007 年早春季节的特大暴风雪已经成为美国和欧洲重要的新闻内容,对恶劣气候经验不足的洁拿上手提包,裹紧薄绒大衣钻进出租车向机场赶去。

那天机场滞留了大量乘客,飞往康奈尔大学城的飞机停飞了,什么时候恢复飞行不知道。这天上午九点钟有洁的专业课,她赶紧给学校打电话,通知老师今天上午的课赶不上了,暴风雪使纽约机场很多飞机停飞。老师让她安心在纽约等待,回校后帮她把缺的课补回来。此时洁的手机没电了,前一天早晨想着短时间离开学校,没带手机充电器也没带电脑,现在她和外界联络的通讯全部中断。

从早上等到中午,没有起飞的消息,从中午等到傍晚,还是没有消息。夜色降临,机场通知全体滞留乘客,暴风雪使机场所有航线停飞,是否恢复飞行由明天的天气情况决定。

怎么办? 今晚住宿如何解决? 她看看周围人,发现一位乘客正用手机打电话,等那人合上手机,洁走上前对他说:"真的很对不起,想问一声我能不能借你手机用一下,我的手机没有电了。"那人把手机给洁:"没问题,随便你用。"

洁拨通了家里电话,铃响没有人接听。一遍又一遍,还是没人接听。她的眼泪都要出来了,爸爸妈妈不在家,而且爸爸妈妈的手机也没接听。她的处境是过去人生经验中从来没有的,现在连听她诉苦的人都没有。她不知道怎么解决所遇到的困难,晚上到哪里过夜,她穿得那么少,外面的暴风雪没有停歇的意思,接下来她应该怎么办?

洁冷静想了想,拨通了银行人事部门的电话。对方很快接起电话,简单问候之后,她在电话里告诉对方,由于暴风雪,她被滞留等候在纽约机场已经整整一天,机场刚刚通知所有乘客,全部航班停飞,她现在无法返回学校,今晚住宿有了问题。

洁非常礼貌地说:"我知道银行给我们面试学生提供一个晚上的住宿费用,但是目前的情况让我迫不得已提出请求,是否因为特殊原因再安排一天住宿?"银行人事部门接听电话的女士让她稍等片刻,三十秒后电话那头说:"我们联系了你昨晚住宿的宾馆,已经给你安排好了房间,你现在就可以过去。祝你一切顺利!"

那是坐落在曼哈顿中城最昂贵地区的著名五星级宾馆。安排前来面试大学生住宿这里,已经让他们感到受宠若惊,接着银行对意外陷入困境的大学生依然采取负责态度,提供解困方案。

洁乘坐机场巴士回到了曼哈顿中城。此时外面积雪近一尺厚,但是大巴停车的地方到旅馆还有不少路需要行走。洁看着漫天飞雪,又看看自己脚上那双全新的高跟皮鞋,那是一双她很喜欢的皮鞋,寒假中爸爸妈妈送给想去银行工作的她一件正式职场装备礼物,昨天面试是她第一次使用。她舍不得才穿一次就要在暴风雪中损坏皮鞋,于是脱下新皮鞋光着脚,换上卧室穿的塑胶夹脚拖鞋,在肆虐的暴风雪中,一步一步,赤足踏进埋没小腿的雪地中。

前一天早上离开学校到纽约,洁只穿了西装加薄呢短大衣,在她的想象中根本不存在暴风雪。她想整个面试行程仅 24 小时,所有过程都在温暖的室内或者车内,没必要带厚重的御寒服,也不需要穿笨重的保暖靴。但是她以为不会发生的事情,在没有准备中发生了。现在洁赤脚穿着拖鞋,裹着薄呢短大衣,在零下十多度的气温中,缩着脖子狼狈不堪地行走在雪地里。

街上每一个行人都朝她看。纽约暴风雪的日子从来没有人会像她那样穿着如此单薄,还赤脚走在大街上。尤其是在等候横穿马路的红灯转绿灯时,所有等候的行人没人愿意先行走动,大家目光齐刷刷聚集在她身上,每一双眼睛都向她射出同情怜悯的眼神。洁希望其他行人走在她前面,她可以踩别人雪中踏出的脚窝走或许好一点。但是,一群行人像木头一样竖立在街沿上,人们都在等候她先迈步。时间一秒一秒过去,所有人站立不动等她先走。此时眼泪在洁的眼眶里打转,她想哭,但她知道哭不能解决问题,于是光着脚第一个踩进深深的雪堆里,后面一群行人缩着脖子踩着她的脚窝跟着她。那些人裹着厚厚大衣,穿着保暖靴子,围着毛茸茸围巾,戴着只露眼睛的帽子。洁穿着薄薄的浅色大衣,没有帽子,没有围巾,赤着双脚,趿拉着塑胶夹脚拖鞋,在这些穿得像大棕熊一样的人群中带头向前走。

对此洁非常生气,她想那些人为什么不走到她前面去,为什么不放弃对她的关注,她好像一个可怜的导游领着亦步亦趋的乡下游客横过马路,每个人都生怕自己的目光离开导游的身影。她知道这些人跟在后面只是很同情她,希望她不要跌倒在雪地上,但她很不喜欢身后那些关注她的人们。

洁不再想跟在她后面行走的人,她清楚地知道必须快快进入温暖的地方,不然会冻出问题。这时她抬头看到马路对面的梅西百货公司,梅西百货公司的辉煌灯火,就像寒冷中出现的温暖火堆,带给她即将回家的感觉。于是她加快步子,一步一个雪坑跨过马路向梅西百货公司奔去。

终于进了梅西百货公司。温暖扑面而来,她抓起一大把货柜上的衣服冲进试衣室,二话不说把两只已经冻得麻木的脚伸进衣服堆中……

终于,脚温暖过来,慢慢有了感觉。洁走出试衣室开始寻找鞋子,发现一双削价中的皮靴正是她的尺码,又拿一包厚袜子,用信用卡付款买下平时生活中并不缺乏的东西。

洁回到学校,联系上了爸爸妈妈。当她向我们描述这些情景时,依然有些伤心。爸爸问她冻坏没有,她说雪地行走时间只有十分钟左右,很快到了梅西百货公司。我问她为什么不乘坐出租车回旅馆?她说机场已经看不到出租车了,机场提供的穿梭巴士免费让大家回曼哈顿,没多想就上了车。

我不想让洁沉浸在事先无法预测的自然灾害带来的挫折中,和她开玩笑说:"所有看到你的人一定在想,咦,这个卖火柴的小女孩怎么又回来了? 她长大了,还穿西装呢。"

洁在电话中听我一说,忍不住咯咯笑起来。接着她的声音变得活泼了,对我说:"妈妈,我想所有的人一定感到奇怪,他们会想,哎,这个可怜的女孩子怎么回事? 今晚到哪里去呀? 是不是到哪个角落睡觉去? 也许火柴换成打火机了吧?"

我笑说:"是呀,看见过你的人一定会注意看第二天的报纸,他们想看看社会新闻里有没有说,一个可怜的女孩在暴风雪中无家可归流落街头,他们可以作为目击证人告诉大家,昨晚真的看到了这件非常奇怪的事情。"

此时,洁哈哈大笑起来,说:"他们怎么都不会想到,这是刚刚从华尔街投行面试出来的女孩,她其实没那么可怜呐。"

欢快的笑声在电话里回荡,从此这段令人伤心的冒险经历成了我们调侃女儿众多难忘的故事之一,也成为洁人生旅途中难得的生活经验和记忆。

两天后洁给我们发来邮件,告知华尔街第五大投行的录用通知已发送到邮箱,她有幸得到 2007 年暑期投资银行经济分析实习生的工作机会。同时得知,她是 290 名申请这个实习职位的学生中,唯一被录取的实习生。

华尔街第五大投行实习

2007 年暑期,洁来到当年在华尔街排名第五的大投行,人事部门分配她到固定收益和资产投资部门实习。

进入部门,洁发现好几位经常在电视经济节目和报纸金融专栏发表金融市场观点的专家。以前洁觉得这些专家远不可及、高不可攀,没想到现在有机会和他们一起工作。

办公室工作气氛紧张而又活泼,洁愉快地投入这个竞争无比激烈的行业。工作状况正如她当时对面试官所说:我喜欢这样的工作,每一分钟面对挑战,每一分钟看得见成绩。

投行的工作状况是她所喜欢的。一个没有任何工作经验的华尔街金融行业实习生,已经感受到分分钟面对挑战的工作,感受到"山雨欲来风满楼"的紧张气氛(后来知道当时看到的正是金融风暴发生前的情况)。

美国次级贷款金融风暴在酝酿涌动,洁所在的部门正是投行在2008年金融风暴中的暴风眼部门。2007年暑期,投资银行家们似乎意识到房地产次级贷款可能会给投资银行带来巨大灾难,部门中每个人都希望用他们的知识和能力在风暴出现前化险为夷,渡过难关。

投行工作是辛苦的,每天风云变幻的市场情况令洁兴奋到无法入眠。洁的师父,华尔街著名固定收益和资产投资经济分析专家,作为部门经理带领团队连续十四年业绩名列华尔街同行业第一,洁是他多年职业生涯中唯一选上的实习生。在次贷风暴漩涡中,这位经理到了废寝忘食的地步,他分配洁的工作是搜集全美国五十个州房贷的还款数据,再由数学家根据数据做分析模型,分析房屋贷款未来的发展走向并寻找更好的方法解决眼下问题。

洁每天从早上七点进公司开始,一直工作到晚上十点、十一点,有时候更晚,工作内容涉及的金融知识极其丰富。

虽然市场面临巨大压力,投行还是为实习生安排了大量培训课程。十周实习期间,银行安排实习生培训课程七十节,课程在午饭休息时间进行。

午饭时间一到,实习生全部来到上课会场,一边吃三明治一边认真听课。讲课专家以金融经济分析师为主,授课内容给年轻人更多、更广泛的经济发展思路,帮助他们全面成长。

洁所学的电子计算机专业让她获得更多机会。银行人事部门花一大笔费用送她去布隆伯格公司举办的金融分析软件培训班。洁发现,作为电脑技术领先的康奈尔大学还没提起这个操作复杂的最新金融分析软件。

除了公司大课培训,所在部门还安排专人负责洁的个人培训课程,个人培训负责人是部门首席经济学家兼首席新闻发言人约翰。约翰经常在美国各大媒体露面并发表分析言论,洁和他成了非常好的同事和朋友。

说起洁和约翰的相识,起源于第二次面试自助晚餐。当时的自助晚餐中涌进一批公司高层人物,洁当时认为那是混进面试实习生中吃白食的人。没想到进入办公室后，那位混吃白食的银行高管带领洁了解华尔街，安排她访问金融界成功者，带她认识表现杰出的金融行业年轻人，安排她参观美国联邦中央银行地下金库，请专人向洁介绍美国黄金储备知识情况，培养洁对金融行业的感觉。

洁实习的投资银行，当年在华尔街有很好的名望。投资银行成立到 2007 年为止，八十五年中，是唯一一家没有被其他银行兼并也没有兼并过其他投资银行、被称为最有华尔街金融文化的投行。部门里的团队气氛紧张活泼，工作中有学不完的金融知识，每一次洁感到好像已经全部懂了的时候，新的知识又来到面前。洁喜欢这些，她喜欢具有挑战性的工作。

实习一个月后，人事部门找洁谈话，要求她和银行签约，承诺大学毕业来银行工作。洁有十周实习期，她并不急着确定。人事部门每个星期都和她谈话，希望早签约，直到最后一天洁决定接受银行内部 MBA 培训和工作计划合约。

签约后，洁受邀参加部门经理会议。她的师父对她加入银行工作表示祝贺和欢迎，同时告诉她目前整个美国次贷状况和部门面临的工作压力。

2007 年夏季美国次贷风暴迫在眉睫，她感受到部门内每天工作像激烈战斗，经理会议使她感到，实习的最后一天甚至最后一分钟都能学到很多东西。

结束经理工作会议，洁告别了所有同事准备离开。这时已与洁成为好朋友的约翰找到她。他对洁签约加入投行表示祝贺说："洁，你知道吗，你不想签约时我们都很紧张。"

洁感到奇怪，问他："为什么会紧张呢?"

约翰说："怕你不肯签约。"

洁更不明白了，她是一名没有任何工作经验的大学生，对实习部门来说是一名无足轻重的小人物，他们怎么会紧张? 于是不解地问："为什么?"

约翰说："你记得第二次面试自助晚餐吗? 我们有些人来和你们一起吃自助晚餐?"

洁当然记得,当这些年轻人热热闹闹吃自助餐时,从门口进来几位衣着体面、气质不凡的公司高层管理人员。二十多位年轻人对进来的人并不在意,继续他们餐中的高谈阔论。

这些高管很快散开混入聊天年轻人中,加入年轻人的话题。洁感觉向她走来的高管有些面熟,想不起什么地方见过。约翰不经意坐到洁身边,乐呵呵招呼着,递给她一张名片。洁看名片吓一跳,眼前浮现电视屏幕上侃侃而谈的美国和世界经济专家,这位人物就是那位专家。约翰,洁知道了他的名字。那位英国剑桥大学毕业的高材生,看着脸色紧张的洁不断说笑话,浓浓的英国口音和诙谐语言令洁不时哈哈大笑,很快放松下来。自助餐成为他们的第一次见面,同时洁也把他看成一位来蹭吃白食的银行高级主管。

此时约翰告诉她,那顿自助餐是银行对实习生安排的另一次面试:"公司要发现哪几位面试者能在华尔街激烈竞争中生存下来。你的面试报告是我写的,是所有实习生中最长的一份报告。根据我们对你的观察,认为你是可以在华尔街激烈竞争中立足的人,也是我们银行这个部门目前所发现的第一位可以在华尔街投资银行第一线工作的亚裔。"

第一线工作的亚裔?洁这时才明白为什么人事部门一直盯着她尽早签订工作合约。回想在华尔街实习期间,不少亚裔在投行工作,但是很少有在一线工作的亚裔银行家。

实习回校后,投行人事部门一直和洁保持联系,工作部门的同事有时打来问候电话,或者聊聊天。约翰更是经常打来电话,了解她的专业课内容和学业情况,聊华尔街逸闻趣事,告诉她自己在电视台发表言论的时间表,让她注意华尔街新动向等。

圣诞节临近,人事部门寄来圣诞礼物,打来节日问候电话,这些使洁深深感到公司团队的凝聚力。

当很多同学在为寻找工作奔波时,开始大四学业的洁已完成大三暑期的华尔街实习,签订了工作合约,期待毕业后工作,等待2008年5月份的毕业典礼……

面临毕业即失业

大学最后一年开始了。洁落实毕业后的工作,口袋揣着暑期攒下来的实习薪水和签约奖金,这笔财富足以让没有固定收入的大学生心里偷笑半天,也让洁的个人财务获得小小解放。

她用这笔钱安排和大学同学去阿根廷旅行,和高中同学去墨西哥度假,瞒着家长参加跳伞训练,周末和同学朋友泡酒吧。

金秋时节,很多公司到学校招聘应届毕业生,洁悠闲地看着校园里行色匆匆奔走各招聘点的同学,毕业前的投递简历、面试、等待结果过程远离了她,她感受到置身事外的轻松。

不知什么原因,好运气一直跟随她。虽然落实了工作,但依然有几家美国高科技公司找她,惠普实习经理一直和她保持联系,给出高于本科毕业生薪水的 Offer 和职业发展培训计划。她知道自己不会成为一名优秀工程师,于是婉拒了这些机会。

美国国防工业著名大公司和她联系,电话中商量派公司"海军一号"同型直升机到校园接她面试,洁很想接受这个别致的面试邀请,想象中酷酷的"海军一号"降落在学校大草坪,她走进直升机升上天空飞向远方一定很炫酷。但她知道到没办法答应去那里工作,不应该得到这样的待遇,于是把欲望克制下去。

联合国援助非洲组织和她谈话,希望她参加联合国与美国政府签订的援助非洲两年的工作计划,两年之后作为青年领袖回来,去任何学校和公司都随便挑选。这是让她心动的项目,如果没有华尔街投行工作,她相信自己会选择这份工作,她愿意接受艰苦工作的挑战。现在她无法接受联合国去非洲工作两年的邀请。

寒冷的冬天过去,春天悄然而至,美国大学开始放春假。洁回到南加州和高中同学一起去墨西哥海滨度假。

2008 年,初春。一年前,洁完成华尔街投资银行面试,在零下十多度的暴风雪中赤脚蹒跚艰难地走在纽约曼哈顿街头。现在那些自信满满的金融投资家终于不得不面临另一场更惊心动魄的暴风雪——金融风暴。

　　实习期间的洁看到金融专家绞尽脑汁,希望通过他们的智慧头脑化险为夷,渡过面临的金融危机。然而,那些努力没有解决问题,危机快速浮现,华尔街首先爆发震惊全球的金融大风暴。

　　洁实习的投资银行出现大状况。次级贷款,这曾经迷倒多少投资者的金融产品,在资本货币巨大的运作中无法抵抗经济发展铁面无私的自然规律,虚假财富如同泡沫一样迅速消失,华尔街终于出现牺牲者,第一个牺牲者是洁将去工作的投资银行!

　　在墨西哥度假的洁突然接到银行人事部门的电话,电话那头告诉她,目前华尔街的情况非常糟糕,投资者似乎对银行失去信任,出现挤兑风潮。银行一线员工都在和客户联系,希望投资者相信银行,避免失去信任遭受挤兑。人事部门电话中让她关注报纸消息,告诉她会和她保持联络,让她放心,只要几天时间银行就抽回投资在外的另一笔资金,他们可以渡过难关。

　　情况虽然紧急,但是人事部门的工作人员在电话中没有惊慌,依然像以前一样沉着冷静。

　　洁接了公司的电话虽然忐忑,但没有华尔街金融市场经验的她并不紧张,她相信公司有办法渡过难关。她认为,看过自己实习银行摩天大楼的人们不会相信巨大的投资银行会支撑不住挤兑风潮。银行那栋大楼在纽约曼哈顿房地产估值中价值 40 亿美金,拥有这栋楼的第五大投资银行是曼哈顿众多投行中唯一一家拥有自己房地产的金融公司,他们不需要支付高昂的租金费用,这是其他投行做不到的。关于摩天大楼的故事,当年 22 岁进银行并且工作了一辈子的 90 岁老董事长,自豪地向年轻人介绍情况时说过。洁认为把大楼抵押给状况好的银行,可以得到应付的挤兑资金。

　　仅仅过了一天,人事部门的电话通知她,银行已被华尔街另一家大投资银行收购。此时她得知,没有银行愿意拿摩天大楼作抵押放资金给自己实习的银行,没有银行愿意伸出手来帮他们一把,所有银行都处在严密的自我保护中,短短几十小时,曾经让很多人自豪的摩天大楼易主了。原以为如此可靠的不动产竟然在金融风暴中并不能保护自己,在收购中几乎分文不值。银行人事部门告诉她,他们的 CEO 和收购银行的 CEO 谈到新员工的问题,收购银行原则上同意接受这批 2008 年新员工,让洁不必担心工作。

约翰打来电话告诉洁不必为工作担忧,告诉她录用的新员工经过华尔街投资银行严格审查,已经具备华尔街一线工作资格,收购银行的 CEO 答应接受被收购银行 2008 年录用的全体新员工。什么是华尔街投资银行一线新员工审查?

在洁和公司签约后不久我们收到一封厚厚的信件,这封信件或许能说明一些问题。那封厚厚的信件是投资银行对洁个人调查报告的复印本,调查从高中开始,包括学业成绩、历任学生干部职位、社会活动、体育运动等个人简历包含的内容,以及洁就读的高中校长签名。高中居住地区的警察局提供无刑事犯罪记录和无违规驾驶记录报告;大学提供与高中相同内容的报告和大学校长签名。大学警察局提供关于无刑事犯罪记录和无违规驾驶记录报告;投资银行指定医院测试服用毒品和兴奋剂化验血尿报告。投资银行对洁个人财务信用情况进行调查和评估。报告中冷静的数字和毫无感情色彩的文字,基本勾勒出年轻人的质量面貌。

洁看新闻、读报纸,追踪震惊全球金融界的重大收购事件。结束春假后返校,洁投入最后阶段的学习,虽然牵挂金融市场,但是大四阶段学业繁重,她集中精力在课堂学业和课题试验上。

坏消息又来了。洁获知全球金融市场急速滑入危机状态,收购银行无法接收全体新员工,新员工职位变得岌岌可危。接着传来令人不安的消息,录用实习生中已经有人收到解雇通知!

几个月前一起实习的年轻学子,因工作杰出的表现获得投资银行正式录用,和银行签约拿到签约奖金时,可以用"春风得意马蹄疾"形容他们的心情。短短几个月一切变了样,之前的优秀学生,现在成为最担心未来工作和职业发展方向的一群人。

此时洁获得银行消息依然说公司的最高领导和接收银行的最高领导在沟通新人安置问题。

那天,康奈尔大学经济专业即将毕业的爱德华找到洁,暑假期间他们在同家银行的不同部门实习。男孩表情沉重,一句话都不说,洁问他:出什么事了? 洁以为学校社团出了状况。

爱德华是康奈尔大学校级学生会三大领袖之一,美国民主党康奈尔大学委员会主席。作为学生会主要领导人,他每年掌握着二百多万美金的校园活动经费,每年在学校一百多个社团财务长预算会议激烈辩论中,最后拍板不同社团经费的多寡,他用清醒头脑说服争执的各方,其工作决断力和平衡各方面关系的能力有目共睹。

爱德华看着洁说:我刚刚拿到银行的解雇通知。

什么?! 洁瞪大眼睛,她不敢相信被公司解雇这件事情发生在前途无量的经济专业高材生身上。品学优秀的爱德华被同学们认为是美国未来的国家领袖人选,他的成长体现了美国中产阶层优秀孩子的成长过程:自小学业优秀,喜爱运动,擅长话剧表演、钢琴演奏,演奏达到即兴作曲即兴表演的水平。爱德华学业之外的才华给同学们带来很多欢乐,使他成为学校知名人物之一。除此之外,作为美国人的他,高大的身材、俊朗的五官,看上去就是影视剧中的美国年轻精英的形象,他怎么可能会被公司解雇!

爱德华告诉洁,之前实习的部门在华尔街同类业务竞争中属于弱部门,这次收购银行彻底抛弃了它,整个部门全体成员在裁减中没有一人留用。

爱德华说,部门资深员工或许可以在其他银行找到工作,但他只有十个星期的实习工作经验,在这一行找工作困难重重,华尔街投行现在已经结束了 2008 年新人招聘。爱德华告诉洁,之前学院鼓励他直升研究生,因为有华尔街工作他拒绝了,现在学校招生结束,他直升读研的机会也丧失了。

洁立刻给银行人事部门打电话了解详细情况。她得到的最新消息是,目前情况非常糟糕,因为银行股东抗议,收购银行同意提高收购股价(金融风暴前每股价格八十多美金,金融风暴短短几天跌至每股 2 美金,银行同意提高至 10 美金收购),员工不能全部接收,目前 50％员工会在收购中失去工作!

洁怎么也想不到,还没开始工作却要失去工作。再过两个月就毕业,全美国各大公司招聘新员工的季节已经过去,原本那么多的选择机会消失了。被公司裁员解雇,对这些没有工作经验的新人来说,要面对一段严峻的求生存时期。2008年金融风暴把美国经济快速拖进经济衰退周期,使将毕业的大学生找工作面临很大问题,找到工作的学生也陷入未报到就失业的危险之中。

"我们不能坐以待毙。"这是洁听到爱德华失去工作后的第一个想法。爱德华告诉洁,他已经向华尔街大型咨询顾问公司发出简历,他希望能够找到工作机会。

洁不再等待公司消息,在毕业前的关键时刻,她不能坐等公司发来裁员通知。洁立即开始重新整理简历,向华尔街尚未深陷金融危机的投行发去。很快有三家银行给她面试回音,其中一家安排她马上前去面试。

洁再次来到华尔街,面试中坦率谈了银行实习的情况,同时告诉他们最近的思考和决心:华尔街投行实习让她认识到,自己喜欢接受挑战,她的职场起步一定要从华尔街开始。

面试结束后,洁利用返校前几个小时去实习银行看望几个月前一起工作的同事。才离开几个月,老银行的牌子已经不见,取而代之的是新银行牌子。同事告诉她,宣布银行被收购后的第一件事,就是取下所有老银行牌子,收走所有信笺信纸,全部换上收购银行的名字。仅仅几十个小时,赫赫有名的华尔街第五大投资银行似乎从空气中消失,八十六年金融投资的辉煌历史,已经不见痕迹。

洁走进工作过的办公室。办公室再也不见2007年暑期实习的朝气蓬勃、斗志昂扬、有条不紊的场景,眼前是乱七八糟犹如战败后正在清理的战场。

洁来到首席新闻发言人约翰的办公室,约翰见洁进来马上放下手头工作聊起来。洁告诉他,她刚去一家投行面试出来,她知道整个华尔街目前的情况非常糟糕,她可能要面临毕业后就失业的状况,但她会待在纽约。

约翰告诉她,自己从剑桥毕业进入华尔街第五大投行,十八年的工作经历让他从幼稚大学生,成长为有影响力的经济分析师和新闻发言人。他热爱这里,但是现在什么都没有了。新银行拒绝接收他这样的高级专业人员,他还没去找工作,目前留在这里收拾摊子,看着有 86 年历史的投资银行最后归零。

约翰告诉洁,现在确实很困难,但是不要放弃认准的目标,很多时候你觉得没希望了,绝望了,目标或许就出现了。

洁很难过,想到约翰带她访问华尔街金融界名人、走访金融机构、参加公司体育运动比赛、去酒吧社交。洁认为那是华尔街金融人士不变的生活工作方式,没想几个月后,一切都不复存在了。约翰继续说:"不要放弃,OK?"洁点头告诉约翰,她不会放弃,她的职业起步就在华尔街,哪怕短期内找不到工作,也不会放弃。

洁告别约翰去找她师父,人们告诉洁,她师父非常忙,心情很不好。曾经在华尔街展现自己超人能力、体力和智慧,连续十四年在投行同类业务竞赛舞台上名列前茅的"金融才子",随着银行被收购,之前的成绩全部化为乌有。洁相信她师父面对这样的惨败结局,内心的难过只有自己知道。

晚上回学校,洁和爱德华沟通情况。爱德华气馁地告诉她,发出去的简历都被打回来,原先希望去咨询顾问公司,也说已经结束 2008 年的招聘,情况真是糟糕透了。洁说,我们每个人都面对很大压力,日子都很难过,谁也帮不了我们,我们必须自己帮助自己。"不要放弃,OK?"洁用坚定的目光看着爱德华说。

金融风暴中走进华尔街

回校当晚,洁给家里打来电话,告诉我们看到的实习银行的情况和在另一家银行面试的感觉。她感觉面试不错,但是目前投行招聘新员工非常谨慎,不能把感觉当真的,只有拿到正式聘用通知才行。接着洁和我们商量,如果错过今年暑期工作的机会,爸爸妈妈能否继续提供生活费?她要做好准备,很有可能未来一年没有工作,需要父母支持。我们和她商量读研究生的事情,康奈尔大学工程学院对电子计算机科学专业大学生有五年修完硕士学位的计划,很多同学参加了这一计划,再读一年不但可以拿到硕士学位,也便于等候更好的工作机会。洁说,因为没在规定时间报名,当年读研的机会已经丧失,而且她不打算读工程硕士,如果要深造也会选择经济专业。

我们问她是否先回来? 或者找一份普通公司的工作?

洁说:"如果那样就不会再回纽约找工作了。我不想手里干一份工作,脑子想另一份工作,结果什么工作都做不好。"我们劝慰她,很多人不喜欢自己的工作,却依然在那里工作着,你总不能天天在纽约闲逛,等着和下一届毕业生竞争吧?

洁说:"我很清楚自己想要什么,对如何找工作我比爸爸妈妈更清楚。请爸爸妈妈放心,现在只是和家长商量如果出现这样的情况怎么办,并不是说一定会出现。"

洁告诉我们:"我现在要做好最坏的打算,有了解决最坏结果的办法,就什么都不怕了。"

这是已经长大成人的孩子。洁个性中有一种未雨绸缪的意识,或者说危机意识。这种思维方式可能是激烈的竞争环境所致,可能是面对挫折独立解决问题所积累的经验,或者是在学生领袖的思维训练课程中形成。总之,她天性中这项潜力获得发展,在日常生活工作中,总想到可能出现的不同结果,并提出不同解决方案。我们告诉她:你是我们的孩子,你有需要时我们会提供一切支持,爸爸妈妈永远支持你在喜欢的地方和职业上努力。也让你知道,你长得再大、再能干,爸爸妈妈会永远等候你回家。

洁的心情似乎放松了,她习惯地在电话结束时对我们说:"我爱你们,再见。"

第二天是星期五,午饭时分洁如同往日一样打开电子邮箱查看邮件,蓦然进入眼帘的是一封来自收购银行的信件,点开只见:

"亲爱的洁,祝贺你被本投资银行录用! "

昨天她还在曼哈顿华尔街为自己寻找工作机会,同时沉浸失去实习银行工作机会的伤感之中；晚上和爸爸妈妈商量如果毕业就失业怎样解决经济来源，怎么一下子就有聘用通知了呢？与此同时，昨天面试的另一家银行也发来录用通知，通知中给她的录用待遇更好，提供的工作机会更加吸引人。面对两家银行发来的通知，洁没有兴奋。大三暑期让她充满工作激情的华尔街第五大投行没有了。她要不要去收购银行？作为单纯的大学生，感情上无法忘怀之前火热的实习经历，面对世事突变，以前认为不会沉没的航空母舰突然沉没了，没有真正进入社会的年轻人，很难接受失败的结局。

通知附加一句：如果放弃报到，须交回实习银行签约奖金。

洁给约翰打电话，告知约翰目前有两个工作机会，需要在两家投行中选择。约翰谈了自己看法：进入金融行业巨头银行，你可以从收购和被收购中学到很多金融知识，这是难得的机会，不是很多人能够得到的。如果你不喜欢，另一家银行实力也强大，这次在金融投资市场避开了金融风暴核心业务，如果去那里工作可以安稳一些。

洁又咨询华尔街其他前辈专家，最后和我们探讨去哪一家投资银行。

我问她：如果放弃，让你退回的签约奖金有钱还吗？

洁说：手头的钱恐怕不够。你们能帮忙吗？

我告诉她："如果决定去另一家银行，爸爸妈妈可以帮你还钱。"接着问："你想过没，签约奖金对你来说算一笔钱，对投资银行来说不算钱。妈妈只是提醒你去思考，他们为什么要这么做？他们这么做目的是什么？希望你慎重考虑自己的决定。"

两天后的星期天，洁打来电话告诉我们，她做了最后决定。洁说："我进入职场是从美国金融风暴中心开始的。我将会看到一个大企业收购另一个大企业后的重新组合，会看到金融风暴中破产的公司和部门如何融合到新公司中去，我会得到其他人得不到的工作经验。我会在工作中做出努力，让新公司了解我，获得职业发展机会。"

这是她自己做的选择。虽然我们内心希望她选择危机中发展壮大的投资银行，但她做决定之前我们默默等待并尊重她做的选择。

多年后洁告诉我们，金融风暴中的华尔街投行每天都有惊人变化，她清楚地知道，作为一名金融风暴中被收购银行的新人，去金融风暴中大赢家的投行工作，职业前景会有很大风险，她做好了金融风暴的动荡中被大银行解雇的准备。

我问洁，"既然知道风险很大，为什么选择去哪里?"

洁的思绪回到过去，在回忆中告诉我这段经历："我当时选择这家银行是希望在过程中学到更多经验。"

洁说："当时我想，我会在工作中努力做最好的自己。如果遭到解雇，我的经验会帮助我寻找其他工作，我愿意接受职场挑战，结果我走过来了。"

告别康奈尔大学

最后一门考试结束，艰苦的学习过程终于告一段落。洁和同学们再也不用为第二天考试去通宵达旦地复习，再也不用为解决一个难题无眠无休挑灯夜战。毕业生们欢聚一起，毕业的日子是派对狂欢的日子，是酒吧畅饮的日子，是笑声和泪水同时涌现的日子。他们再不用担心第二天早上起不了床耽误了上午课程，再不必担心令人汗颜的考试分数。即将大学毕业的学生们，开始了学生时代最后的狂欢。

洁和同学们除了各种参加庆祝活动，同时履行自己的承诺，她要跟随飞机上天完成人生第一次跳伞。

那天，他们一群同学来到距离学校不远的小机场，那是训练小型飞机飞行员和跳伞运动的地方。洁穿戴好跳伞服，登上小飞机，飞机轻盈起飞了。机上轻松的音乐伴随他们盘旋着向高空攀升，不断向上，再向上。一身轻松的洁要送给自己大学时代最后一件礼物，从 10000 英尺（3050 米）的高空跃入蓝天，然后慢慢降落在指定地方。洁对此一点不害怕，之前的训练课程让她明明白白地知道怎样完成跳伞，她期待这个时刻的到来。

飞机像一只大鹰在 10000 英尺的高空盘旋，洁戴好跳伞眼镜，教练和她再次检查所有装备以确保安全,一切 OK。

飞行员口令传来:打开舱门! 准备跳伞!

隆隆引擎激荡着年轻人的心脏,年轻的洁毫不犹豫地张开双臂,就像游泳跳水一样在教练的带领下跳跃出机舱! 头上是碧蓝天空,脚下是悠悠白云。哈哈哈,她在空中快乐大笑起来,空中的她,发现天地是如此宽广,她能够在宽广天地之间自由自在地翱翔。她看到隐藏在山林中的学校,青山绿水中康奈尔大学城如此美丽漂亮,那是她度过四年大学生活的地方。

四年里有欢笑有泪水,这些令她永远难忘。她忘不了学校充满天才智慧和杰出工作能力的老师、同学,是他们让她从一名心怀梦想的高中生变成一名青春洋溢、风华正茂的大学生,懂得如何专业地投入学习和工作,如何更有效地提高工作效果。

大学四年中,来自不同地区、不同家庭背景的同学让她看到一个更为宽广的世界。同学们共同的学习生活,让她理解了这样的观点:在康奈尔大学读书,我们的老师不限于学校老师,我们身边每一位同学都是自己的老师。同学们来自不同地方、有不同的生活经验、不同的学业天分能力,大家一起互相交流,互相尊重,建立友谊,这是康奈尔大学带给众多学生课业之外的另一收获。

急速下降的身体突然感觉停顿了一下,接着似乎缓缓向上飞去,原来降落伞打开,下降速度减慢了。飘飘悠悠中,洁更清楚地看到地面的一切。镜面般的湖泊、青葱翠绿的草地、如丝带飘动的小河、公路上缓缓行驶的汽车,还有在机场拍摄她从天而降景象的同学们。洁想到四年求学路,挑战自己学术能力的专业课程,对专业和未来职业的重新认识以及进入职场求职的过程。这些经历,虽然事先无法预料困难和曲折,但今天在明媚阳光下,眼前看到的一切告诉她,生活多美好! 回到地面后洁立刻打来电话,兴奋诉说空中看到的一切。她说她现在对未来充满信心,她一定会努力,会让爸爸妈妈看到,他们有一位不让父母失望的孩子!

这位 22 周岁的中国女孩,告别了学校,告别了学生生活,走进了前途未卜的华尔街金融行业……

第四部

走向独立人生

13

人生当自强

2008 年到 2009 年,是全球金融市场最艰难的一年,也是全球经济进入令人不安的大衰退的一年。

这一年,洁在金融风暴中走进华尔街金融行业,走过从学生到职业人士的第一步。她从彷徨迷茫到不懈努力,这些经历让她懂得什么是脚踏实地的工作态度。

作为父母,客观看孩子长大,孩子所有的挫折和失败,最终转为人生财富,跟头和教训沉淀为社会经验。正是这些挫折失败、跟头教训,让洁获得了年龄认知能力发育中应得的阅历经验,生活和学习中习得的思维方式在日复一日中变成自然反应并融入潜意识之中,帮助她形成看待自己和世界的意识形态及行为表现。

这是孩子第二天性的形成过程,这个过程成为孩子走上独立成熟之路的阶梯。

挑战新人的 2008 年华尔街

2008 年,美国华尔街金融风暴震惊全球。

华尔街金融行业排名第五的大投行瞬间被收购;排名第四的大投行轰然倒塌。接着更多的投资银行和金融机构陷入经济危机。

洁和伙伴们在瞬息万变的金融风暴中,心情像一颗经历狂风暴雨的小草,既飘忽不定又无可奈何。

华尔街金融行业年轻的劳动后备大军中,尽管很多人在校期间品学兼优,但是严峻的就业形势没有因为他们的校园表现、实习经验而给他们优待。在大量裁员的形势下,遭裁员的 2008 届大学毕业生,简历像雪片般飞向躲过没顶之灾的投行,严峻的经济形势很快让他们发现,自己选择的职业是风险最大、失业率最高、录用机会最少的行业,很多人的努力在狂风暴雨中被击破、刮走了。

大学时期与洁一起从事校园工作的好友爱德华,被银行裁员后一直希望再回华尔街工作。他优异的专业成绩、亮眼的履历加上英俊的外貌,并没有帮助他在华尔街找到工作机会。他向洁述说自己求职失败、面试遭受挫折的心情时,再也压抑不住内心的气馁,把拳头重重地砸向房间墙壁。

洁心里很难过,在校时她和爱德华是学生会工作中配合默契的好朋友,大三暑期同时进入银行实习。这位曾在学生社团领袖会议上冷静果断处理矛盾、在校园政治舞台上叱咤风云、在话剧表演中展现天分、在学生活动中自编自弹钢琴曲为同学增添欢乐的优秀青年,在毕业即失业、前途无望的逆境中,那些令人羡慕的能力,没有一个可以帮助他避开当下遭遇的痛苦。投资银行找不到工作机会,发出的求职申请不断收到拒绝通知,这些打击着爱德华的自尊和自信,他的能力和才华没地方认可,更无施展机会,梦幻般无忧无虑的青春生活不复存在,他变得不再冷静。

爱德华对洁喊道:"为什么这样对待我!我哪里做错了!"

洁告诉他:"这不是你的错,也不是我的错。我们都没有错!是整个金融市场出现问题了!我们无法控制,谁也没有能力去控制!"

爱德华说:"我无法冷静下来,心里堵得慌,为什么会这样?"

为什么会这样?洁摇着头,她也不知道。

爱德华说:"我想回到投资银行!"

洁对他说:"现在不是讨论投行求职时候,那些讨论只让我们更加生气和气馁!让华尔街离开我们的话题!我们不要说它了!

该死的华尔街只会让我们不断吵架！"

金融风暴中，众多新人离开华尔街，两位康奈尔大学年轻人的气馁和焦躁的对话，只是其中一个例子。

洁参加第一批新员工为期八周的培训。一百三十多名来自世界各地的新员工，除美国本土招收的大学本科毕业生外，美国之外招收的是硕士和博士毕业生。完成培训的新人，将进入银行设在世界各地的业务岗位，从事公司客户管理和金融市场交易工作。

全球经济在华尔街金融风暴的拖累下，几乎每一家投资银行和金融机构都出现危情。几天后洁接到消息，一起培训的几位欧亚国家伙伴，第一天正式上班，高高兴兴走进办公室等待经理分配工作，结果等来一封解雇通知信！公司解雇员工的范围不限于纽约总部，已经涉及世界各地分部，新员工成为裁员对象。

与此同时，在华尔街不同投行工作的同学发来消息，他们那里也在裁员，新员工首当其冲。有的同学椅子还没有坐热，周遭环境还没熟悉，懵懂之中就被解雇了。更有甚者，报到后没等培训开始就收到公司的解雇通知。

洁和另外十几名新员工培训结束分配到投资保险部门。

投资保险部门是被收购银行的一个小部门，成立十多年始终处于盈利状态，业务避开了 2008 年金融风暴冲击。之前默默无闻的小部门，现在成为老银行未解雇员工的"收容所"。

大学刚毕业的年轻人初入职场，思想活跃，充满自信。然而，一个星期后年轻人发现，部门里的新人无事可干。

洁和分配到投资保险部门的新人一起，进入部门后就像一群不存在的人，一群隐形人，一群躲在老鼠洞里苟延残喘的"小老鼠"（新人牢骚话）。他们每天悄悄走进办公室，熬过八小时工作时间，下班后悄无声息地静静离开。他们真实的工作状况和他们之前的梦想，相差十万八千里。

面对金融海啸，每一天以《华尔街日报》为代表的各类新闻报纸、各大电视台，说出来的都是坏消息。那些报道和消息，指名道姓指责华尔街投资银行和金融机构的卑鄙无耻和贪婪妄为，这些报道让刚刚进入投行的新人听得胆战心惊。从早到晚,他们不仅被权威报道的坏消息冲击着,在自己周围看到和听到的也是某公司昨天裁员多少人,估计还将裁员多少人;新员工中某某、某某遭解雇离开公司;在某家投行工作的同学一大早被解雇……

离开校园的这批新人,培训时斗志昂扬,现在面对如此大批量、惊心动魄、铁面无私的裁员场面时才知道,弱小的职场新人对金融风暴无能为力。冷酷现实告诉年轻人,被裁员后想再次进入华尔街投资银行,面对的竞争者是成千上万刚从华尔街投行失业的专业人员,没有工作经验的新人不具备再次进入华尔街寻找工作的资格和能力。金融风暴没有远离他们,行业之间的连锁反应、风声鹤唳的大裁员消息、无事可干的工作现状打击着他们初入职场的激情。他们每天坐立不安,为不可预知的渺茫前景承受巨大的精神压力。他们深深感到如此无所事事混下去的话,明天等待他们的就是被解雇的消息。

怎么办? 洁像过去在学校一样把同伴召集过来,她自发自动组织伙伴们探讨新人处境。

进入部门后,伙伴们第一次坐在一起认真讨论他们的未来。会议中,年轻人你一言我一语发泄内心的担忧和愤懑。他们不理解一年前热火朝天让众多年轻人梦寐以求的行业,为什么突然变得不堪一击;不理解新银行录用了他们但又完全漠视他们的行为;不明白公司为什么既不给他们工作也不说明冷处理理由;他们担忧明天的自己会在哪里,未来的职场又在哪里。

不但如此,新人之间的交流还让他们得知,通过收购投行进来的新员工,收入待遇低于他们自己录用的新员工。虽然这是由两家不同公司新员工的待遇差别造成的,但目前大家同属一家公司,银行对不同渠道进来的新员工明显不公平。

伙伴们聚在一起气愤地说:为什么要这样对待我们? 大家都是一个屋檐下一起工作的新人,为什么让我们当二等公民?

有人说:我们就像一群躲在老鼠洞里小老鼠,任何一个脚步声都会让我们害怕不已! 我们想为公司做贡献,但是公司根本不在乎我们!

有人说：公司不在乎我们更好,最好他们想不起我们,看不见我们! 让我们在这里每天混着日子才好! 他们注意我们只会给我们带来一个结果,那就是：你被裁员了! 你可以滚蛋了!

有人对现况似乎看透了,说：我想明白了,我不在乎公司怎么对待我们! 我不会主动离开! 我要等公司把我裁掉,他们至少要多付我四个月薪水!

面对发牢骚的伙伴,洁也想痛骂公司一顿,如果痛骂能有用的话。她知道,痛骂和牢骚不能解决任何问题,不会帮助他们脱离困境。洁对大家说：我们学了这么多专业知识,难道我们就不能发现一些新方法让公司重视我们吗? 伙伴们的意见渐渐集中过来,开始冷静下来心平气和看待自己的处境。

洁问：公司为什么要裁员?

伙伴们脸上尽是气愤和无望,不知道怎么回答这个问题。

洁说：很简单,这么多人靠公司养着,现在公司养不起了!

她接着说：我们当然可以说是金融风暴造成的,造成金融风暴不是我们的责任,但是进入这个行业是自己的选择! 虽然我们没有办法去控制金融风暴,但我们不能就这样等死。我们选择了这里就要想办法在这里活下来,我们要动脑筋救自己!

伙伴们想想,每天在这里耗着也是耗着,为什么不动脑筋想想,或许可以做些什么事情,自己救自己呢?

大家注意力渐渐集中,开始思考如何在险恶的职场生存下来。洁说：我们大家一起想方法帮助公司挣钱,只要公司挣钱,就不会再裁员了,我们也就安全了。

伙伴们一致同意洁的建议,每天上班后先聚在一起策划帮助公司挣钱的产品,如果可行,起草文件向公司提建议。

接下来的日子大家开始头脑风暴式的讨论,这些来自不同学校不同专业的学生,利用各自所学的专业知识,绞尽脑汁,提出一个又一个新项目,既想帮助公司找到新的业务项目,又想解决华尔街金融风暴危机。但是新人的工作经验和见解,远不够理解和把握复杂的金融规则,方案没有一个是可行的。

他们找来在华尔街有几十年金融工作经验的部门老经理。老经理听了年轻人七嘴八舌的述说后告诉他们:你们的热情我理解,想投入工作的愿望我也知道,我很清楚你们的焦虑和担心。部门大经理已经和上面谈了几次,很多要求你们说之前我们都考虑到了,但是金融市场情况依然危急,公司高层领导目前没有时间和精力考虑这些问题。对你们来说,现在就是在部门里安静等待,等待这场风暴过去,等待后面的发展机会。

管理这批新人的老经理,是当年跟随部门创始人从美林证券过来的元老之一。洁请老经理和大家讲讲部门创立的故事。

十多年前,美林证券一位年轻人经过研究发现,很多投资预期和实际收益出现落差,其原因在于投资盈利受制于投资企业内部和国内外各种政治、经济风险变化影响,这些变化中的风险减少了投资者的经济收益。

"如何减轻投资风险,保证投资收益?"这个问题萦绕在初出茅庐的年轻人心中。他认为任何风险都有规律可循,可循的规律应该通过数学方法进行预测计算。一旦预测和计算方法成立,投资银行就创造了一个新的保险投资产品,可以在华尔街金融投资市场推广销售。

有着超人商业敏感和数学天赋的年轻人,联合几位志同道合的同事夜以继日地研究,计算出各种风险对投资收益的影响,接着他们把新的投资产品研发出来了。

年轻人把新产品报告给美林证券,希望公司重视他们研发的新产品,支持他们成立新部门独立工作。但当时,美林证券高级金融专家并不认可。

美林证券大佬的冷漠态度,刺激了年轻人。他和伙伴们商量后,决定拿新产品到华尔街第五大投行试试。

华尔街第五大投行的大佬们认真倾听了年轻人的想法,论证他们研发的新产品,最后同意让年轻人带着开发的新产品和他的团队来工作。银行为此专门成立新部门,在人力物力上给予年轻人最大支持。结果如年轻人所说,新部门虽然人员不多,收益和公司其他业务部门相比并不显著,但是小小的部门每年给公司带来稳定的数千万美金利润。

在银行收购中,这个小小的、安静的、不引人注目的、没有卷入金融风暴主营业务的、在金融风暴巨大投资风险中展现其重要性的金融产品被发现,部门和全体员工在收购中被保留下来。

不仅如此,投资保险部门成为安置失去工作岗位留用人员、召回海外业务骨干人员的暂居之地。涌进来的人尽管没有具体工作,部门人满为患人浮于事,但并不影响继续安排闲置人员进来。

老经理告诉新人,目前的金融风暴已经远远超过预计,这是过去没有遇到过的危机状况。

老经理说,目前部门使用的保险费用计算模式,已经无法计算卷入经济危机中的公司和机构面临的金融风险,现在是开展业务的好时机,由于保险价格计算方式跟不上金融风暴的经济形势,销售进展缓慢,错失销售机会。

伙伴们安静下来。老经理这番话让他们明白,新人对这场金融风暴只有肤浅的认识,他们的知识经验,还不能为公司做贡献,现在唯一能做的事情就是等待,等待公司对他们这批人或走或留的最后安置。

很快,大家回到过去的状态,上班悄悄进来,下班静静离开,发牢骚的继续发牢骚,自己寻出路的也开始上网搜索起来。

自主决定工作目标

洁没有像其他同伴那样回到过去的状态。老经理关于保险价格的计算方式跟不上经济形势的话在她的脑中挥之不去。她想,是否可以用自己所学的计算机专业知识来解决这个问题?

新的点子慢慢浮现在她脑中:如果我用所学的计算机知识重新建立投资保险计算模式,会不会帮助部门解决这个问题?

洁的心怦怦跳动起来:"利用我所学的最新计算机技术编写一

个新程序,把所有风险因素全部放入计算机程序中,让计算机最新技术帮助计算保险金额,这是我可以做的事情!"

洁眼前闪现一道亮光,她发现可以为公司做一些事情了。作为电子计算机专业的学生,在校时她曾经为智能型机器人设计过工作程序,为 GPS 卫星导航设计过工作程序。学校所学的最新编程技术,同样可以为投资保险设计价格模型,部门可以用最新计算方法快速向客户报价,解决目前不能解决的问题!

洁豁然开朗起来,她为自己找到了工作内容和目标。她,从今天开始有事情可以干了!

洁发现了为公司工作的机会,心中像敞开一扇窗,瞬间变得明亮起来,心情变愉快了。洁知道,就编程技术来说,学校所学的专业能力,远超自己想进行的计算软件编程要求。对洁真正的挑战,是从零开始学习投资保险专业知识,了解部门投资保险业务的内容,产品的经济原理和当前的报价系统。她要研究老模式的局限性,要发现是什么原因让之前的计算方式无法包容当前的投资风险。她必须解决老模式不能解决的问题,最后用计算机编程语言编写新程序。

她希望自己设计的新软件能够囊括 2008 年甚至今后更大金融风暴产生的投资风险,在此基础上建立一个无限大的计算投资保险费用工具,她认为这个想法在数学理论上可以做到。

部门里依然人浮于事,除了新人,老员工也牢骚满腹,人心涣散。过去在工作岗位上春风得意的金融专家们,因为险恶的经济形势,无法排解内心对职业前景的无望和沮丧,有人开始在外面找工作,有人不等公司裁员自己递交辞职报告离开,整个部门的气氛让人倍感郁闷压抑。

进公司刚四个月的洁,在很多人放弃的时候,心中却产生了新的信念:她要为公司设计一个华尔街最好的投资保险销售报价软件,让公司能够又快又准地向客户报价做交易。

作为一名大学生,她朴素的想法是:只要公司挣钱就不会裁减员工,公司业务稳定,人心就稳定,就不会有被裁员的威胁,作为来自被收购银行的新人，也不会觉得自己像小老鼠那般，偷偷摸摸在风暴中提心吊胆担心失业。

洁通过老经理约见了部门创始人——统管整个金融保险投资部门的大经理。

和华尔街众多伶牙俐齿反应极快的专业人士相比，大经理是一位安静沉稳、话语不多的人，他注重实际工作，精于投资领域的数学计算，不开玩笑，不扯闲话，很多时候安静地坐在办公室电脑前忙自己的工作。

在约定时间洁走进他的办公室。大经理让她坐下，问她希望了解哪些问题。洁说，到部门几个月一直没有具体工作，大家都知道当前金融市场情况不好，这让无事可干的新人非常消沉。第一件事，她希望了解公司对他们的态度，未来怎么安排他们。

大经理告诉洁，部门对目前的状况和大家的要求已经向银行高层领导反映，包括新老人员的待遇方面。因为整个市场情况危急，公司领导把更多时间放在金融业务上，对他们的诉求需要一段时间来解决，希望部门内同仁能够理解这点。

但是我们不希望失去工作，我们不想被裁员。洁对他说。

大经理告诉洁，他很理解年轻人的要求，老银行之前对这批新人的安排是进入公司 MBA 培训计划，公司被收购后，MBA 培训部门虽然保留但已经停止工作，现在保险部门要尽可能做好业务，让大家在这里渡过金融风暴。

洁和大经理谈的第二个问题是部门目前经营的投资保险项目。洁诚恳地问，是否介绍一下你当年创立投资保险产品的情况。洁希望了解当年研发保险产品的思路、计算方式和目前存在的局限性。

大经理向她解释了投资保险原理和计算模式理论基础及风险预测方法。告诉她，部门会为她使用的电脑重新设定限制，让她看到更多资料，帮助她熟悉这项产品和部门业务工作。

接着，洁在部门里发现一件令她高兴的事情，她遇见了实习期间访问过的年轻交易员，她知道自己有一位可以请教金融专业知识的老师了。

和年轻交易员的认识是在 2007 年的实习期。当时作为一名努力又活跃的亚裔女孩,银行把她作为未来一线业务员培养,特别给她安排一些与众不同的培训内容。其中一次是实习导师约翰带她访问公司最成功的年轻交易员。约翰介绍说,那位年轻交易员无论是工作能力、工作态度还是工作成果都极为出色,被银行认为是最具潜力、最有业务发展前途的年轻人。

在投资银行,市场交易员的工作场地通常在宽敞的交易大厅。工作状态中的交易大厅常常人声鼎沸,但有时安静到地上掉根针都听得清清楚楚。交易大厅的气氛完全取决于华尔街新闻媒体播报的国际国内政治经济动态和华尔街交易所发送来的市场消息。很多大消息来自镶嵌在墙上的那幅巨大屏幕,好消息会让这里收获一片欢声笑语,坏消息则让这里气氛紧张。

坏消息过来时,人们可以听到交易员对坏消息带来的市场动荡发出的恶狠狠的咒骂声。令人心跳不已的是某些坏消息发布的瞬间,所有交易员一头扎在电脑键盘上,骤然爆发出如同战斗开始火炮齐鸣一样震动耳膜的噼里啪啦击打键盘的声音。

洁以为那位年轻人是交易大厅几百名交易员中的一位。当约翰把她带到独立小办公室,洁发现刚刚 27 岁的年轻交易员已经拥有一间个人办公室。

年轻人抬头对约翰笑了一下,然后看了一眼洁,并没有停止手头工作,说:我现在很忙,只能给你三分钟时间。

他双手在键盘上快速飞舞,眼前六个电脑屏幕两个一摞呈扇形摆放面前。屏幕上信息每三秒钟刷新一下,每一次刷新他都下意识扫一遍。六个屏幕主要分为:电子邮件、华尔街专业经济新闻分析、NBC 华尔街股票交易所新闻、股市动态、股市分析、投资股票等内容。

年轻交易员的办公室已经没有交易大厅的喧哗,交易员坐在安静的小屋中间,六个大尺寸屏幕环绕着他。股市操盘手全神贯注于不断变动中的屏幕画面,双手没有停止过击打键盘。

洁感觉自己在观看一场战斗，交易员就像端着冲锋枪的战士在突突发射子弹，每一分钱在键盘跳动下飞向金融市场；同时又像弹奏一首情绪高昂的交响乐曲，节奏快速地敲击键盘的哒哒声，让人感到兴奋、激越、欢畅。银行的大笔交易在这样的状况下完成。

洁当时看得既吃惊又眼花缭乱，这是她实习中第一次看到不在交易大厅的交易员。

忙了一会儿后，交易员双手慢了一些，转过头来问："你想问什么问题？"

洁赶紧问："你怎么做到今天这样的？"

交易员咧嘴一笑："我喜欢这样的工作，像打仗，让我有很大激情投入。不过，我也不知道我怎么坐到这位置的，你问约翰，他比我清楚。"

洁又问："这么大的交易，你紧张吗？会害怕做错吗？"

交易员又笑一下："一开始会，但只要认真仔细就可以避免你说的情况，现在这些工作对我已经十分平常。"

洁继续问："需要具备哪些知识才能做这个工作？"

他回答："对经济数据的感觉、对金融市场的感觉、对数字变化的感觉，还有保持冷静和热爱这项工作。"

六个屏幕不断刷新，交易员说："对不起，现在又开始忙了，你有问题可以问约翰，或者等我有空时候再来找我。"说着他转向屏幕，全部注意力回到不断变动的市场消息中。

那次参观，洁对年轻交易员印象深刻，并由此对金融交易员的工作充满了向往。

如今，新银行虽然留用了年轻交易员，但如同大多数留用员工一样，没有安排他到已经取得经验的岗位上，也不在乎他之前的工作多么优秀，只把他放到投资保险部门当一名普通业务员。令洁无比高兴的是在这里和年轻交易员相遇，她知道能够从他那里学什么。

洁眼前看到的年轻交易员，不见了当初对工作的敏捷果断的反应和热情洋溢的表现。这位曾经在股票市场驰骋冲锋的战士在硝烟散去之后显出一脸疲惫气馁，就像被困在笼里的年轻雄狮，抑郁愤怒的情绪使他不时发飙，并和同事隔离，不愿和任何人说话。

同事说，这位年轻人很难相处，他每天准时走进办公室，一个人低头工作，下班走人。谁引他开口说话都会招来白眼，或者引来他对收购银行一番恶毒咒骂，为此大家都不想招惹他。

看见沉默不语、情绪低落的交易员，洁想起妈妈和她开玩笑说的话：你们这些人都像俘虏，输了战斗后，不论小兵蛋子还是常胜将军一律进俘虏营。和她解释什么意思之后，令她捧腹大笑不已。现在作为小兵蛋子的洁走上前去，愉快笑容在脸上展现，她面对的是在兵团战斗中打了败仗，当俘虏的年轻将军。

洁对他打招呼："嗨！"

年轻人看了她一眼，回应道："嗨！"

洁问："我能坐在你旁边吗？"

年轻人用下颚朝旁边椅子抬一下："坐吧。"

洁坐下后问："我能向你请教一些事吗？"

嗯？年轻人看了她一会儿，回答："任何问题都可以问。"

洁说："我希望你能教我这里的工作，我想学会这些事情。"

交易员说："没有问题，和过去相比，这是轻松工作。"

从那一天开始，洁每天都在年轻人工作时安静地坐在旁边看他工作，等他停下时提问题。

投资保险部门的业务内容，简单说是服务于大型投资机构和投资公司的投资市场衍生品，功能在于通过购买投资保险去保护他们在投资市场的投资利益不受损失。如何根据投资获利要求确定投资保险费用金额，是一个复杂的金融工程。这里要了解投资行业经济数据和业务发展趋势及市场情况，在此基础上根据国际国内政治经济动向，用科学方法计算对行业影响的风险系数，然后计算保险金额，投资保险时间可以从短期一直到长期。

这是让一般人听着头疼的专业知识，洁对此却充满兴趣。在年轻交易员的教授下，洁开始明白整个操作流程。

每天上班后，洁再也不是无事可做的人了，她忙碌起来。第一件事是打开电脑阅读当天华尔街新闻,接着坐在交易员身边看他操作然后提问。

交易员不仅回答洁提出的技术问题,还把自己之前的工作经验告诉她。作为一名曾经在工作中辉煌过的年轻人,现在虽然被困在波澜不惊的小部门里,但他依然保持着对市场变动极为敏感的神经。有时候交易员根据市场动荡情况,坦诚告诉洁自己对数据的看法,教洁如何判断金融市场的大局及操盘策略。他帮助洁更快地了解投资保险产品内容,同时在实际操作上做了很多介绍。年轻人的教授,使洁在有限时间内学到很多投资保险的专业知识和金融市场知识。在向交易员学习的过程中,洁慢慢了解了华尔街金融市场的更多方面,并重新找到每天在工作中进步的感觉。

洁没有把自己想做的事情告诉任何人包括年轻交易员。洁始终认为自己是一名电子计算机专业本科毕业生,不是来自金融经济专业,大家认为后者才更懂华尔街金融工作。

但是自从进入华尔街投行,洁发现,金融专家并非神话般的人物。实际情况是,你过去再能干、再有天分、行业中再有名,这一切可能瞬间消失。洁感悟到,不要把幸运当天赋,低调和努力才是自己真正可以做到的事情。

工作后第一个感恩节

明确工作目标后,洁的内心从职场动荡的环境中沉静下来,工作生活渐入平和状态。她参加银行举办的各类活动,加入职业女性俱乐部,参加运动比赛,认识更多不同部门的同事。

为提高业务能力,洁报名参加纽约大学著名数学家专为投行中高级主管开设的数学课程,七位学员中六位是三十五岁以上的投行经理,他们的学习费用由公司支出,只有洁刚进入金融行业,是自费生。令洁高兴的是,她是七人中学习成绩最好的。

同时洁积极投入社会活动,成为美国白血病基金会成员,通过社会活动为白血病基金会募款。她还报名参加 2009 年纽约铁人三项国际大赛。

那是一段特殊时期。洁一个人在纽约工作，一个人在外承受职场压力。感恩节就要到来，我们问她是否回家过节，洁告诉我们："已经确定感恩节那天到穷人救济中心工作，我要去帮助无家可归的人，他们是一群更需要帮助的人。"

洁问："爸爸妈妈，我工作第一年的感恩节不回家，你们不会介意吧？"

"不会的。"我们告诉她："很高兴你工作后的第一个感恩节为无家可归的人服务，你会看到比你更辛苦更煎熬的人，看到比你更不容易、更艰难生活的人，你会感激自己的幸运，你会珍惜得到的一切。"

洁说："是的，我知道。我爱你们！再见！"

从十八岁高中毕业离家到 2008 年感恩节，洁第五次在外度过这特别的日子。大学四年，每年都有同学和他们的家长邀请洁一起过节，四年四次不同的家庭感恩节，让洁看到美国不同家庭的温馨生活。

大一时，来自麻州的同学邀请她一起回家过节。同学驾车一路风尘后，沿着美丽宁静的湖边车道驶进长长的私人林荫小路，洁以为同学带她去参观当地的豪华住宅，没想到豪宅门前站着满脸笑容的同学父母，他们正迎候远道而来的年轻人。洁下车后和同学父母热烈拥抱，在他们的带领下参观了如电影《音乐之声》中的巨大豪宅，而之前同学竟然没有透露一点家庭信息。

那次感恩节，洁看到美国大公司高级主管在生活中展现的热情开朗、诙谐幽默的普通家庭成员形象。同学父亲毕业于康奈尔大学，在校时是活跃的学生领袖。洁在和他的聊天中，得到不少校园生活的建议和鼓励。

大二时，来自伊利诺伊州的同学早早定下访问行程。同学告诉她，自己父母也是毕业于康奈尔大学，当年这对年轻人毕业后没有进入大城市的大公司工作，而是回到家乡的公立学校当教师，现在已经桃李满天下。

　　远离大城市的喧嚣,洁跟随同学来到安静的乡村小镇,走进结实宽敞的大木屋,感受充满浓浓乡村气息的美国中北部生活方式。准备感恩晚餐时,男女主人主厨烹饪,洁和同学的兄弟姐妹一起加入厨房工作,在阵阵诱人食物的香气中,一家人相聚餐桌边快乐享受感恩大餐。那是乡村大家庭在一起的热闹晚餐,洁发现原来乡村生活如此温馨平静,如此安宁美好。老学长学姐安排深谙骑术的同学叔叔教洁骑马,在同学叔叔的指导下,洁学会驾驭骏马驰骋在广阔雪原,感受北方广袤土地上一往无前奔驰的快乐。

　　大三感恩节,家在纽约长岛的同学邀请洁一起返家。节前洁收到同学父母通过邮局寄来的正式邀请函,介绍了感恩节三天的活动安排和着装要求,这封正式邀请函使洁感到同学父母对待事情的严谨态度和不同于常人的行事风格。

　　同学驾车驶进长岛汉普顿地区一幢被大树密密匝匝环绕的院子,那里就是他的家。此时洁才知道,在校时同学从没有提起的父母原来是一家五星级全球连锁酒店的创始人。

　　同学介绍自己从小在以严格闻名的住宿学校读书长大,大学寻找实习工作时家长从不帮忙。洁突然感悟,家长给予孩子最好的教育是让孩子从小学习独立,养成好的生活习惯,让他们在更严格的学习环境中学到更多知识,明白更多道理,具备比普通人更高瞻远瞩的眼光和吃苦耐劳的生存能力。那次感恩节,洁明白只有努力才能让自己优秀,只有独立才能让自己壮大的道理。

　　大四感恩节,来自费城的犹太同学邀请洁去他们家过节。家族显赫、事业有成的同学父母把洁当成自己孩子,洁和他们一起共同度过轻松愉快的三天。

　　这一次,住在纽约的洁又收到老同学和他们父母的邀请,欢迎她去那里共度节日。但是洁决定要感受一个不一样的感恩节。

　　纽约曼哈顿平日到处人来车往、熙熙攘攘,感恩节的日子却变得寒冷凋零,人们不知都去了哪里。上午十点,洁离开家,急匆匆赶往曼哈顿下城穷人救济中心。接近救济中心时,街上开始热闹起来,三三两两的人群朝救济中心走去。洁发现人群中有一些明显是穷人，还有一些人衣着体面的人，洁知道他们都是希望得到免费感恩大餐的人。

救济中心安排洁在厨房帮忙，洁一卷袖子忙碌起来，她从来没有这么卖力地在厨房干过活。

虽然是穷人救济中心，但掌勺主厨来自纽约著名大饭店，厨师也是到这里当义工。大家共同的想法是，让那些没有能力安排感恩晚餐的人能够在这里享受一顿温馨可口的晚餐，感受感恩节的温暖。

厨房外渐渐人声鼎沸，很多人等候在外面，用餐队伍从门口开始绕过好几条街口。据说 2008 年到纽约穷人救济中心享用感恩节救济餐的人是近年来最多的一次，而厨房的责任就是向来这里的人提供可口又保证数量和质量的食物。

洁中午随便吃了几口三明治，接着继续工作，一直忙到晚上十点钟，才得以坐下来享受自己的感恩大餐。

这是一份和所有来救济中心用餐的人一模一样的套餐，虽然没有过去四年感恩晚餐的豪华，没有在同学家做客的享受，但是那一餐她吃得很香，很踏实。

明天开始新的一天，金融行业需要学习的东西太多，学校学的技能只是投入职场工作的基础和思路，还需要学习很多知识才能胜任工作。洁计划节后开始编写软件，然后利用新旧系统测试计算结果。小学第一天妈妈就训练她独立、负责任地完成家庭作业这项"工作"，洁长大后知道不仅需要独立完成，还需要在孤独中完成。另外是运动训练，每周需要足够运动量才能保证铁人三项大赛过关。有很多事情等着去做，必须努力才行。

晚上十一点半，劳累了一天的洁回到家中。

新人竞争的意识和表现

自从确定为部门投资保险更新价格计算软件的工作目标后，洁在日常工作中收集了大量资料，也搞清楚了目前使用的计算方法和操作程序。她的新模式在老模式的基础上建立,设计中结合培训时学到的经济金融新理论,采用大学计算机课程中掌握的电脑编程语言。洁对重新建立价格计算模式系统充满信心。

感恩节后洁投入工作,每天在计算机上忙碌不已。

有一位一同进入部门的新人,名叫克莉丝汀,开始注意洁的表现了。克莉丝汀不理解大家都在失业威胁下每天抱怨不已,为什么洁很快乐,而且很忙碌,她希望能搞明白是什么事情让洁每天乐呵呵的。

克莉丝汀毕业于美国东部一所著名的文理学院经济专业,在校期间学业成绩非常优秀。大三暑期她得到银行投资保险部门的实习机会,部门老经理是克莉丝汀的实习导师。实习中克莉丝汀努力圆满完成老经理交给她的每一项工作,与同事友善相处,勤奋好学。克莉丝汀仔细踏实的个性深得大家赞赏,老经理对这位任劳任怨、努力工作的年轻人也喜爱有加,实习结束时克莉丝汀获得公司录用。

现在克莉丝汀和所有新人一样,进入部门并没有获得具体的工作机会,她需要自己寻找工作才行。由于她比其他新人更熟悉部门的情况,每一个人都感到克莉丝汀在办公室忙碌不已。

对克莉丝汀日常忙碌的表现,洁同样有好奇心,她用探究的眼光希望搞明白克莉丝汀每天在忙什么。但始终没有搞明白克莉丝汀忙碌的内容。

洁打心眼里羡慕克莉丝汀大三实习的幸运。因为实习,克莉丝汀知道哪里有一些小杂活不必等人吩咐就可以拿到,然后尽自己能力做起来。其他人没她的好运气,没有杂活分配时,他们总是感到自己游手好闲,这种状况对热爱工作的人来说,永远感觉忐忑不安,内心不踏实。

此时,看到洁的忙碌,克莉丝汀希望搞明白,洁在忙什么?克莉丝汀知道老经理对每位新人都很公平,虽然对自己喜爱有加却没优待自己。部门里偶尔冒出来一些零碎杂活需要干时,老经理会把机会公平分配给每一位新人。令她不解的是,洁现在的工作变得很多,她每天在忙什么?

正像洁紧盯年轻交易员一样,克莉丝汀紧盯着洁,只要洁在自己电脑前忙碌,克莉丝汀就坐在她身边,看她工作,问她手头的工作内容是什么。

有一个人每天那样靠近自己,坐在自己身边盯着自己在电脑上做着尚处于保密阶段的工作,让洁心理上感觉很不舒服。洁看见克莉丝汀坐过来,会放慢工作速度,或者停下来看着克莉丝汀,眼睛流露出希望她离开的神情。平时善解人意的克莉丝汀对洁的表现似乎没有感觉,她真的很好奇:大家都没活干,你从哪里搞到这么多活? 你整天忙忙碌碌到底忙些什么?

克莉丝汀只要看见洁坐回自己位子就靠过来,然后笑眯眯地看洁干活。一旦洁停顿下来看着她,她马上会问一些有关保险业务交易问题,她已经知道洁每天在交易员那里学的是什么。洁对此心烦不已。

老经理有时候也过来看洁工作。他发现洁每天在电脑前飞舞着十个手指快速敲击键盘,屏幕上的内容大致上可以看出在编写程序,但编写什么程序,为谁编写并不能看出来。职场上阅人无数的老经理默默站在她身边看一会儿,并不问她在干什么、为谁而干,然后悄悄离开。

洁的编程进行几天了,她的思绪完全进入工作,每天在办公室工作到晚上十点或者十一点才离开。回家后继续在自己电脑上编写,有时候忙到凌晨才睡觉,第二天把昨夜工作复制在公司电脑里。

克莉丝汀一如往常,只要看见洁坐在位置上就会走过来然后坐在她旁边。

那天洁的编程工作差不多完成了,接下来开始测试。克莉丝汀又坐过来。洁终于忍不住对她说:"克莉丝汀,你没有看到我一直在忙着工作吗? 你能不能在我有空时候再坐过来?"

克莉丝汀说:"我知道你在忙工作,我很想和你一起忙,你有什么需要我帮忙的吗?"

　　洁心里有点火,嘴上说:"现在没有需要帮忙的,如果需要我会告诉你。"

　　克莉丝汀坐着没动。洁停下手上工作,看着克莉丝汀说:"对不起,克莉丝汀,请你离开我一会儿好不好? 我不习惯在别人眼睛盯着下工作,我喜欢一个人安静地工作。"

　　克莉丝汀很不情愿地说:"经理为什么给你工作不给我工作呢?"

　　洁不再说话,两眼看着克莉丝汀下着逐客令。洁知道克莉丝汀很清楚老经理并没有给她特别的工作,平时所有的零碎小杂活都是公开和大家一起说明白的,那些零碎小杂活并没有给他们新人带来竞争。

　　克莉丝汀默默离开了。洁对自己的态度很过意不去,她并不想伤害同样处在险恶就业环境下的伙伴。

　　不知道工作成果如何,或许成功或许失败,在未知情况下洁真的不想让大家知道她在干什么。洁清楚,在康奈尔大学所学的电子计算机专业技能,部门新人没人能与之竞争,但是华尔街投资银行此起彼落的大裁员,让每一位新人处在可能被职场淘汰的环境下,大家都急于寻找体现个人价值的机会,帮助自己在职场中生存下来。洁知道大家的心情,她不希望增加伙伴们的焦虑情绪。她知道危机中的焦虑心情容易给团队带来不必要的猜疑和干扰,她不喜欢无事生非,最好的方法就是不要制造无事生非的事由。

　　洁赶走了一直在窥探她工作状况的克莉丝汀。聪明好胜的克莉丝汀虽然心里不痛快,但并不计较洁的态度,一如既往和洁热情打招呼,同时改变盯梢的做法,只在洁休息时坐到她身边,问洁从交易员那里学的业务知识。对此,洁告诉她从交易员那里学到的内容,对自己进行的工作只字不提。

　　圣诞节将近了。

　　洁对新软件的测试工作一直在进行,她像在学校里完成课程作业一样,发现问题马上着手研究原因,根据症结调整程序。洁希望编程工作在圣诞节之前完成,新的投资保险价格计算软件能够成为圣诞之后的新计算工具。

洁给老经理发了一封电子邮件，请求老经理安排和她见面，她需要和老经理谈她进行的工作。

老经理很快回信告诉洁，自己正在等待洁的来信，他想知道每天忙碌的洁是否有新发现，是否对新发现取得了成果，他希望现在就和洁一起去会议室面谈。

洁看着老经理发来的电子邮件笑了。她站起来从办公桌隔板上方朝老经理方向看去，老经理正起身往会议室走，看见洁正朝自己看，明白洁迫不及待约谈的心情，也知道洁对自己进行的工作已经做好了谈话准备。

洁拿起文件夹步履轻松地向会议室走去。她知道自己很快会给老经理一个惊喜。她需要老经理更多的支持，需要部门提供大量业务数据来论证新系统的计算结果，证明新系统可以测算 2008 年金融风暴中的投资风险，在此基础上计算新的保险价格。

创建报价新系统

洁面带微笑走进会议室。老经理和她一起坐下来，看着她，准备倾听她的工作汇报。洁拿出准备好的资料，开始向老经理说明自己为部门设计的投资保险报价新模式系统。

老经理沉稳地看着她，仔细听她解释报价老模式的局限和当今经济理论及计算模型，以及在此基础上构思的报价新模式结构。洁一边解释自己的思路，一边走到会议室白板前勾画软件设计中的环节和一步步完成的计算逻辑，以及目前小范围的测试结果。

老经理喜悦的心情全部在脸上浮现。他感到眼前这位刚刚大学毕业不久、进入职场工作几个月的本科生，用自己所学的专业知识和银行学习的经济理论，创建了部门工作中迫切需要更新的报价计算系统，虽然还不知道大范围测试结果及专家对新系统测试评价的鉴定，但以他几十年华尔街工作经验和阅人历练，他感到眼前的年轻人显示出了自己优秀的素质。

他开始和洁讨论程序中的一些问题,并对系统操作方法提出修改建议。热烈讨论中,老经理对洁充满欣赏。他最欣赏的是,很多年轻人喜欢在工作中等待别人给他们任务,洁却不是,她满怀热情主动寻找工作并投入工作,这是一位难能可贵的年轻人。

老经理知道手下新人面对职场的实际情况:他们进入公司第一天就身处金融风暴之中,原来前途明确的新人在投行被收购后,面对毫无经验的工作现状和无所适从的职业环境,才发现投身的行业前景一片迷茫。职业的不安全感和朝不保夕的状况,让新人没感受到工作挑战的魅力就开始担心哪天接到解雇通知。这种情况下,新人有的紧张害怕,有的吊儿郎当毫不在乎,有的满腹牢骚骂骂咧咧。洁没有这些问题,她每天微笑着走进办公室,主动积极地寻找工作机会,老经理对她刮目相看了。

老经理告诉洁,他马上向上级领导汇报,进一步放宽对她工作电脑提取资料的限制,让她获得更多资料,在更大的经济数据范围内进行测试。老经理希望通过这些帮助,让洁所设计的新报价系统能够获得成功。

洁开心地笑了,这是她所盼望的工作汇报能得到的结果。

洁知道接下来要对新计算模式进行大范围、大规模的测试。系统是否能够投入真正的工作,完全取决于测试结果是否符合设计要求,最后需要公司资深专家论证才行。

很快,部门领导批准放宽洁使用公司资料的权限,为加快测试进度增加了新屏幕。洁开始了夜以继日的测试工作。

她使用新旧两个不同的系统对投资保险报价进行计算,第一步把金融风暴出现之前的经济数据,输入两个不同的系统中,电脑开始运算,很快两个系统结果出来,一模一样的答案!为了保证大范围测试正确,她开始在大范围内抽样,所有测试数据在两个不同系统中显示出同一个答案!

第二步,洁把很多大公司会计报表数据输入两个系统,她要测试这些公司的经济状况风险系数。电脑屏幕出现了不同情况,金融风暴中不正常的数据变化使老系统显示无计算结果,新系统运行正常,最新的风险数据开始出现。

洁要求系统用最新风险系数计算各种投资保险价格,老系统停止工作,新系统在运算中始终处于正常运作状态,需要的数据很快出来,新的报价产生了!

测试中,洁发现美国很多大公司的财务报表显示金融风暴中已进入危机状态,很多大基金公司和大投资机构到他们这里购买投资保险如果不用新系统报价,对部门来说将面临巨大风险!

对美国一些州政府的财务测试中,她发现美国有些州政府财政进入危机状态!

她测试欧洲国家情况,发现欧洲好几个国家的财务状况进入危机状态!

她把南美洲国家财务资料输入新系统,发现南美洲一些国家的经济也处于危机之中!

她把亚洲包括中国的经济数据输入新系统中,亚洲和中国的经济情况开始显现危机。

这些危机测算数据,通过新系统计算,最后结果在数学逻辑中顺理成章地产生!

洁非常高兴通过一段时间的努力工作,实现了自己为公司做贡献的愿望。她知道,新系统只要投入工作,就可以在大范围内计算报价,部门业务可以增加,他们很多人可以有事干了。

洁把测试报告和新系统发给老经理,老经理很快回信,已经把新系统转发给大经理。接着部门大经理来信,告诉洁新系统已经上传公司专管部门,公司专家将对系统进行科学测算鉴定。

洁心情轻松愉快,虽然他们现在是被冷落的一批人,但是洁相信不久后人们会知道,他们这批新人并不是"小老鼠",他们有能力投入公司工作,也会帮助公司创造价值。洁对自己获得的新经验感到振奋:任何环境中只要不放弃追求,都可能发现适合自己的机会和施展能力的地方,

她安静等待着公司鉴定新系统的回音。

然而,银行发生了一件震动华尔街乃至全球金融界的大事,这件事使洁很快进入一个新阶段。

新一轮大裁员

2008 年圣诞将临。

自从美国第四大投资银行倒闭后,各投资银行大量裁员,令昔日在"黄金帝国"工作的专业人士从志得意满进入朝不保夕的状态。华尔街出现庞大的失业大军,在职人士人人自危,失业人士想寻找发挥专业能力的工作已非常困难。

那天早上,洁和往常一样提前一小时上班。她走进办公楼大厅时感到气氛不同往常,所有人脚步匆匆,脸上表情紧张,说话声音不像往日高声大气而是神秘兮兮。洁不知道出了什么事情,为什么人们慌慌忙忙、急急匆匆在大厅穿梭走动,为什么不安恐慌的情绪笼罩整个大楼空间?

她快步走进办公室,此时办公室已经有人上班,紧张情绪和相互探究的表情从每个人脸上浮现。办公室响起电话铃声,无论谁桌上电话铃响都会引来所有人注视的目光。

洁问:"发生什么事情了?"

有人答:"公司开始新一轮大裁员了!"

如同一个炸雷在空中响起。洁在自己椅子上坐下,静静思考正在经历的事件。她已经做好准备,可能公司下一个裁员对象是自己。在短短几个月的工作经历中天天可以看到,裁员的不幸遭遇随时会落在任何一个人头上。虽然洁努力改变处境,但是自己并不能控制事情的发生发展。

洁所以还能沉住气,有一个原因是来自纽约大学的数学教授对她说的话。教授除了在大学授课以外,还是好几家投资银行的顾问,洁对数学的敏感反应和解题能力引起他的注意,了解情况后教授愿意把她介绍给另一家投行,那家投行需要懂这门数学知识的人。

洁桌上电话铃声突然急促响起,所有人眼光立刻转向她。洁看着电话铃声中不断闪烁的小红灯,快速思考自己如何不要情绪失控回答这一通电话。

老经理急匆匆从门口进来,向洁走去。

电话铃第二声响起后,洁抓起电话:"你好,我是洁。"

电话那头传来部门大经理沉稳的声音:"洁,准备15分钟之后上岗,具体工作内容经理会向你说明。"

大经理说完挂断电话,洁把话筒轻轻放下。

老经理已经来到洁身边。

"已经得到通知了?"老经理问。她点点头。

老经理接着说:"我刚接到通知,要求你在15分钟之内接手保险业务员工作,这次裁员我们不能让部门正常业务停顿,不能让我们的客户惊慌。"

洁此时知道,实习期间访问过的银行最有天赋的年轻交易员、每天跟他学习投资保险业务的指导者,在这一轮裁员中,竟然被裁掉了! 洁瞪大了吃惊的眼睛,这消息让她感到比自己遭遇裁员更不可思议。

"怎么可能! 你们不能裁掉他! 你们不能这样做! 他是我们这里最聪明、最能干的业务员! 他在负责我们部门最重要的客户! 是他教会我投资保险的知识,你们怎么能把他裁掉!"

老经理说:"裁掉他不是我的决定,我也不愿意裁他,是上面做的决定。"

洁愤怒了,说:"公司怎么可以这样做事情! 是他教我金融业务知识,教我怎么操作系统,你们怎么竟然把他踢掉,还叫我接手他的工作!"

老经理说:"这也是上面的决定,我来执行公司的决定,不管你有什么想法,现在公司需要你在15分钟内接手他的工作,马上会有客户打电话进来询问情况,我们没有时间争论裁员问题,公司必须要保持正常工作。"

只有15分钟时间! 不,时间在争论中过去! 现在只剩10分钟时间接手工作了！洁没有时间去争论，没有时间从感情上消化在她头顶上刚发生的空中炸雷，来不及感伤每天指导她熟悉业务的年轻专家就这样消失。她立刻在老经理帮助下手忙脚乱投入第一天的正式上岗工作。

公司圣诞节前大裁员那天，交易员正在休假。年轻交易员在金融风暴中失去让他充满激情、得心应手的工作岗位，内心一直在愤怒中，情绪一直没有调整过来。由于说话一直带着怒气，时不时咒骂收购他们的大银行，对周边同事充满无法解释的怨气，所有人都不愿意搭理他。只有洁作为谦虚好学的学生从他那里学习知识时，或许让他找到以前的感觉，这时才能好好说话。

洁知道被裁员的事情马上会通知到正在休假中的交易员，她很难想象交易员接到这样的通知是高兴还是难过。令洁感到难过的是，面对如此仓促的巨大变化，连向他表达多日来获得帮助的感激心情、对他道声再见、对他说声今后多保重自己的机会都没有。

从此洁再也没有见过他。

银行新一轮大裁员的主要对象是公司中、高级专业人员。那一天银行共有 4000 名员工失去了他们长期从事的专业工作，甚至是从事了一辈子的工作。这一消息当天震惊了全球金融界！

这一轮大裁员中，进公司六个月的洁上岗。她是留在投资保险部门新员工第一位正式上岗的新人。

重返康奈尔大学

2009 年新年来到了。

元旦过不久，老经理发来电子邮件告诉洁，他刚获得公司正式通知，洁研发的投资保险价格新计算系统已经通过公司专家论证测试，将成为银行内部众多公共应用系统软件之一，由洁通过她的电脑上传新系统和使用手册放入公司公共网站，银行所有人员可以下载使用这一最新投资风险报价计算工具。

接着部门大经理给她发来祝贺邮件，告诉她新系统获得公司高层部门领导的注意,并对她所作贡献及成果进行表扬。洁对此非常高兴,报价软件研发成功让她对公司的工作增强了信心。

洁从真正踏入金融投资行业开始,看到这一领域工作环境中的人事变化,发现遭遇失败和挫折的机会远远超过取得成功和快乐的机会。初入职场的经历让洁知道,机会有幸运在里面,珍惜机会、努力工作、坚持不懈、达到职业要求,是每天必须持有的工作态度,只有这样,才能把握机会。

公司人事部门通知她,接康奈尔大学邀请,公司选择三位毕业于康奈尔大学的优秀员工回校演讲,内容是进入投行工作后的心得体会,人事部决定其中一名优秀员工是工作半年的洁。

回到离开半年的学校,已经是职业人的洁被安排住进校园五星级宾馆,主管学生工作的领导和她见面更让洁感到久别重逢的亲切。她深深感到,康奈尔大学四年艰苦专业课程的学习训练、大学倡导学生广泛参加社会活动的经验,让她收获了如何认知和解决问题的能力。面对度过四年大学生活的校园,洁有一种来自内心的感动和感恩。

正在学校读硕士学位的同学都过来看她,下面两届学弟学妹还记得洁作为曾经的康奈尔学生领袖带领大家投入校园生活的情景。令学弟学妹们兴奋的是,他们熟悉洁,洁本来就是他们中的一员,洁的到来,让他们感到今天的洁就是明天的自己。

那次演讲来了很多学生,洁向大家谈自己进入华尔街投资银行的情况,谈华尔街金融风暴,谈一名新人初进职场面对的各种困难和挑战,谈自己如何在工作中发现机会并为此所做的努力。

同学们反应热烈,很多同学感到没有尽兴,之后洁接到很多学弟学妹的来信,得知他们三人离开校园后,校园里刮起一阵到华尔街金融行业寻找发展机会的热潮。

同时,洁坚持每个星期有规律地进行运动训练。她人生中第一次国际铁人三项大赛将在7月份进行,那是对个人毅力和体力的挑战,必须保持很好的体能和技能才行。

与此同时,洁不断寻找机会为美国白血病基金会募款,她的同学、同学父母、银行同事都向洁的募款账号捐款。银行人事部通知洁，公司会对应洁获得的捐款金额，通过她的账号向美国白血病基金会捐赠同等金额。

经过半年多努力，洁终于使自己的生活进入正常状态。

接着银行人事部通知洁，公司二月份到康奈尔大学招聘 2009 年暑期实习生，指定洁为招聘小组成员，负责人告诉洁，她的观点和意见在招聘中起决定作用。

老经理通知洁，这次去康大参加公司招聘工作，时间比上次演讲要长，洁手上的工作暂时交给克莉丝汀负责。

克莉丝汀天天坐在洁身边，她现在就像当初洁坐在年轻交易员身边一样，如饥似渴地学习专业知识。洁已经把学到的知识详细教给克莉丝汀，又把操作流程教给她，尤其对新系统的运用做了非常详细的说明，洁希望克莉丝汀在使用中不要出差错。

克莉丝汀对洁说："你放心去吧，也就三四天时间。我一定做好工作，会像你一样不让大家失望。"

招聘团队顺利结束工作回到公司。洁回到自己办公桌前打开电脑准备工作，这时她面对的是一个完全陌生的报价系统，四天前还在工作中使用的报价系统不见了，她困惑了。

自创报价系统被替换

洁发现，之前她设计的投资保险报价系统在公司公共网络中不见了，取而代之是另一个报价系统。新报价软件有很好的商业美化形式，符合公司高级商业软件的风格。

洁知道，自己设计的软件没有美化修饰，打开后像工程专业人士使用的工具，只有朴素外表，没有漂亮衣装，虽然设计功能达到要求，但是看上去不像一个真正具有商业销售用途的软件。

现在的软件系统外表改变了，看上去是商业软件。"难道公司从倒闭的投行买了新软件使用?"洁心里嘀咕。当年排名第四大的投资银行有同样的部门，在金融风暴之前曾经是他们的竞争对手。

洁开始测试"买来的"新系统,输入数据后发现新软件的计算结果和自己设计的结果一模一样。"为什么公司花钱去买和我设计一样的软件呢?"洁不明白。

洁知道自己进公司时间不长,对公司的做法不很了解,同时感到自己设计的新系统过于粗糙,没花时间美化外观细节。她自言自语说:"看过买来的系统就知道自己的不足之处了。如果自己更加专业一些,应该给新系统外表设计漂亮衣服,那样公司就不会花钱买外面的东西了。"

但是对公司花钱买相同新系统,她心里仍感到不可理解,她认为外表美化很容易做,系统核心是技术创造:"公司有这么多专业人才,这么多聪明人,难道不了解这些吗?"。

洁想着这些嘴里忍不住说出来了。她对老经理说:"公司为什么花钱买倒闭银行的系统呢? 我测试过两个系统的计算方法,新买来的和我设计的计算结果一模一样,难道我们不能自己美化一下吗? 那是我们可以做的事情呀。"

老经理看着她没有说话,办公室所有人看着她没有说话,克莉丝汀看着她也没有说话。

虽然她认为公司没有通知她就换下自己员工设计的报价系统有些不妥,觉得公司至少通知她一下才好。但她并不在意公司的做法,这么大的公司做事情很难面面俱到,何况金融形势紧张,没人想到这样的小事完全可能。

下班后洁打开自己设计的报价系统和从"倒闭投资银行买来的报价系统",她要对两个系统进行技术核心分析,她希望发现公司放弃自己员工免费设计的系统而愿意花钱买外面系统的原因,她要发现买来的系统比她设计的系统更先进完善,她想学习别人的逻辑思路提高自己水平。

令洁惊奇的是,那家倒闭的投资银行所设计的"报价系统"思路和自己的一模一样,更令她惊奇的是新系统中竟然连最小的细节也和自己设计的一模一样!

"难道我真有水平设计商业应用软件了?"洁像发现新大陆一

样内心掠过一阵高兴："难道我设计的软件只要经过美术加工就可以卖钱了?"她兴奋地认为"买来的"新系统传递给她一个消息,大学所学的电子计算机专业使她具备了另一项职场技能,如果丢了这份工作,系统设计是她另一片天地。

那天晚上经过测试后,洁对自己的设计能力感到骄傲,于是离开办公室开开心心回家了。

第二天回办公室,和昨天一样,大家都沉默地工作着,没有人和她提起报价系统被公司调换的事情,老经理也没有向她解释为什么报价系统会被公司调换。

洁还发现克莉丝汀表现不同了。以前喜欢和她黏在一起的克莉丝汀看到她进来没有开心兴奋的表现,一整天没和她说话,之前洁进办公室,克莉丝汀一定会满脸笑容坐过来,然后谦虚地问各种问题,学习操作技能。

洁看到老经理进来,告诉他昨天晚上自己留在办公室对公司新买来的报价系统和自己设计的报价系统进行了对比测试,她感到惊奇的是,自己设计的和买来的报价系统测试结果一模一样,两个系统设计思路甚至连细节都一样。

洁对老经理说:"你是否问一下公司,为什么要花钱买这样的系统? 现在公司为省开支还在不断裁员,我设计的和花钱买的是一样东西,为什么还要到外面去买呢? 公司到外面买软件系统不会便宜,你知道公司花了多少钱买的吗?"

老经理沉默严肃地看看她,没有说话,洁感到很奇怪,平时老经理可不是这样的。

办公室里也没有人说话,没有人提出她的问题,也没有人回答她的疑问。洁感到整个气氛怪怪的。

当日工作结束后,洁再次打开"买来的报价系统",她要分析这个系统的来龙去脉,为什么没有人回答她的疑问,这个系统到底是怎么回事?

再一次通过细节对比,洁发现新报价系统只有她才会使用的最新计算机编程语言细节也一样,这似乎不可能,怎么回事? 她通过电脑检查新系统的来路，这时，她发现了新系统的秘密。

原来新系统不是来自公司上层系统管理部门，而是来自克莉丝汀的电脑！

就在洁到康大招聘实习生之前，老经理要求洁把工作交给克莉丝汀，让克莉丝汀使用洁那台有更大权限的电脑。洁把电脑密码给了克莉丝汀，结果克莉丝汀利用密码进入洁的电脑，把洁电脑的原始设计软件发送到自己的电脑里，用自己的电脑对整个报价软件进行美化加工，然后把美化过的报价系统用自己电脑发送到公司公共网站上。

当洁打开电脑使用报价系统的时候，看到的是公共平台上和她没有关系的报价新系统，而她一直以为是公司花钱从最近倒闭的投资银行买来的。

洁心想，克莉丝汀要美化加工我设计的软件为什么不和我说一声？做完之后没任何说明，我问起新系统时她甚至不吭一声，好像根本没有发生这样的事情。克莉丝汀的行为就是偷窃！克莉丝汀为什么要这样做？！

发现真相后的洁内心感到无比愤怒。

洁代表公司到康奈尔大学招聘新人之前，谦虚好学的克莉丝汀跟在她身边问这问那，希望洁多教她一些操作技能。那时候克莉丝汀对洁非常尊重，一直到洁临走前都是这样。

老经理让洁把自己的工作交给克莉丝汀，洁毫无保留地把自己工作电脑的密码给她，希望她有更大权限阅读资料。但是克莉丝汀利用这个机会偷了报价系统的设计原稿发送到自己电脑，然后再从她的电脑发送到公司公共网站，这样一来，报价系统就成了她的作品！

她怎么可以这样做？！为什么老经理不管这样的事情？！

洁回家给远在南加州的父母打电话，诉说这两天办公室发生的事情，还有刚刚发现的秘密。

电话中洁说，自己明天想问一下克莉丝汀为什么要这样做，为什么从电脑里拿走她设计的软件而不告诉她？为什么又偷偷摸摸给软件加一些颜色然后从自己电脑贴到公司公共网站上,把新软件变成她的作品?"我要让大家知道,克莉丝汀偷我的东西!"洁最后愤怒地说。

我听了洁的述说,心平气和给她做分析。

我问她:"老经理知不知道克莉丝汀拿了你的软件,加了颜色之后又放到网站上?"

洁答:"他一定知道! 他原来就很喜欢克莉丝汀,克莉丝汀实习就是帮老经理工作的,每天老经理看到克莉丝汀就笑,他一直在帮克莉丝汀!"

我问:"如果老经理一直在帮克莉丝汀,为什么把唯一上岗的机会给了你呢?"

洁踌躇一下:"我一直在和年轻交易员学习,所有新人当中只有我会做保险交易操作。"

我问:"那个操作难做吗?"

"不难。"

"如果不难的话,任何人都可以很快学会操作,并不是只有你才能学会,只有你才能上岗当保险销售业务员。"

"让我上岗是大经理决定的。"

"大经理又没天天看你干活,他怎么知道你能干呢? 还不是老经理告诉他的。"

洁不说话了。

我告诉洁:"老经理没有对克莉丝汀比对其他人更好一些,他是公平做事的。因为你在这么多新人当中最努力,所以老经理把机会给了你。"

"如果这样,为什么老经理不告诉我克莉丝汀做的事情?"洁问。

"如果我是老经理,我想应该把机会留给克莉丝汀去解决,让克莉丝汀自己告诉你,你不在时发生了什么事情。"我说。

"但是已经两天了,克莉丝汀没有告诉我,她甚至连一句话都不和我说!"洁说。

我说:"这只说明克莉丝汀有问题,不是老经理有问题。"

洁没有说话。

我接着问:"如果当时老经理让克莉丝汀上岗工作,你到现在还是没活干,每天在办公室闲逛,你想象一下,你心里会有什么感觉?"

"我心里会紧张害怕,我怕自己对公司没用而被解雇。"洁诚实地回答。

"克莉丝汀会有和你一样的想法。老经理和她很熟悉,也知道她有工作能力并且很努力,但是没有把上岗机会给她,而把机会给了你。她会怎么想这件事情? 换成你是克莉丝汀,你会怎么想这件事情?"我说。

"嗯,我有一点明白克莉丝汀了。"洁说。

"不要去闹,要理解克莉丝汀。"我告诉她。

"知道了。"洁回答。

"还有,你要懂得老经理的想法。老经理很清楚这件事情的来龙去脉,你的表现会让他掂你分量。再说了,你是康大毕业的学生领袖,你要像领袖一样考虑别人的难处和需要。你已经向大家展示工作能力了,现在大家都想看你处理人际关系的能力怎样,是不是康大毕业出来的学生。"我说。

此时洁的心情平静很多。

"克莉丝汀是很努力的人。"我继续对她说:"只是她学的专业和你的不一样,她很想做事情,又没你的专业技术,这让她觉得很难过。但她也在想办法为公司多做工作,这是她的优点,她只是做工作的方法有些问题,但是希望工作的想法是好的。"

"嗯,"洁说:"她学的经济专业,没有学过电脑编程,电脑知识也只停留在怎么把人家设计的电脑作品进行美化,没有办法真正在电脑上做重要工作。不过,她美化软件的工作做得很好,让我以为公司从外面买新系统进来了。"

"这一点你应该向她学习。"

"对呀。我学的计算机专业是工程师思路,只想产品好用就行了,没想去美化一下。克莉丝汀用不同颜色美化系统,打开后根据颜色很容易找到功能,她有道理这么做。"洁说。

"好了,现在可以睡觉了吧?"我问。"呵呵,可以了。我爱你们,晚安!"接着挂断了电话。

和竞争对手交朋友

挂断电话后洁没有立刻睡觉,心里仍想着这两天发生的事情。虽然还在生气,但也理解了克莉丝汀。

"克莉丝汀把系统美化了,虽然没和我说一下,但是美化过的系统确实变得漂亮也更容易找到使用功能,这是克莉丝汀的优点。"洁放松下来躺在床上迷迷瞪瞪入睡,半睡半醒中脑海突然闪现软件编程的情况,朦胧中有两个亮点不断闪耀。她突然想起当时设计软件时,为了赶时间在两个地方使用了最新编程技术,新技术在操作中对学习计算机的人很容易搞明白,但是一般使用者在那里最容易出现操作不当而造成电脑卡壳情况!

半睡中的洁突现惊醒,"明天我要报告老经理,这两个地方必须重新调整,打上两个补丁,以后我不在时其他人操作不会出现问题,同时系统可以再次回到我这里!"

给软件打两个补丁可以让系统工作更完美,又让软件回到自己这里来,灵感闪现提示她这个方法后,洁安心睡觉了。

第二天上班,洁给老经理发电子邮件,谈了自己当时设计软件的不足之处,同时准备完善想法。

老经理立刻给她回信,同意她的做法。

洁直接从公共网站下载了最新软件,最新软件包括克莉丝汀做的美化工作。

调整设计程序的薄弱部分很快完成,同时洁发现克莉丝汀增加美化功能后,手册没做更新说明,这会造成不熟悉报价系统的人对色彩功能的不理解。洁重新撰写使用说明手册,对软件升级版本做了说明,同时把克莉丝汀增加美术色彩的部分作了说明。

洁在更新手册上加注,投资保险报价系统的美术设计由克莉丝汀完成。这时候洁从内心感谢克莉丝汀对完善系统做的贡献,完成工作后,洁把系统发给老经理。

老经理将系统发送给部门大经理,并回信告诉洁有关报价系统编程设计更新的工作流程,任何软件技术更新都要经主管部门批准才能进入公司公共网站。

大经理将更新系统发给公司主管部门,然后通知洁。

两天后,洁正在工作,老经理发给她一封邮件,告知刚刚得到通知,更新系统已通过公司主管部门批准,现在可以发送到公司公共网站上。

洁仔细阅读邮件,她要确认系统软件使用手册中很重要的一句话:"美术设计:克莉丝汀。"

此时洁的心情无比轻松舒畅。克莉丝汀至今没和她说话,但是洁没有否定克莉丝汀对软件所做的工作,并在软件使用说明中特意放上克莉丝汀的名字。她知道克莉丝汀会感谢自己的做法。

洁把批准的更新系统上传到公司网站后,她看见老经理从办公桌前站起来。有些激动的老经理环视整个办公室,开始对所有员工大声说话:"什么叫聪明?什么是聪明?什么才是真正的聪明?"

老经理停顿一下,转头看着洁对大家说:"洁所做的一切才是真正的聪明!"

所有人的眼光转过来看洁,热烈的掌声在办公室响起。洁脸颊红了,她知道自己因为报价系统被拿走生气过,也想用激烈方法和克莉丝汀当面对质。但是心平气和后一瞬间的灵感让自己找到了最佳解决途径。

这是洁进入社会学习如何与人相处的最好一课。这堂课让她学会认识事情真相,学会理解别人,寻求最好的解决方法,同时获得与同事相处的职场经验。这是她未来几十年职场常会碰到的问题,学会理解他人、换位思考、将心比心、宽容大度,和同事建立合作关系,才能更懂得别人,并做最好的自己。

克莉丝汀这时走过来,她满脸羞愧地看着洁说:"洁,我要向你道歉! 我不知道如何表达自己现在的心情,我请求你原谅我,我真的非常抱歉!"

洁对她说:"你设计的色块分类方法对系统有帮助,我就没有办法想出你的点子来完善这件事。"

克莉丝汀的泪水夺眶而出,对洁说:"我一直想和你谈我给系统添加了色彩,但那天你问新系统是不是买来的之后,我就不敢谈了。我害怕你发现我偷偷把软件拿到自己电脑里加了色块上传到公司网站变成我的作品,我害怕你知道真相后指责我。洁,现在我知道你发现真相后没有那么做,我知道我错了。"

洁诚恳地说:"克莉丝汀,我是生过气的。后来我想你也不容易,你很能干,工作很拼,你实习就在保险部门,但是我得到了上岗机会,我应该理解你。"

洁接着说:"克莉丝汀,下班后我们两个人在一起好好聊聊好吗? 现在是工作时间,我还有很多事情要做。"

克莉丝汀说:"我们一定要好好聊聊,洁,我有太多话想和你说,我要和你交朋友。"

洁对她说:"我也很想和你交朋友,我们下班聊。"

来到投资保险部门,洁发现所有新人中真正能够和她展开竞争的是克莉丝汀。对克莉丝汀来说,没有洁的时候她是部门最受欢迎的新人,洁的到来让她发现竞争对手,并且很快明白对手不容易打败,自己的职场发展出现危机。虽然平时两人一起交谈很客气,但都暗下使劲,希望自己在工作中有更好表现,在职场的狂风暴雨大浪淘沙中不被淘汰。

两人心中都明白对方的想法,了解对方的工作能力,但私下真正的交流非常少,现在两位年轻人希望下班后能够好好聊聊。下班后她们聊什么呢?

夜幕降临,办公室的人渐渐离开,最后剩下洁和克莉丝汀两人。洁心情非常平静,当她知道老经理完全清楚事情的发生经过只等她们自己解决时,她内心的疙瘩化解了。及至克莉丝汀走到洁身边当着大家的面向她真诚道歉,洁完全原谅了克莉丝汀的做法。

洁当天工作已经完成,她看到克莉丝汀一直坐在办公桌前东忙西忙,等候她完成工作谈最近发生的事情。

洁设身处地思考她和克莉丝汀正在经历的金融风暴,风暴带给新人从事职业的不确定性。一年多前实习生对未来职场充满美好憧憬,被公司留下时满怀自信,接着没任何思想准备,憧憬被打碎,原先的豪情满怀变成没头绪的惊慌。再看身边熟悉的人在动荡中不断遭解雇而后分道扬镳,媒体每天发送华尔街是贪婪恶魔、一切都是咎由自取的舆论,这些克莉丝汀和她一样所遇到的一切,令她们感觉茫然不知所措。

大三暑期克莉丝汀实习分配在投资保险部门,她勤奋好学、认真仔细、不怕繁琐的个性深得同事和老经理喜爱,她非常适合在平静繁杂的部门工作,实习结束前公司留下她成为一名新人。如果没有金融风暴,克莉丝汀会成为投资保险部门老经理的得力助手,洁也会通过公司 MBA 培训成为华尔街金融行业专业人士。

但是席卷全球的金融风暴不仅发生在金融市场上,同样发生在从业人员中。最适合在投资保险部门工作的克莉丝汀面对之前不存在的竞争对手,完全可能失去投资保险部门的上岗机会;洁失去公司 MBA 培训计划,但是电脑专业知识帮助她在这里拿到可能属于克莉丝汀的机会。

这些身不由己的市场变化所带来的职场岗位变化,猛烈冲击着大学刚毕业、渴望努力工作让职业获得发展的年轻人的内心。现在两位办公室竞争对手终于在洁妥善处理软件事件后,准备坐下来好好谈心了。

关闭了电脑,克莉丝汀走过来坐在洁身边。

克莉丝汀诚恳地对洁说:"我真的很抱歉没和你打招呼就在你设计的软件上做了一些事,还把你设计的软件拿到自己电脑里发送到公司网站上。做了这些事情后,我知道自己错了,心里一直很害怕。我害怕你发现真相,担心你因此谴责我的做法。但是你知道真相后原谅了我。洁,你是我心中真正的英雄!"

洁对她说:"我不是英雄,我也生过气。但是我发现你在软件系统的美化上做得很好,这是我没有想到和没有做好的工作,你完善了这项工作,让软件系统更加好用,我应该感谢你。"

克莉丝汀说:"洁,我不是故意捧你。每天我都和妈妈谈办公室的事情,每天我都说到你。我真希望能够像你一样有办法帮助公司做事情。我告诉妈妈,从小到大我心中从来没有什么英雄,我一直觉得自己是最好的,我把所有事情都做得非常棒,觉得没有人值得我学习,我就是自己的英雄,我只敬佩我自己。"

"工作之后我发现有比我做得更好的人,我一直想追上去超过她。我非常努力,但是我发现没有办法能够做得像她一样。我告诉妈妈,自己崇拜的英雄就在我们办公室,她是洁。我长这么大第一次感到有人超过我,我想超过她,想像她那么强大,但是很难超越,她是我真正崇拜的英雄。"

洁非常吃惊,没想到平时工作上和她暗地较劲、办公室一直粘着她、对她一点一滴言行很在意的克莉丝汀竟这样看待她。

"你不要这样看我,克莉丝汀,我真的很普通,没你想的那么好。"洁对克莉丝汀说,"我希望自己不要被公司淘汰,可以在纽约生活下去,我只有很努力才能让自己不失业。"

"你也怕被公司淘汰?"克莉丝汀问。

"华尔街每天都在裁员,我们没有专业工作经验,随时随地都可能被裁掉,我怎么不害怕呢?"洁问她。

"我以为你会认为自己很能干,不会害怕丢掉工作。"克莉丝汀说。

洁不由笑起来:"我从来没有认为自己能干过,我总觉得自己不够聪明,每一件事情都要通过努力才能做好,我觉得很多人比我能干。比如你,我也觉得你比我能干,你每天总能在办公室里找到可以干的工作,我必须动脑筋才能发现可以干的活。"洁诚恳地对克莉丝汀说。

克莉丝汀说:"我每天都很紧张,工作太少了,让我感到自己在办公室是多余的人。"

洁问她:"我看你每天都很忙,很好奇你在忙什么呢。"

克莉丝汀告诉洁:"我到处找活干,我会发电子邮件问老员工是不是有不想干的垃圾活,他们会把零碎工作交给我,我不在乎那些不重要的工作,只要有活我都会拿过来干。还有,因为暑期实习我比其他新人更多了解这里,我知道从哪些角落可以发现一些别人不愿干的零碎杂活。"

洁瞪大眼睛看着克莉丝汀:"这一点我真不如你,我都不知道从什么地方去找活干。有时候空下来我不知道怎么办才好。上班时间我也不敢上网看自己喜欢的东西,在办公室东看看西看看让我觉得很无聊。"

"我也是。"克莉丝汀说:"有时候真的找不到活了,我就想是不是需要清洁一下办公室? 我真想让老经理把清洁工干的活交给我,我愿意为大家服务。"

洁笑了:"你真这样想吗? 难怪我看你有时候会帮清洁工打扫卫生呢。"

克莉丝汀认真地说:"我真这样想。清洁工作活也不多,不能让我一天都保持忙碌状态。有时候我想给老经理发信告诉他我愿意每天给他洗杯子、倒咖啡、收拾桌子,我愿意帮他打文件、发电邮,他可以什么活都不干,只要坐在那里,用嘴告诉我应该干些什么活,然后我来干就行了。我要让自己保持忙碌,心里才会感觉踏实。"

洁沉默了,克莉丝汀开始表白想法时,她以为是开玩笑,现在看克莉丝汀紧张的表情,担忧的语调,看洁时无奈又焦虑的眼神,她知道克莉丝汀是认真诚实的。

洁对克莉丝汀说:"克莉丝汀,你真的非常优秀。你主动找活干,每天都很忙碌,这方面你是我们这些人里面最优秀的。这不仅是我的看法,办公室每个人都这样看你,大家都知道你工作很努力,质量非常好。老经理也清楚你的优秀,所以我不在时他让你接我的工作。"

克莉丝汀说:"但是,办公室一直没有新的上岗机会,新人一直在打零工,这让我感觉很不安全。"

洁说:"不要这样给自己压力,一定会有你上岗的机会。这次你主动对软件进行美工设计就做得很好,现在这个报价系统已经是我们两个人的工作成果了。"

"但是系统核心部分是你设计的。"克莉丝汀说。

"那是因为我们大学所学专业不一样,并不是工作能力和工作态度的问题。"洁对她说。

克莉丝汀眼中闪着泪花,她看着洁说:"谢谢你,洁,你给我鼓励,你并没有因为我的错误而对我有看法。我想,我们应该成为好朋友才对。"

"当然,我们应该成为很好的朋友。我们两人有太多想法是一样的。"洁对流着泪的克莉丝汀说。

那一天,两位大学毕业不久的女孩子在办公室谈了很久。她们在险恶的职场生存环境里坦诚聊天,相互解开心中的疙瘩,更多地了解对方,也从对方的看法中更多地了解自己。

工作成果获认可

转眼间,2009 年春季来到纽约。

洁作为新手上岗,从最初每天工作十小时以上,随着时间推移技巧日益熟练,到三月份,同样的工作量每天只需四五个小时就可以完成。

随着对工作的日渐了解,洁发现扩大客户是部门业务发展的关键,而客户来源主要通过金融投资交易员介绍。有些交易员和客户做成巨额交易后,针对未来市场不可预知的变化,会建议客户购买投资保险。此时洁明白,业务员要扩大客户,必须和交易员建立良好的工作关系。

洁又发现,她的工作邮件来自世界各地的金融市场交易员。交易员来信中谈及的世界各地五花八门的市场情况引起她很大兴趣,她喜欢阅读不同国家交易员发来的信息。

洁对收到的邮件不是看过即放过,她会根据邮件内容和交易员联络沟通,和他们聊市场情况。很快,一些交易员开始在邮件中和她就市场动态展开分析讨论。

她喜欢阅读屏幕那头众多交易员热情又有才华的市场分析评论。洁想,分散在各地的交易员会不会也像自己一样希望了解不同地区同行之间不同的情况呢?

突然她脑中灵感闪现:我每天把收到的信息集中起来重新整理,编撰一份有关当天全球金融动态的简报,然后将简报再发给交易员,让大家和我一样看到各地同行讨论分析的最新市场信息。

洁的突发奇想,让她开始另一项创新工作:每天进办公室第一件事情,是编撰当日的市场信息。这是一份部门里从来没出现过的金融市场动态简报,洁要让这份简报成为全球金融市场相关交易员上班后第一个想打开阅读的邮件。

洁为自己增加了新工作,工作经验来自高中时期不计学分成绩的新闻媒体零节课基础。洁进办公室先把一夜收到的大量邮件以极快速度阅读并摘录下来,选出自己认为有价值或者有趣的章节,编辑成当日金融市场动态简报。在早上 8 点 30 分纽约股票交易市场开张之前,她准时将简报发送给世界各地的相关交易员。

洁在简报中同时介绍投资保险部门业务,希望更多交易员了解他们的工作,帮助部门获得更多交易员的关注和支持。

这项额外工作获得全球众多交易员的惊叹和喜爱。如果某天没有准时发送简报,各地交易员会发来询问邮件,希望向她了解出了什么事。只是没人知道,这份生动活泼、充满大量信息的交流简报出自一名工作不到一年的年轻人之手。

五月份到了,这是部门每年一届的年会时间。那一年部门年会有六份报告,其中两份由洁撰写,一是介绍部门新建立的投资风险保险价格计算系统;二是部门为世界各地金融交易员每日发送的《金融市场动态简报》新服务。

开会那天,洁在会场大厅接待来自世界各地的金融专家。突然洁听到有人喊她,她抬头朝喊声方向看去,吃惊地看见曾经在新员工培训中给他们上过课的华尔街投行最成功的交易员,他边呼喊洁的名字边笑着向她走来。洁没想到如此忙碌的大交易员会记得她这名小员工,她马上走上前和他握手,递给他一份年会资料。

交易员问她工作情况怎样,是否一切都好。

洁不失时机地说:"工作的具体情况资料中都有介绍,没想到您还记得我的名字,希望有时间和您一起喝杯咖啡,我有很多问题想请教呢!"

"OK,没有问题!"大交易员给了洁名片,招招手进入了会场。

洁又听见有人喊她,原来是银行的一位高层领导,洁走上去握手,递给她一份部门资料。

这位高层领导是投行著名的金融投资分析和风险控制专家,她的卓越远见和果断决定,使华尔街这家大投行避免卷入2008年金融风暴,同时让所在的投行成为金融风暴中的大赢家(2009年纽约市长布隆伯格授予她市长奖,褒奖她在金融风暴中对投行做出的重要贡献)。

洁和她认识于公司的员工活动中。令洁想不到的是,几乎以分秒计划每日工作的金融专家竟然能够记住她的名字并主动打招呼。和公司大交易员一样,她简短问了洁的工作情况并鼓励一番。

会议开始了。老经理报告了部门工作情况,会场上出现热烈议论。银行投资保险部门在金融行业蒸蒸日上时并不被重视,很多部门没有感到投资保险对金融投资有多重要,而金融风暴中大家开始了解投资保险的有关内容,并发现了它的特殊性和重要性。

洁坐在会场外一边接待来宾一边听老经理讲话。

老经理接着把话头转向部门员工的成绩上。他告诉大家,部门员工在金融风暴中做出很多成绩。老经理说:"洁,作为部门的一名新人,工作中以自己的专业能力设计了新的投资保险计算工具,有了这个工具我们可以服务更大范围的投资保险。同时,洁在工作中开拓了部门服务新项目,就是你们每天早上收到的金融市场动态简报。她的工作成果让部门更好地为大家服务!"

洁心跳加速了,她没想到老经理会在年会中表扬她,而且是唯一被点名表扬的员工。

老经理点了洁的名之后,会场上出现叽叽喳喳的议论声。议论中不断有人发问:哪一位是洁?你们知道哪一位是洁吗?

散场时很多人过来和她打招呼,大交易员嚷着大嗓门走过来和洁握手说:"洁!干得好!我要请你喝咖啡!"

公司高层领导走过来握着洁的手对她说:"干得好!洁,保持下去!"

洁的脸红了,她感到非常难为情。她觉得那些工作是自己可以做也是应该做的,老经理对她的工作结果夸大了。只是她没想到与会的金融投资专家能够立刻记住老经理说的名字,很多人跑过来和她打招呼,对她的表现给予肯定和热情鼓励。这次年会让她看到职场道路虽然风暴依然,但阳光仍在。

部门年会结束后的第三天,一大早洁在公司大厅看见参加年会的公司大领导。领导满脸笑容快步向洁走来说:"洁,我正准备去找你。公司有个重要业务部门需要业务员,我想你最合适,已经向他们推荐了你,不知道你愿意不愿意到那里试试。"

洁脸上绽开笑容,马上回答:"我愿意!"

"具体情况我会发邮件给你。"领导说。

进入办公室五分钟后,洁收到大领导发来的邮件。

三分钟后,新部门经理和她约定面谈时间。

在金融风暴中进入投资银行十个月,洁经历了 2008 年震惊全球的金融经济大动荡,在迷茫和彷徨中没有放弃自己,在朝不保夕的职业环境中,保持努力工作的态度。她的表现正如中学老师对她的评价:这是一位敢于挑战自己能力,能够在压力下保持积极向上心态的学生,这就是优秀学生。

正是这样的内在力量,帮助洁走过初入职场的第一步。现在她感到,新的一页就要在前面展开……

走上新岗位

新部门经理是华尔街投行著名的职业女性投资专家,在她的领导下,部门业绩在投行整体业务中占一定比重,在华尔街同行中数年排名第一。美国 NBC、CBS 等电视台在介绍华尔街女性金融专家的节目中包括这位女性。

洁在约定时间到了新部门,经理在和她的面谈中向她介绍部门工作情况,他们的目标是帮助大企业管理和控制财务风险,从业人员需要具备冷静敏捷、热情自信的专业能力,要有成熟的待人接物、职场社交和处理问题的经验,另外要有很好的数学基础、清晰的金融数学概念。

洁表示,如果把机会给她,她会成为部门合格的一员。

接下来的一周,洁完成手上的工作后赶到新部门和大家见面。新岗位要求每位团队成员都同意接受新候选人,调动才能成立。轮番面谈中,大家最想了解的是:2008 年到 2009 年,公司有大大小小无数次裁员,很多只有一两年工作经验的新员工遭裁员离开公司,洁作为一名没有任何工作经验的新人是怎样坚持下来的?洁和每一位未来同事坦诚地谈了自己近一年的工作情况,分享职场压力下走过的工作经历。长达一个星期的面谈后,大家认为洁具有管理大客户和运作巨额资金的潜力,一致欢迎洁加入团队。

很快,公司人事部向投资保险部门和洁本人发出调动通知,洁很高兴将去新部门工作,她可以把投资保险业务员的岗位让给其他新人了。

这时洁接到另一个电话,年会中相遇的大交易员在电话那头热情对洁喊话:"哈啰!洁,现在我这里有一个交易员位置,我想让你到我这里来工作!"

洁不知道怎样回答才好。当一名交易员是她决定来华尔街从事金融工作的最初梦想。新人在公司的培训中,面对台上热情洋溢讲课的大交易员,洁当时就希望到他手下工作,让自己成为华尔街金融市场中为数不多的女性交易员。但是洁已经接到调动通知,对她而言,当一名交易员和当一名业务员的机会只差几天。洁抱歉地对大交易员说:"非常遗憾,我已经同意去另一个部门工作,我不能改变承诺。"

大交易员了解情况后对洁说:"祝贺你! 那是一个令人向往的部门! 你有没有其他人选推荐给我,我非常重视你的推荐,一定会认真考虑你推荐的人!"

洁承诺:"我一定推荐一位能干的新人到你那里工作!"很快洁推荐了保险部门等待上岗机会的另一位新人给大交易员,为新人上岗再次争取到机会。

老经理得知洁即将离开自己的部门。他来到洁的座位旁坐下。老经理既为洁有机会进入银行重要业务部门感到高兴,但又感到不舍。他告诉洁,你是一位优秀员工,我一直把你当成自己的孩子看待,有时候甚至想,如果自己孩子能够像你一样该有多好。

洁说,您是我这辈子遇到的最好的经理,是我一辈子都不会忘记的好经理。

老经理爽朗大笑了起来,旁边同事也都跟着笑了。

洁有些糊涂,她不知道为什么大家笑她,对大家说:我是认真说这些话的,老经理是我这辈子遇到的最好的经理!

她的话让办公室里响起一片笑声。

洁电话中问我为什么大家笑她说的话。我问她,这辈子你遇到过几个经理呀?

"老经理是我工作后遇到的第一位经理,他真的很棒,他是非常非常好的经理!"洁对我说。

我也笑了:"老经理真的很好,是你遇到的第一位好经理。你那么年轻,刚开始工作,现在说一辈子太早了,今后你还会遇到很多好经理。"

洁困惑问:"那么,老经理和同事们为什么笑我呢?"

我笑着告诉她:"他们一定觉得你马屁拍得太夸张了。"

"哈哈哈!"洁忍不住放声大笑起来:"妈妈,我说的真是心里话,老经理不断鼓励我们新人,公平对待每个新人,帮助我们走过最难走的第一年,每个新人都会感谢他!"

2009年6月,经过最初职场风雨洗礼后的洁走向新岗位。

新部门给她配置电子钥匙,带有四屏幕的新电脑,随时查看电子邮件的黑莓手机和工作消费信用卡,令她意想不到的是,进入新部门后薪水也大幅上调了。

新办公室处于公司高度保安等级中,任何纸片和工作对话全部保密不得外泄。公司规定,没有直接工作关系的人员包括公司其他部门员工不得随意入内。

团队经理要求洁学会阅读和分析各大公司财务报表,为她列出一摞子必读的专业书籍,安排比洁高一届的宾夕法尼亚大学沃顿商学院毕业生当她的业务师父,同时指定一位资深专业人士作为洁的工作搭档,后来获知搭档是某国王子。

每个星期经理安排两次特殊实战培训,经理和同事扮演不同角色给她来电话,让她感觉电话那头的说话态度、内容、用词,让她面对各种各样的问题以及或者温和或者难缠的语气。训练要求洁在对话中体现最礼貌最智慧的交谈技巧,以期可以达成交易方案。

有时候其他部门专家会一起加入配合训练,一边是经理扮演的客户,一边是公司交易员,洁身处两者中间,客户利益和公司利益在电话两头不断发生矛盾冲突。训练要求洁在中间设法解决矛盾,平衡双方利益达到成功交易。

经理还调整了员工座位,洁坐在办公室最中间,部门专家前后左右围绕着她,经理就坐她旁边。经理告诉洁,任何时候遇到任何问题要马上提出,周围人都可以帮她,大家一起探讨问题,要在这样的环境中尽快进步。

洁紧张应对这些学习训练,感受新鲜方法带来的紧张、兴奋和迅速增长的工作经验。

新岗位训练将近一个月时,部门即将开始一笔巨额交易,这笔交易由全球不同地区配合美国总部进行。部门全体成员对这笔交易讨论了数次,对开始到结束的时间进行了细致计算,对交易过程进行严谨布置。公司顶层领导非常重视这笔交易,交易之前专门到部门来看望鼓励大家。

经理要求洁观摩整个交易过程,了解交易的业务技术、资金流程及部门盈利模式。

事先计算好的交易价格在预计时间出现,交易开始了。设在不同国家的分部加上美国总部同时作业,大笔资金在专家操作下静静流向国际金融市场,通过不同地区操作牵引,巨额资金在不同国家的金融市场中悄悄流动,不同地区的专家密切关注国际金融市场最新动态,以秒查看国际金融市场的变化情况,严格控制资金流动速度和流量,作业不惊动全球金融大市场。与此同时,资金每一次流动都在精准计算下产生着惊人的收益利润。

整整 48 小时,部门两位专家在各地分部协助下进行操作,他们在办公室轮流休息,电脑不停止作业。工作长达两昼夜时间,每个交易环节都在控制下进行,整个操作没有一点失误,最后在全球金融市场平静正常的交易中完成工作。

专家应用业务知识技巧在复杂交易中帮助企业达到目标,也让洁第一次感受到金融运作的规模和工作魅力。

事后洁在电话中告诉我们:"爸爸妈妈,我看到了想象中的金融交易,这就是我今后要从事的工作。"

踏上独立人生路

洁走过第一年职业生涯。

这一年她经受了职场生存危机的考验,承受了寻找自身职业价值的精神压力。最终,成长中积累的生活经验和大学专业技能在实际工作中的应用,让她从众多新人中脱颖而出,走上金融专业人士的道路。

2009 年的夏季来到纽约,洁人生中的第一次铁人三项国际大赛就在眼前。铁人三项大赛由游泳、自行车和跑步组成。游泳安排在哈德逊河,长度 1500 米。自行车 40 公里。跑步 10 公里。这是一场对参赛选手体力和意志力的考验过程。

由于洁每天工作学习时间超长,进入新部门后没时间参加赛前训练。作为曾经的少年运动员,她知道一个多月不训练贸然参赛会给身体带来什么状况,她担心自己中途坚持不下去,如果半途而废不如直接放弃。

"一个多月没训练,我不知道自己是不是可以坚持到底。"洁在电话里说。

我们鼓励她:"参加比赛不是为了争第一,只为证明自己敢于迎接挑战。我们会去纽约看你,在终点等你,等你最后到达终点,爸爸妈妈一定是欢呼最响亮的人。"

"好啊。"洁笑了:"你们要做好准备,我是最后一个到终点的人。"

"在我们眼中,只要你参加了,就是第一名!"

"哈,你们只要不失望就行!"洁大笑起来。

2009 年 7 月 18 日星期六。凌晨三点半洁起床赶去集合地点。我们几个小时前从洛杉矶飞抵纽约,也于黎明时分赶到哈德逊河边准备观看比赛出发时的壮观景象。

曼哈顿哈德逊河岸边,上万名运动员分组排成逶迤长龙,其中有奥运会和世锦赛选手,也有使用假肢和坐轮椅的残疾人,更多的则是在纽约工作生活的普通人士。洁被安排在业余选手青年组。河边人声鼎沸,电视台和电台主持人在现场忙碌采访。

比赛开始。参赛选手一批接一批地走上栈桥,随着一声声发令枪响划破曙光初现的宁静天空,参赛者一排排鱼贯跃入河中奋力向前游去。

洁像小时候在泳池边准备投入比赛进行热身一样,在队伍中不断蹦跶跳跃活动身体等候上场。轮到青年组来到栈桥上,裁判"准备"声起,她走到栈桥边弓下身子,一声发令枪响,洁猛地弹开身体跃入水中挥臂向前。

对洁来说,游泳是她的运动强项。五岁下水到十八岁,洁一年四季没有间断过训练。现在她正在哈德逊河中奋力向前,不断超出前一批下水选手。她希望通过运动强项积累时间优势,补充弱项的自行车比赛。我们在岸上紧跟水中的洁,为她一个接一个超过其他赛手而兴奋呼喊。

1500 米很快结束,洁上岸换上自行车赛服进入自行车赛程。

她曾和朋友说："从小到大,我只骑过儿童三轮车,现在却要用赛车参加比赛,这让我感到有点害怕。"为了顺利参加比赛,除了健身房的正规赛车训练,洁还在曼哈顿川流不息的车流中骑车上下班。她一边紧张看着擦身呼啸而过的汽车,一边不断鼓励自己:我不怕汽车!我不怕汽车!我就是一辆车!我就是一辆车!

这样的赛车训练,也只有三个月时间。

我们来到小树林自行车赛起跑处等候洁的出现。那是一段约百米长、坑洼不平、拐弯上坡的碎石小路,好几位运动员在这里失去平衡摔倒,也有人推车走过这一段路。不一会儿我们看见洁歪歪扭扭蹬着自行车在树丛闪现,面对斜坡只见她身子腾空离座,两腿使劲发力,抬头专注前方,歪扭中好几次平衡身体不让自己摔倒,最终顺利拐出碎石坡道向更高处驶去,一眨眼洁的背影消失在河边公路上。

洁告诉我们,过了出发斜坡,下一个挑战是几分钟后的纽约高架路,那是一段长长的爬坡路。过了爬坡路开始行驶在高架公路上,很长一段行程在美景相伴的高架公路中进行,这时可以看到正常日子无法看见的纽约美景。自行车结束后是十公里长跑,比赛终点设在中央公园,她希望我们在那里等候她完成比赛。

我们在哈德逊河边一家餐馆喝完咖啡后,看见有人进入铁人三项10公里跑步,这些人是世界级专业运动员,他们从事的是挑战人类运动极限的比赛。

专业运动员过后有一段空档时间,接着开始出现稀少的业余选手,十多分钟后运动员多起来,大队人马开始涌现。想到洁说她最后一名到达终点,我们慢慢向中央公园走去。

突然手机响起来,洁的声音出现:"爸爸,妈妈,你们在哪里?我已经到达终点啦!我用三小时十五分钟完成比赛!我没想到自己可以做到,我是业余选手中成绩好的!"洁大声说。

"哈哈,我们以为你是最后一名到达的人,还在路上呢!"我们对着电话大声笑着说。

灿烂阳光洒落在人声鼎沸的中央公园大草坪上,完成铁人三项比赛的选手和众多前来助威的家人相聚,公园里到处是欢声笑语。

我们和洁相会了。看着大学毕业一年的女儿,红彤彤的笑脸正不停流淌汗水。

"感觉怎么样?"我们问。"感觉好极了!"洁在爽朗笑声中回答我们。

洁兴奋地说:"我很高兴完成比赛! 比赛前我以为自己完不成比赛,想过放弃,昨天晚上还怀疑自己能不能坚持完成比赛。早上三点钟起床时,犹豫是不是到集合地点去。想到从来没经历过这么长的比赛,特别是自行车刚学会三个月,平时在碎石路上练习连摔两次,腿上伤口还没长好,心里感到有点害怕。但是我没放弃,我坚持下来了! 我成功了!"

"爸爸妈妈,谢谢你们鼓励我不要放弃,还专门飞来看我比赛! 现在我有一个感觉,很多事情自己没做时会想得很可怕,会担心前面有什么不知道的事情发生,是不是有危险,能不能坚持下来,要不要放弃。但是,只要自己不放弃,真的努力去做就没那么可怕了!"

洁的笑脸充满兴奋,继续对我们说:"完成比赛后,我脑子突然明白一个道理,去做没做过的事情之前,因为对事情没把握会感到害怕,害怕做不好会失败。现在我发现,那些害怕都是心里想的,真正做的时候脑子只有一个想法:去完成这件事情。因此根本想不起害怕。我想,以后我还会这样去完成自己从来没有做过的事情!"

洁这番总结,超过比赛本身对体能的挑战,她发现的是人生真理:很多事情没做时,想象的前景很可怕,一旦去做,注意力集中于过程每一步,反而并不可怕。这次比赛洁收获了完成挑战后的成就感和战胜害怕后的自信。

作为父母,听着孩子完成比赛后兴奋的叙说,回看她大学毕业第一年走过的艰难的职场经历,我们相信,洁已经具备了把握自己未来的能力,她从自身各种经历中获得的经验,会帮她在独立人生中走更远的路,走向父母从来没有去过的远方。

二十多年前,我带着七岁的洁提着简单行李踏入异国他乡,对她最大的愿望,不是金钱,不是名声,更没想过成功。我们希望作为独生子女的她身体健康、个性开朗、内心强壮。我们按照孩子心智发育的自然规律培养她,没有让她经历拔苗助长的压力,没有加课补题催发成绩"大跃进",孩子的个性发展没有因为环境突变而遭受压抑刺激。我们只是让她在中国文化家庭中踏踏实实地慢慢长大,在平和轻松、稳定安全的家庭环境里享受有趣快乐的普通生活。

随着孩子长大,我们看见孩子的认知能力在自然成长中出现的结果:一个充满活力、身心健康、心灵自由、特立独行的年轻人,最终脱离父母,走上独属于自己的丰富多彩的人生之路,走进曾经遥远的未来。

后记（一）

从出生到职场，22 岁的孩子踏上独立路。作为母亲，远观她在竞争激烈的职场表现，相信洁已经具备了把握自己的能力，《孩子的路让他自己走》也到了结束的时候。

现实生活中，普通智商的成年人占绝大多数，同样道理，绝大多数孩子也不是"神童""学霸"。作为一名普通孩子，洁的智商、情商的发展过程和经验，或许可以成为普通家庭养育阳光自信孩子的借鉴。

1986 年洁来到人间，出生第四天发现她罹患新生儿败血症，化验结果确认，她的主要病理指标已经接近痴呆儿数据线。

作为年轻母亲在得知这一结果时，我想象她可能的未来：如果有一天，她发现自己的智商和其他人相比过于普通甚至低下，在攀登学业高峰上心有余而力不足时，能否坦然接受真实的自己，并以愉快心情欣赏他人学业的成功？

她是否有宽广胸怀安于自己普通平淡的现实人生？是否懂得生活目标需要在个人能力和欲望之间取得平衡？

如果将来她在人生道路上幸运展现小能力时，内心能否有坚强的力量抵挡他人的冷嘲热讽、嫉妒打击？

如果她还未成年，父母万一因为意外永远离开她，这个弱小女孩能否独立、坚强、勇敢、快乐、健康地走自己的人生？

她能够理解父母对她未来的担忧吗？她未来有独立生活的能力吗？她能明白这个世界吗？未来的她会是怎样的一个人？

面对不知未来命运如何的孩子,我想:怎样养大她呢?

我们是普通人,是芸芸众生中的普通生命。现实生活中,作为普通人要面对的困难有很多,我们的孩子将来能够勇敢地面对困难,不言逃避,奋力走过吗?

出生于 20 世纪 50 年代中期的我,经历过社会环境的起落动荡,从困惑迷茫到渐渐明白,如果我们内心没有独立坚强的灵魂去面对现实生活中的各种困难,那么所有的困难都是内心的痛苦点;慢慢懂得,真实人生并不热闹,因为热闹不热闹并不是身边有多少朋友,也不是灯红酒绿下的举杯把盏,而是在热闹繁华的世界中沉静下来的真实内心依然会感到孤独。

有两本书对年轻时期的我看待人生起了很大作用,一本是中国哲学家艾思奇写的《辩证唯物主义和历史唯物主义》,另一本是法国哲学家卢梭写的《爱弥儿:论教育》。

在经历社会混乱动荡的孤独少年期后,身边没有朋友可以欢畅聊天的我开始认真阅读艾思奇所著的《辩证唯物主义和历史唯物主义》。孤独的内心在阅读中进入书本,书本中找到可以与我进行心灵对话的作者。阅读中,我的大脑与艾思奇的哲学观点展开了激烈无声的辩论,辩论中我学会了用思考去阅读。这是一本给我很好思维训练的基础哲学理论书,书中清晰的哲学概念帮助我混沌的脑子开窍启蒙,打开了内心的一扇窗。透过那扇窗,我看见更大的世界和更广阔的人生,最终能平心静气安处于令人不愉快的现实环境。

当我迈进青年期,卢梭的《爱弥儿:论教育》一书回答了我经历少年时代社会动荡时,盘旋在脑海中诸多有关人性和人生面对荣辱毁誉的疑问。书中的说法观点让我反省自己的成长过程,思考应该怎样长大才能更符合内心真正的所求和向往,不被外界的名利面子所累,做真实的自己。是卢梭的《爱弥儿:论教育》帮助我打开另外一扇窗,从中发现人类生长的自然天性、人成长的自然规律,懂得怎样遵循人的自然成长去认识真实的自己和真实的世界,让内心变得坦然进而变得强壮。

这两本书让我感悟到,客观冷静地接受真实的生活环境,不刻意追求所谓的功成名就,放下社会流行的荣、辱、毁、誉等面子之事,踏踏实实做一个普通人,让自己在真实生活中尽努力做最好的自己,这才是依靠个人能力可以把握的人生,也是真实的人生。一旦这些观念在心底扎根,我们慢慢会过上内心稳定带来的踏实生活,学会看淡社会上的追名逐利,这样才会自信并快乐起来。

青少年时期的阅读和思考,成为成年后的生活态度指南。当我们的孩子来到人间后,如何养育这个普通孩子,过去阅读积累的想法,尤其卢梭论述爱弥尔成长过程的《爱弥儿:论教育》,成为指导我养育自己孩子的育儿手册。我要以养育爱弥儿成长的方式把自己的女孩养大,要让由我们带到人类世界的普通女孩健康快乐地生活,让她脚踏实地过自己的人生。

作为母亲,我身体力行,按照孩子自然天性的成长规律养育她。我会顺应孩子年龄认知能力在自然成长时间和空间中的发展,促进孩子对事物的感觉和理解,让孩子去感悟生活经验、人际关系,亲身去经历各种困难,学会用自己的能力和经验战胜困难。

作为孩子父母,我们的责任是发现孩子心灵中优秀的一面,给予明确肯定及鼓励;对孩子天性中弱势的一面,我们创造机会,让孩子获得更多的好经验,由此去克服自身弱点。

我不会用家长的生活经历和经验,代替她人生经验的积累和成长,而是让孩子在自身经历中成长起来。她对未来生活方向的选择,要以自己的天性和后天经验慢慢形成,并独立决定。

作为家长,养育孩子的目标清晰地呈现眼前:当我们把孩子养育到成人独立时,她绝不会因为不满意自己是普通人而变成胆怯自卑的可怜女孩;也不会因为不满意自己普通平凡的命运去膨胀自己,变成一个虚张声势的虚荣女孩;她在每一天的成长中,将学会不依靠追求外在条件就能获得内心平衡与自信的能力;她的自然成长经验会让她知道,她的自信和高智商、高学历没有关系,她的自信是通过内心正直、诚实、勇敢、坚强、乐观、健康、明白事理而自然产生,那是真正的,谁也拿不走、毁不掉的,在面对人生起落,明白人和客观世界是怎么回事所带来的自信。

她的能力或许只能做一名普通工人、一名办公室普通文员,她天生是怎样的人,就成为怎样的人。只有按照自己真实的天性自然成长,她才有能力把握自己;只有把握好自己,才能让心理和智慧得到健康成长,只有心智健康成长,她才能从容快乐地面对纷繁芜杂、日复一日的普通生活,并在普通生活中做最好的自己。

在孩子的自然成长中,作为父母,我们不会让她去追求世俗所认为的功成名就,并清楚意识到,拔苗助长不仅是孩子成长中的敌人,也是她的父母——我们的敌人。

任何刻意的、超越个人能力的、扭曲天性的追求,只会让孩子天生具有的开朗、快乐、积极向上的纯洁心灵进入混沌黑暗的状态。任何刻意的拔苗助长,毫无例外都在摧毁孩子天性中自然存在的进取之心,扰乱孩子成长中客观理解事物的正常思维,对孩子心灵的健康成长,没有任何真正深远并实在的意义。

作为一名未来的普通成年人,我们相信孩子能够获得人们的尊重和尊敬。因为在她的自然成长中,所形成的思维方式和行为表现会符合社会公共道德标准,她的是非观、价值观、道德观,在任何时候、面对任何人,将由内及外地自然流露,而不会在衡量利弊之后,出现矫情做作之形。

如果孩子智商发育正常,我们不会让她整天在家长和老师的监督下用功读书,促使她成为考试拔尖的学生。普通人生中,除了课业能力外,还有很多地方需要不同能力。我们希望她进入社会时,从小积累的生活经验和各种能力,帮助她具有独立面对陌生世界的自信,让她发现真实人生的五彩缤纷和有趣之处。

如果孩子有杰出的学业能力,那是在自然成长的年龄认知中萌生的好奇心和兴趣使然。发自内心的强烈的好奇心,会带领她探索各类知识,享受获得新知识的快乐。作为家长在她追求兴趣爱好的过程中,依然会注意孩子生活能力的培养,鼓励她学习生活知识。

随着孩子渐渐长大,通过自己双眼、双耳获得所见所闻的她终将会明白，自己出生于一个普通家庭。她的家庭和她所看到的千万普通家庭是一样的，她会像她父母一样，坚定地认为自己应该成为一个自食其力的人，要以自己的能力走向独立人生。

她会认识到，父母是她最好、最可靠的朋友；是养育她、包容她、理解她、分享她成长中喜怒哀乐的贴心人；是她遇到困难挫折时为她打气、失意时给她拥抱、前进时鼓励她的人。她对父母的尊敬和热爱，随着她的成长会日益加深。

我们的孩子会成为一位对人生有追求的人。她的追求，是产生于自然成长中，根植于逐渐走向成熟、理性、有责任感的心灵。

孩子渐渐长大。随着日子一天天过去，她真的成长为一名开朗、乐观、自信、健康、对生活无比热爱的少女。这名少女变得喜欢挑战和愿意承担责任，面对困难喜欢开动脑筋不轻言放弃。她天性中优秀的素质获得启蒙并茁壮成长，及至跟随她进入成人社会、投身职场，在职业发展中逐步提升。

我们看见孩子在自然成长中出现的结果：真正的她，在自然成长的时间和空间下，天性中有特立独行的自主灵魂，她站在我们肩膀上看到了更加广大的世界，那是作为家长的我们没有到达过的远方。

这是父母养育孩子的过程。虽然割舍不下，但还是要一边亲吻祝福他们，一边挥着手把他们送出家门，然后远远观看着长大成人的孩子，一步一步开始自己丰富多彩的人生……

后记（二）

完成这本书是洁工作 10 年之后。

这期间，洁从一名普通大学生成长为一名投资银行家，27 岁成为世界著名大投资银行的副总裁，独立决策并组织完成众多重大融资、投资项目。

30 岁，洁获得创业灵感，放下驾轻就熟的投资银行家工作，投入更具挑战的创业行列。她把保护绿色地球和可持续发展产业作为自己的产品理念，把公益慈善和销售收益相连接，为职业女性的职场服装形象创立新品牌 Dai。

洁的公司在国际绿色环保和可持续发展组织对其社会影响力、领导能力、工作条件、环境标准、慈善目标等指标的考察后，获得国际"积极奢侈品（Positive Luxury）"认证。创业一年后，她接受了第一笔"天使基金"投资助力，让公司在绿色地球环保和时尚产品相结合中加快发展。

洁的职业经历和创业理念，被东西方国家众多权威新闻媒体、杂志、电视台、电台报道。西方权威媒体的报道中称她是一位"不让人生留遗憾的年轻人"，她的创新意识产品是"职业女性服装创新革命"，她在创新产品中的所作所为被称为"新世纪新产品的领头人"，她的创业公司被称为"快速发展公司"。

洁对"成功"依然坚持自己的看法："我认为成功只是个人对世界和对自己的看法。成功，并不是你需要拥有多少钱财，也不是你有没有高知名度。成功只是一种感觉，只要每天努力做最好的自己,就可以感觉到今天的成功。这是每一个人都可以做到的事情,每个人都可以是成功者。"

2019 年 1 月

于美国南加州